ullstein

Er kam aus dem Nichts. Aber als er da war, fiel er schnell auf. Mit dem Dauerflackern in seinen weit aufgerissenen Augen. Mit seiner großen Klappe. Mit den Glasscherben, über die er seine Spieler laufen ließ. Oder durch seinen Dauerstreit mit seinem Lieblingsfeind Uli Hoeneß. Er war schon immer ein Grenzgänger und Provokateur. Aber er ist auch immer ein leidenschaftlicher Trainer und Mensch geblieben. Christoph Daum ist ein Wahnsinniger, was seine Arbeit angeht. Er entwickelte sich zu einem der Besten seines Fachs, er gewann Meisterschaften und Pokale, er sollte Bundestrainer werden – und stürzte dann auf beispiellose Weise ab. Der größte Fehler seines Lebens verfolgt ihn bis heute. Doch kaum jemand weiß, wie es dazu kommen konnte. Und kaum jemand weiß, woher er die Kraft nahm, wieder aufzustehen.

CHRISTOPH DAUM, geboren 1953 in Zwickau, gilt als eine der schillerndsten und streitbarsten Figuren im Fußballgeschäft. Als Trainer war er u. a. für den 1. FC Köln, den VfB Stuttgart, Bayer Leverkusen und Besiktas Istanbul tätig, ehemalige Weltklasse-Spieler wie Michael Ballack oder Matthias Sammer bezeichnen ihn bis heute als wichtigsten Lehrer. Aber er machte sich nicht nur Freunde. Auf dem vorläufigen Höhepunkt seiner Karriere stürzte er im Jahr 2000 über die Kokain-Affäre, bis heute einer der größten Skandale im deutschen Fußball.

Der Journalist NILS BASTEK, geboren 1987, hat Christoph Daums Geschichte aufgeschrieben. Er arbeitet seit 2015 für das Sport-Ressort der Deutschen Presse-Agentur (dpa). Christoph Daum lernte er im Frühjahr 2016 kennen.

CHRISTOPH DAUM

MIT NILS BASTEK

IMMER AM LIMIT

MEIN AUFSTIEG, MEIN FALL – DIE GANZE GESCHICHTE MEINES LEBENS

Ullstein

Besuchen Sie uns im Internet:
www.ullstein.de

MIX
Papier
FSC FSC® C083411

Ungekürzte Ausgabe im Ullstein Taschenbuch
1. Auflage November 2021

Umschlaggestaltung: Sabine Wimmer, Berlin
Titelabbildung: imago images / © Jan Hübner
Satz: Pinkuin Satz und Datentechnik, Berlin
Repro: LVD GmbH, Berlin
Gesetzt aus der Aldus nova Pro
Druck und Bindearbeiten: CPI books GmbH, Leck
ISBN 978-3-548-06524-3

INHALT

»Man kann alles erzählen, nur nicht sein wirkliches Leben.«

Max Frisch, Stiller

»Es hat mich schon immer gereizt, das Unmögliche zu wagen.«

Christoph Daum

im August 2020

PROLOG

Am Ziel aller Träume

Villa Himmelseher, 2. Juli 2000

Warum starren mich alle so fordernd an? Vor allem Uli Hoeneß, nicht gerade mein bester Freund, sieht gereizt aus. Ich blicke an diesem riesigen Tisch nur in furchtbar ernste Gesichter: Gerhard Mayer-Vorfelder, Wolfgang Niersbach, Horst R. Schmidt, Rudi Völler, Reiner Calmund, Karl-Heinz Rummenigge und eben Uli. Mir gefallen ihre Blicke nicht. Sie sehen aus, als hätte ich ihnen gerade erzählt, dass ich schwer krank bin. Ich merke, wie Uli seine Augen immer weiter zusammenkneift.

Dabei haben wir uns in der letzten Zeit nicht mehr öffentlich gefetzt. Er zieht sein Ding als Manager bei den Bayern durch, ich mache meinen Job als Trainer von Bayer 04 Leverkusen. Ohne großes Palaver. Natürlich hat Uli gemerkt, dass wir den Bayern gefährlich nahe gekommen sind, aber ich hielt meine Klappe. Ich gab in diesen Jahren nur wenige Sprüche ab, ich ließ Taten für mich sprechen. Trotzdem haben sie erneut die Schale gewonnen. Das tut immer noch verdammt weh, wenn ich daran denke, weil wir so nah dran waren wie nie zuvor. Wir hatten drei Punkte Vorsprung, und schon ein Unentschieden hätte für den Titel gereicht. Dann schoss Michael Ballack am letzten Spieltag in Unterhaching ein Eigentor, und das Unheil nahm seinen Lauf. Doch was zwischen Uli und mir war oder ist, spielt im Moment keine Rolle. Die deutsche Nationalmannschaft liegt am Boden. Jetzt geht es um ihre Zukunft. Die Bayern haben das gemeinsam mit dem DFB zur Chefsache gemacht. Und Uli ist wütend.

»Was soll das denn jetzt?!«, fragt er mit ernstem Blick in die Runde. Seine Laune wird immer schlechter. »Wir fahren von München den weiten Weg hierhin, und dann verliest der hier seine Absage?«

Der hier – das bin ich.

Auch Rummenigge ist irritiert. Er schaut mich an: »Was heißt das denn? Ist das endgültig?«

Die ganze Situation schmeckt mir überhaupt nicht. Was soll ich denn antworten? Ich habe noch ein Jahr Vertrag bei Bayer Leverkusen, und der Verein will mich nicht ziehen lassen. Warum sagt Reiner nicht endlich mal was? Er ist doch schließlich als Bayer-Manager hier, er ist doch derjenige, der mich nicht freigeben will! Ich fühle mich beschissen und würde den Raum am liebsten verlassen.

Wir sitzen alle um diesen riesigen Tisch. Ich weiß nicht, die wievielte Zigarette ich rauche, der Qualm zieht bereits in dünnen Schwaden an den holzvertäfelten Wänden entlang, obwohl Mayer-Vorfelder neben mir der Einzige am Tisch ist, der sich ebenfalls eine angesteckt hat. Ich fühle mich beobachtet. Von allen Seiten schauen sie auf mich. Nicht die anderen, die gerade wild miteinander diskutieren. Es sind die ausgestopften Tierköpfe: Hirsche, Widder und sonstige Jagdtrophäen, die an den Wänden hängen. Ihre toten Augen unter den teils gewaltigen Hörnern starren mich aus dem ganzen Raum an. Egal, wo ich hinschaue: Fast überall sind diese Schädel! Mein Blick wandert nervös durch den Raum. Glas gibt es nur in meinem Rücken, wo eine Fensterfront den Blick auf einen Garten und ein angrenzendes Waldgebiet freigibt. Mayer-Vorfelder hat diesen Ort in der Nähe von Köln ausgesucht, ich war noch nie vorher hier gewesen. Auf der Fahrt hatte Reiner von einer dicken Villa gesprochen. Das trifft es ziemlich gut. Der nächste Nachbar wohnt ein paar Hundert Meter entfernt, der gigantische Garten und der Wald schirmen das Anwesen von anderen Häusern ab. Offensichtlich hatten sogar einige Journalisten Schwierigkeiten, diesen abgeschiedenen Ort zu finden. Als Reiner und ich mit dem Auto das Schmiedeeisentor vor der Villa passierten, spürten uns nicht mal zehn von ihnen mit ihren Kameras und Fotoapparaten auf.

Das Haus nennt sich Villa Himmelseher, benannt nach dem Besitzer Erwin Himmelseher. Himmelseher kümmert sich seit etlichen Jahren bei großen Sportverbänden wie der FIFA oder dem DFB um die Versicherungen. Jetzt benötigt der DFB keine neue Hausrat- oder Unfallversicherung. Er braucht eine Überlebensversicherung: einen neuen Bundestrainer. Und eigentlich glaubten alle, dass ich es mache. Sogar Uli hat sich trotz unserer ganzen Vorgeschichte in den letzten Tagen für mich starkgemacht.

Er nimmt erst mal einen großen Schluck von seinem Wasser. Gerade eben habe ich die vorgefertigte Mitteilung von Bayer Leverkusen verlesen, später soll sie an die Presse gehen. Normalerweise brauche ich kein Blatt Papier mit vorgeschriebenem Text, um irgendetwas vorzutragen. Diesmal klammerten sich meine Finger daran. Die vom DFB und mir »gewünschte sofortige Freigabe für das Amt des Bundestrainers« werde »definitiv abgelehnt«, steht dort. Das ist natürlich ein Hammer.

Mittlerweile glaube ich selbst, dass es so am besten ist. Es ist völlig verrückt. Ich hatte mir nie etwas Größeres vorstellen können, als Bundestrainer zu werden. Ich war mir sicher, dass das die Chance meines Lebens ist, ein Traum, der in Erfüllung gehen sollte. Nicht mal zwei Wochen ist es her, dass sich die Nationalmannschaft mit einem 0:3 gegen eine portugiesische B-Elf aus der Europameisterschaft in den Niederlanden und Belgien verabschiedet hat – ohne einen einzigen Sieg in der Vorrunde. Ein solches Debakel hatte es bis dahin noch nie gegeben. Einen Tag nach der Pleite trat Erich Ribbeck als Bundestrainer zurück. Und ich bin als sein Nachfolger ausgewählt worden. Beckenbauer, Rummenigge, Hoeneß – alle sind für mich. Der ganze FC Bayern steht hinter Christoph Daum: Wenn mir das vor wenigen Wochen jemand so gesagt hätte, hätte ich ihn wahrscheinlich an die nächste Klapsmühle verwiesen. Gefühlt gibt es seit Tagen in den Zeitungen kein anderes Thema mehr.

Trotzdem steht mein Entschluss fest: Ich werde es nicht machen. Und das fühlt sich alles in allem vernünftig an, glaube ich, wobei, tue ich das wirklich? Zumindest versuche ich mir das immer und immer wieder einzureden. Ist doch halb so wild, Christoph, du hast doch bereits einen tollen Job, oder? Mit Leverkusen spielen wir nächste Saison wieder in der Champions League, vielleicht klappt es endlich mal mit dem ersten Meistertitel. Ballack bleibt, Kirsten bleibt, Zé Roberto bleibt, und vielleicht bleibt sogar Emerson. Bundestrainer kann ich ja irgendwann später immer noch werden. Oder etwa nicht?

»Ha, ha, ha«, das typische Lachen von Mayer-Vorfelder bricht das Schweigen im Raum. »Das ist ja mal wieder ein klassischer Daum. Wenn eine sofortige Freigabe nicht möglich ist, dann sprechen wir jetzt also über den Zeitpunkt des Amtsantritts?«

Ich hasse es, nicht die Kontrolle zu haben. Als Trainer musst du sie immer haben, sonst ist das der Anfang deines Endes. Hier entgleitet sie mir. Ich habe das Gefühl, dass ich hin und her gezerrt werde. Ich habe doch gerade eine klare Absage verlesen, »definitiv« stand da, oder etwa nicht? Und jetzt soll ich trotzdem Bundestrainer werden, nur zu einem späteren Zeitpunkt? Ich komme mir wie der einsamste Rufer im Wald vor. Eigentlich geht das seit Tagen so.

Es fing bereits an, bevor die EM für die deutsche Mannschaft vorbei war. Schon nach dem zweiten Gruppenspiel lief es auf ein Desaster hinaus. Erst ein mageres 1:1 gegen Rumänien, dann ein 0:1 gegen England. Die Zeitungen schrieben, dass die Mannschaft zu alt, zu langsam und ohne jede Perspektive sei. Kurz vor dem Portugal-Spiel lud Mayer-Vorfelder mich ins deutsche EM-Quartier im holländischen Vaals in der Nähe von Aachen ein. Natürlich imponierte mir sein Interesse. Seit unserer gemeinsamen Zeit beim VfB Stuttgart ist MV, wie man ihn nennt, ein väterlicher Freund für mich. Und jetzt hatte er also mich dazu auserkoren, die Nationalmannschaft aus der größten Krise ihrer Geschichte zu führen. Ohne Risiko war der Job nicht, da konnte man sich als Trainer ganz schön die Finger verbrennen. Dennoch war ich in meinem Innersten der festen Überzeugung, dass ich es schaffen könnte. Gedanklich machte ich bereits die ersten Pläne, wie ich die Mannschaft umkrempeln würde, wie sich das Training ändern müsste, und so weiter. Irgendwann drehte sich alles immer schneller: Jeden Tag sprach sich ein neuer sogenannter Experte für mich aus. Doch es gab ein Problem: Bayer hatte von Anfang an klargemacht, dass sie mich nicht freigeben würden. Darum wurde dann über eine Doppelfunktion geredet, zumindest für ein Jahr, bis ich frei wäre. Ich fand die Idee gar nicht so schlecht.

»Alles Denkbare ist machbar«, habe ich gesagt. Ein typischer Daum-Spruch. Warum auch nicht? Mal ganz ehrlich: Wer würde sich für solch eine Chance nicht verbiegen? So was kommt nur einmal im Leben, redete ich mir ein. Außerdem wäre es ja nur für ein paar Monate. Aber je länger sich das alles hinzog, desto unwohler fühlte ich mich damit. Obwohl die Stimmen meiner prominenten Unterstützer immer lauter wurden. Die Bayern-Fraktion forderte mich immer deutlicher als Bundestrainer – und genauso deutlich lehnte Bayer meine Freigabe weiterhin kategorisch ab. Reiner wollte mich unbedingt für eine weitere Saison als Cheftrainer in Leverkusen halten.

Es herrschten chaotische Zustände. Erst sagte Beckenbauer, den Job in Doppelfunktion auszuführen, wäre totaler Schwachsinn, dann konnte er sich es auf einmal doch wieder vorstellen. Es war typisch Beckenbauer: Der Franz wechselte manchmal seine Meinung wie seine Socken.

Für die Medien waren das natürlich Festtage. Meine eigenen Zweifel wurden immer größer. Sollte ich wirklich beides gleichzeitig machen? Würde ich dann nicht zwischen den Stühlen sitzen? Du bist nicht richtig bei Bayer und nicht richtig beim DFB, dachte ich. Das konnte nur ungut ausgehen. Selbst ein Jahr auf den Job zu warten, also so lange, bis mein Vertrag in Leverkusen auslief, konnte gefährlich sein. Ich würde die ganze Zeit unter Beobachtung stehen, jeder noch so kleine Fehler würde mit der Lupe untersucht werden. Und wo keine Fehler wären, würden trotzdem welche gefunden werden. Da war ich mir sicher. Außerdem redete Reiner immer wieder auf mich ein. Das ist eigentlich nichts Besonderes, weil Reiner fast immer redet, wenn er nicht gerade isst. Anstatt mich zum DFB ziehen zu lassen, riet er mir mehr und mehr von der angedachten Doppelfunktion ab. Er wollte sogar meinen Vertrag in Leverkusen verlängern. Also fand ich mich irgendwann damit ab, Trainer bei Bayer zu bleiben. Besser, als ein Jahr lang auf der Herdplatte zu sitzen. So hatten Reiner und ich das alles kurz vor diesem Treffen hier besprochen. Du liest die Mitteilung vor, und dann wird sich das erledigt haben, meinte er.

Jetzt merke ich, wie sich alles dreht. Nichts hat sich erledigt. Alle reden immer lauter durcheinander. Plötzlich quatscht Reiner ohne Punkt und Komma davon, dass er mich schon immer für den besten Bundestrainer gehalten habe. Habe ich einen Hörfehler? Knickt er jetzt ein, weil plötzlich MV, Hoeneß und Rummenigge mit am Tisch sitzen? Alles, was Reiner und ich vorher geklärt haben, bricht gerade zusammen. Mir fehlen die Worte, und das kommt seltener vor als eine Sonnenfinsternis. Meine Augen wandern zwischen den einzelnen Köpfen hin und her: Reiner erzählt ein Anekdötchen, Uli grätscht dazwischen, dann sehe ich wieder diesen riesigen Widderschädel an der Wand – es ist Wahnsinn. Am liebsten würde ich aus dem Raum rennen: Vielen Dank für das Interesse an mir, vielleicht sieht man sich ja noch mal, tschüss! Aber ich scheine am Stuhl festzukleben. Niersbach schlägt jetzt vor, dass Bernd Schuster für das eine Jahr den Übergangstrainer machen könnte, also so lange, bis ich frei wäre. Das findet keinen Konsens. Schuster ist zwar gerade ohne Job, hat bisher aber kaum Erfahrungen als Trainer gesammelt. »Nicht nah genug am deutschen Fußball dran« … »keine Unterstützung in der Öffentlichkeit« … »zu jung«: Ich nehme nur noch einzelne Fetzen der Diskussion wahr. Das Ganze nimmt eine völlig unerwartete Wendung. Es ist gerade mal ein paar Minuten her, dass ich den Zettel mit der eindeutigen Absage verlesen habe. Habe ich etwa Finnisch geredet? Denn jetzt scheint allen plötzlich klar zu sein, dass ich im nächsten Jahr neuer Bundestrainer werde. Es geht inzwischen nur noch darum, jemanden für die Monate dazwischen zu finden.

»Was haltet ihr von Herbert Neumann?«, fragt nun Horst R. Schmidt. Er ist der Generalsekretär des DFB, Niersbach der Pressesprecher. Ihre Karrieren sind gewissermaßen ähnlich zu meiner verlaufen: Beide haben nicht besonders gut Fußball gespielt, trotzdem schafften sie es in den Spitzenbereich. Aber Herbert Neumann? Der hat als Spieler zwar immerhin ein Länderspiel vorzuweisen, seine Vita als Trainer liest sich jedoch alles andere als glorreich.

»Nein, der kommt nicht infrage«, wehrt Uli ab.

Das Seltsame ist, dass ich wirklich keinen Ton rausbringe. Ich erkenne alles, ihre aufgeregten Diskussionen, Ulis Grübelmiene, Reiners aufgeblasene Backen, Rudis wachsamen Blick und Rummenigge, der alles aufmerksam verfolgt. Und ich? Ich sage nicht, was ich gerade denke, und frage mich gleichzeitig, ob sich das überhaupt in Worte fassen ließe. Ich hatte mich doch eigentlich damit abgefunden, dass ich nicht Bundestrainer werde. Und eins ist klar: Es war alles andere als leicht, sich damit abzufinden. Aber so war es nun mal, und es geht mir ja nicht schlecht in Leverkusen. Reiner und ich hatten doch extra verabredet, dass er mich bei meiner Absage unterstützen würde! Jetzt erkenne ich ihn nicht wieder – und mich selbst noch viel weniger. Ich sitze stumm da und sage fast nichts, dabei bin ich alles andere als ein sprachloser Typ. Ich spüre ein Gefühl der Machtlosigkeit in mir aufsteigen. Man muss sich das mal vorstellen: Da sitzen die wichtigsten Leute des deutschen Fußballs und setzen alle Hoffnungen in dich als Bundestrainer. So groß sind diese Hoffnungen, dass sie bereit sind, ein Jahr lang auf dich zu warten. Wer hätte da widersprochen?

Also sitze ich hier und schweige. Ich komme mir vor wie ein Umfaller, und das bin ich eigentlich nicht. Ich versuche, so klar wie möglich zu denken. Du wolltest den Job doch von Anfang an haben, Christoph. Du bist genau der Richtige dafür. Alle stehen hinter dir und trauen es dir zu. Was willst du mehr? Trotzdem würde ich ein Jahr in der Warteschleife hängen. Verliere ich mal zwei Spiele nacheinander mit Leverkusen, würde es direkt Diskussionen geben: Ist Christoph Daum wirklich der richtige Bundestrainer? Sollte man nicht doch noch mal über Alternativen nachdenken? Und außerdem … ist das wirklich ein so großes Problem? Klar, Reiner und ich hatten vor diesem Treffen genau diese Bedenken. Aber nicht mal Reiner selbst redet jetzt noch davon. Was sind schon elf Monate unter dem Brennglas, wenn du die Unterstützung von Beckenbauer, Hoeneß, Rummenigge und MV hast?

»Du bist der Beste«, meint Reiner.

»Wir sind nur wegen dir hier«, sagt Rummenigge.

MV ist sowieso auf meiner Seite.

Und Rudi findet: »Es gibt keine bessere Lösung als dich.«

Es wären wirklich nur ein paar mickrige Monate, dann könnte ich die Nationalmannschaft in eine neue Ära führen. In meinem Kopf rast eine Achterbahn. All die Bedenken, dass das mit einem Jahr Überbrückung nur schlecht für mich ausgehen konnte, werden plötzlich von den Perspektiven überlagert, die sich mir eröffnen: Vielleicht könnten wir schon bei der Weltmeisterschaft 2002 wieder um den Titel mitspielen. Ich würde alles umkrempeln, junge Spieler einladen, mein eigenes Trainerteam aufbauen. Je mehr ich darüber nachdenke, desto besser gefällt mir diese Perspektive. Jetzt braucht es nur noch jemanden, der ein Jahr lang den Posten für mich übernimmt. Noch immer diskutiert die Runde über alle möglichen Namen, ohne dass ein Konsens gefunden wird. Bis mir auf einmal ein Geistesblitz kommt.

»Rudi, was ist denn mit dir?«, sage ich. Alle schauen mich überrascht an. Ich habe schließlich eine gefühlte Ewigkeit nichts mehr gesagt. »Du bist Sportdirektor in Leverkusen, und wir hätten kurze Wege und könnten alles besprechen, was die Nationalmannschaft angeht. Es wären nur sechs Spiele, dann übernehme ich.«

Rudi sieht mich entgeistert an, so als hätte ich ihm gerade erzählt, dass er sich den Schnauzer abrasieren soll.

»Auf gar keinen Fall! Wenn ich das meiner Frau erzähle, dann schmeißt die mich raus!«

»Okay«, sagt Reiner. »Dann rufen wir die Sabrina einfach mal an und fragen nach.«

Tatsächlich wäre Rudi die Ideallösung. Nicht nur, weil ich ein absolutes Vertrauensverhältnis zu ihm habe. Er war einer der besten Stürmer, die Deutschland je hatte, Weltmeister 1990, Champions-League-Sieger mit Olympique Marseille 1993. Wegen seiner Dauerwelle wurde ihm während seiner aktiven Karriere der Spitzname Tante Käthe verpasst. Ganz Fußball-Deutschland kennt und liebt Rudi. Es hätte wohl kaum jemand etwas dagegen, wenn er das für ein Jahr machen würde. Rudi hat zwar noch nie als Trainer gearbeitet, er besitzt noch nicht mal einen Trainerschein, aber dann würde man ihm halt ein Jahr lang jemanden mit der Lizenz an die Seite stellen.

Mayer-Vorfelder unterstützt meinen Vorschlag vehement, die anderen scheinen auch einverstanden zu sein. Reiner, Rudi und ich verziehen uns für das Telefonat in den Garten. Reiner wählt schon Sabrinas Nummer. Er erklärt ihr die brisante Situation, in der sich der deutsche Fußball befindet. Nur ein Jahr müsse der Rudi das machen, er sei der Tollste, der Schönste und sowieso die beste Lösung für alle Beteiligten. Ohne Punkt und Komma überrollt er Sabrina mit seinen Argumenten, typisch Reiner, er redet und redet, Sabrina kommt kaum zu Wort.

»In Gottes Namen«, unterbricht sie ihn schließlich so laut, dass wir fast jedes Wort hören können. »Wenn das so ist, dann soll er es eben für ein Jahr machen. Aber länger nicht!«

Ich sehe ein paar Schweißperlen auf Rudis Stirn, und ich kann mir verdammt gut vorstellen, wie er sich gerade fühlt. So sieht man offenbar aus, wenn andere in deinem Namen entscheiden. Die Sache ist eingetütet.

Als wir schließlich die Villa verlassen, kommen wir an einem Eisbären vorbei. Zum Teufel, steht da wirklich ein Eisbär?! Ich zucke kurz zusammen, tatsächlich, das riesige Vieh steht im Flur – noch so eine Trophäe von Himmelseher, der wohl gerne auf Großwildjagd geht, um von seinem Job als Versicherungskaufmann abzuschalten. Der gewaltige Eisbär sieht aus, als würde er mich gleich auffressen wollen. Er steht nur auf seinen Hinterbeinen und hat die Vorderpfoten zum Angriff bereit in die Luft gestreckt, das Maul weit aufgerissen. Er ist über zwei Meter groß. Ich mache einen Bogen um das mächtige Tier und schaue es fast schon ehrfürchtig an. Dass er da wirklich steht, ist so sicher wie der Entschluss, den wir an diesem seltsamen Ort gefasst haben. Die Stimmung auf dem kurzen Weg zu unseren Autos ist gelöst, sogar Uli sieht entspannt aus, vielleicht ist es einfach die Erleichterung, dass eine Entscheidung getroffen wurde. Gleich soll die Öffentlichkeit erfahren, worauf wir uns hier geeinigt haben: Rudi Völler wird bis zum 31. Mai 2001 Interims-Bundestrainer, danach übernehme ich. Im Müngersdorfer Stadion in Köln ist eine Pressekonferenz angesetzt, und schon auf dem Gang zum Medienraum werden wir von mehreren Kamerateams empfangen. Der Raum platzt aus allen Nähten. Die Journalisten, die keinen Sitzplatz mehr bekommen haben, hocken einfach auf dem Boden.

Ich muss innerlich schmunzeln, als Rudi sagt: »Ja, ich gebe zu, dass ich vor dem Gespräch nicht damit gerechnet habe.«

Geht dir nicht alleine so, denke ich. Rudi sitzt auf dem Podium rechts neben mir, links von mir sind MV, Rummenigge und Niersbach, der die Veranstaltung moderiert. Wir blicken in etliche Kameras und aufgeregte Journalistengesichter. Ich kann mir vorstellen, was die meisten denken: Der Daum ist am Ziel seiner Träume, bald wird er Bundestrainer sein, er wollte doch nie was anderes. Natürlich ist das auf eine Art und Weise richtig. Andererseits ahnt hier niemand, dass ich erst vor ein paar Stunden auf unserem Geheimtreffen meine unmissverständliche Absage verlesen habe …

Die Zweifel bleiben noch immer. Ich will diesen Job, das ist klar. Ich bin genau der Richtige, davon bin ich überzeugt. Aber was passiert in diesem einen Jahr, in dem ich darauf warten muss, das Ruder zu übernehmen? Was ist, wenn Rudi außergewöhnlich erfolgreich ist? Oder wenn der Erfolg in Leverkusen ausbleibt? Will man mich dann überhaupt noch? Und kann ich mir der Unterstützung der Bayern wirklich sicher sein? Die Auslöser der Kameras klackern wie verrückt, als ich den Raum wieder verlasse. Elf Monate sind eine lange Zeit, um auf die Erfüllung eines Traums zu warten.

Auszug aus dem DFB-Protokoll über das Treffen in der Villa Himmelseher

DEUTSCHER
FUSSBALL-BUND

EINGEGANGEN
05. JULI 2000
Erl. ....

AKTENNOTIZ

über eine Besprechung am 02.07.2000 in Königsdorf bei Köln

Teilnehmer:	FC Bayern München	Uli Hoeneß
		Karl-Heinz Rummenigge
	Bayer 04 Leverkusen	Reiner Calmund
		Rudi Völler
		Christoph Daum
	DFB	Gerhard Mayer-Vorfelder
		Horst R. Schmidt
		Wolfgang Niersbach

Ich halte im Folgenden die wichtigsten Ergebnisse des Meinungsaustausches im Hause Himmelseher fest.

1. Christoph Daum übernimmt ab 01. Juni 2001 die Aufgabe des Bundestrainers des DFB für einen Zeitraum bis zum 30.06.2004. Darüber hinaus kann eine Verlängerungsoption bis zum 30.06.2006 verabredet werden.
   Die Bundesliga-Saison 2000/2001 findet mit dem letzten Spieltag am 19.05.2001 ihren Abschluss, für den 26.05.2001 ist das DFB-Pokal-Endspiel angesetzt, so dass Christoph Daum sich ab diesen Zeitpunkten bereits in die Arbeit mit der Nationalmannschaft mit einschalten und die Mannschaft anlässlich der Qualifikationsspiele am 02. und 06. Juni 2001 in Helsinki gegen Finnland und in Tirana gegen Albanien betreuen kann.

2. Christoph Daum betreut die Lizenzspielermannschaft von Bayer 04 Leverkusen in der laufenden Saison vollverantwortlich und steht in dieser Zeit für das operative Geschehen um die Nationalmannschaft nicht zur Verfügung.

3. Für einen Zeitraum von etwa 10 Monaten wird Rudi Völler als Teamchef der Nationalmannschaft arbeiten, ihm wird ein im Besitz der Fußball-Lehrer-Lizenz befindlicher Trainer beigeordnet, der die praktischen Trainingsarbeiten usw. erledigt.
   Christoph Daum und Rudi Völler werden sich im Hinblick auf den Neuaufbau der Nationalmannschaft beraten. Neu zu entwickelnde Konzepte werden mit Christoph Daum abgestimmt.

TEIL EINS:
Aufstieg und Fall

Lizenz Nr. 1398

Der Weg in die Bundesliga

Mutter weckte mich mitten in der Nacht. Sie hielt den Zeigefinger vor ihren Mund, ich durfte keinen Ton sagen. Im Bett gegenüber schlief mein Bruder Eberhard, vor allem aber durfte Vater nicht aufwachen. In etwas mehr als zwei Stunden würde seine Schicht als Umwalzer im Kabelwerk beginnen, ein knallharter Job, für den er seinen Schlaf benötigte. Mutter und ich schlichen auf Zehenspitzen in unser Wohnzimmer. Trotz der ungewöhnlichen Uhrzeit war ich hellwach. Ich fragte mich, ob er wirklich so gut war, wie es seine große Klappe vermuten ließ? Immer wieder hatte ich von seinen Sprüchen in den Zeitungen gelesen, dass er sich für den Größten hielt und so weiter, jetzt würde ich ihn das erste Mal live erleben. Während ich voller Spannung in meinem Schlafanzug auf dem Sofa wartete, ging Mutter in die Küche und brachte mir einen heißen Kakao und ein Butterbrot mit etwas Salz, mein Lieblingsfrühstück. Dann stellte sie endlich den Fernseher an. Ganz leise, damit niemand etwas hörte. Anschließend tappte sie im Halbdunklen zurück ins Bett.

Nur das Schwarz-Weiß-Bild des Fernsehers spendete etwas Licht, draußen war es noch stockfinster. Als er das erste Mal im Bild auftauchte, war ich total überrascht: Das sollte Muhammad Ali sein? Das war der Kerl, der sich selbst als »der Größte der Welt«, »der Größte aller Zeiten« bezeichnete? So sah ein Großmaul aus? Ich hatte mir Ali größer, breiter und gröber vorgestellt, so wie Großmäuler in meinen Augen halt aussahen. Stattdessen sah ich einen grazilen Boxer – und wie er tänzelte! Es war Alis zweiter Kampf gegen Sonny Liston, ein Ex-Knacki mit brutalem Schlag, und Ali tanzte einfach die ganze Zeit um Liston herum. Anstatt zuzuschlagen, wich er aus, anstatt draufzugehen, wartete er ab. Ich schaute mit offenem Mund zu. Und dann, wie aus dem Nichts, erwischte Ali Liston mit der rechten Faust an der Schläfe. Ich wollte gerade den ersten Schluck vom Kakao nehmen, als Liston zu Boden ging. Er wirkte völlig benommen. Nach nicht mal zwei Minuten war der Kampf vorbei. Ich konnte es nicht glauben: Das war's jetzt? Ich war mitten in der Nacht aufgestanden, um einen Boxkampf zu sehen, stattdessen zeigte das Fernsehen eine Machtdemonstration. Ich war fasziniert, und vor allem war ich sauer. Was sollte ich denn jetzt mit der restlichen Zeit anfangen, bis ich in die Schule musste? Was für ein Scheiß. Es war Mai 1965, ich war elf Jahre alt.

Auf der Straße tänzelte niemand wie Ali.

Wir wohnten damals in einer 60-Quadratmeter-Wohnung in Duisburg-Beeck, direkt gegenüber vom Friedhof: Vater, Mutter, mein Bruder Eberhard, unser Stiefbruder Ralf und ich. Kurz darauf zogen wir ein paar Kilometer weiter in eine Doppelhaushälfte nach Beeckerwerth, Koblenzer Ring 6. Es gab dort mehr Platz und sogar einen kleinen Garten, die Umgebung blieb die gleiche. Um uns herum dampften die Hochöfen der Stahlkocher, wo die Väter meiner Freunde arbeiteten. Es herrschte ein raues Klima. Wer nicht aufpasste, hatte eine sitzen. Unsere größten Rivalen nannten wir Barackis, weil sie in hölzernen Behelfswohnungen direkt an der Emscher wohnten. Die Barackis waren hauptsächlich Flüchtlinge aus den ehemaligen deutschen Ostgebieten. Unter ihnen waren auch Nachfahren der sogenannten Ruhrpolen, die seit Ende des 19. Jahrhunderts in den Pott gekommen waren, um als Bergleute oder Hüttenknechte zu arbeiten. Niemand hier achtete sie, man erzählte sich keine guten Geschichten über die Barackis. In Duisburg wimmelte es von ihnen, und wenn wir uns draußen begegneten, ging es zur Sache. Das waren grobe Jungs, mehr Liston als Ali. Genau wie Eberhard, er ist nur knapp eineinhalb Jahre älter als ich, aber schon damals war er ein echter Schrank. Ich dagegen war ein schmächtiger Kerl mit dünnen Armen, keiner, der mit erhobener Faust in die Schlacht stürmte. Den Respekt meiner Freunde verdiente ich mir, als ich anfing, mich um die Strategie zu kümmern. Manchmal brüllte ich die Barackis aus der Ferne an, um sie zu provozieren. Wenn sie dann auf mich zustürmten, konnten meine Kumpels von der Seite über sie herfallen. Ich bin nicht stolz darauf, doch so lief es damals, und die Barackis waren auch nicht gerade zimperlich. Die Lage auszuspähen oder die Fluchtwege zu erarbeiten für den Fall, dass wir den Kürzeren zogen, gehörte zu meinen Stärken. Schneller als die anderen war ich ohnehin. Probleme bekam ich nur, wenn ich den Barackis alleine begegnete.

Einmal schickte mich Vater nach einer seiner langen Schichten zum Bierholen. Als ich wieder auf dem Heimweg war, klapperten die Pullen in meinem kleinen Beutel. Plötzlich standen zwei Barackis vor mir. Von den drei Flaschen ließen sie mir eine, die anderen beiden kippten sie sich vor meinen Augen rein. Hätte ich nur ein Wort gesagt, ich wäre verdroschen worden. Doch Mitleid brauchte ich zu Hause nicht zu erwarten. Es machte keinen Sinn, herumzuheulen, wenn mein Vater nach zehn Stunden Arbeit nur ein Pils bekam. Er schuftete jeden Tag für die Familie, und wenn er zurückkam, arbeitete er am Haus oder an seinem Auto weiter. Meistens halfen Eberhard und ich dann mit. Ich lernte zu hämmern, zu schrauben, zu mauern und zu schweißen, und es war erst Feierabend, wenn die Dinge fertig waren oder die Sonne unterging. Ich vermute, dass der Grundstein für meine spätere Arbeitswut hier gelegt wurde. Wir wuchsen mit Sprüchen auf wie »Ohne Fleiß kein Preis«, fast jeden Tag bekamen wir sie zu hören. Nur Mitgefühl bekamen wir selten. Wenn ich mit einem blauen Auge, einer schlechten Note oder eben nur einer Flasche

Bier nach Hause kam, gab es Ärger oder Prügel, und nicht etwa die Frage: Oh Gott, wie konnte das denn passieren, mein Kleiner?

Vater konnte auch ganz anders. Sonntagmorgens fuhren wir manchmal auf einen Minigolfplatz in Homberg. Dann fühlte ich mich wohl an seiner Seite. Später kam er gerne mit zu meinen Fußballspielen und klatschte sogar kurz, wenn ich ein Tor schoss. Ab und an tauchte mein Name in den kleinen Spalten im Sportteil der Lokalzeitungen auf. Es gab für mich nichts Größeres, als ihn dort zu entdecken. »Vatter, schau mal, ich steh schon wieder drin!«, sagte ich dann. Manchmal nickte er anerkennend. Einige Artikel habe ich bis heute aufbewahrt.

Mein Büro in Köln ist voll mit Aktenordnern. Während meiner gesamten Trainerkarriere habe ich fast jede Besprechung mit meinen Mitarbeitern, Spielern, die Aufstellungen bei unseren Spielen und alle möglichen Trainingspläne notiert und aufbewahrt. Ich habe sogar mal einen Rentner beauftragt, Presseartikel und TV-Berichte über mich seit 1986 zusammenzutragen. Ich schreibe heute noch immer alles auf, selbst wenn es nur Inhalte banaler Gespräche sind. Das Aufschreiben gibt mir Sicherheit und lässt mich reflektieren. Außerdem kann ich damit später überprüfen, was wirklich gesagt wurde. Eins steht jedenfalls fest: Im Fußballgeschäft wird viel erzählt, wenn der Tag lang ist. Darum hat mir diese Schriftlichkeit schon häufig den Arsch gerettet.

Ich glaube, diese Akribie hat mit meiner Kindheit zu tun. In den Ferien fuhren Eberhard und ich oft zu unseren Großeltern in den Osten. Tante Hilde, die Schwester meiner Großmutter, hatte dort in dem Örtchen Lichtenstein ein Haushaltswarengeschäft, in dem ich ab und zu aushelfen durfte. Ich weiß nicht warum, aber es hat mich begeistert, dort mit zu bedienen oder im Lager zu stöbern. Für mich war das wie ein Spielparadies. Außerdem bewahrte Hilde immer alles auf, jeden Bon, jede Rechnung, und alles, was sie bestellte oder plante, schrieb sie in ein großes Buch. »Sonst verliere ich doch den Überblick«, meinte sie. Vor Weihnachten gab es immer die große Inventur. Jede Schraube wurde einzeln notiert, und das imponierte mir, so konnte man ja nichts mehr vergessen!

Mein Vater hieß Günter, und eigentlich war er gar nicht mein Vater. Meinen leiblichen Vater hatte ich nur kurz erlebt. Ich wurde in Zwickau geboren, und als ich drei Jahre alt war, zog er in die Nähe meines Onkels ins Ruhrgebiet, wo er anfing, unter Tage zu arbeiten. Kurz darauf ging meine Mutter mit Eberhard hinterher, ich dagegen blieb zunächst bei meinen Großeltern im Osten im beschaulichen Erzgebirge. Eines Tages erzählte mir Großmutter, dass mein Vater gestorben sei. Ein einstürzendes Flöz hatte ihm bei der Arbeit das Rückgrat zertrümmert. Ich weiß nicht mehr, was genau ich in diesem Moment fühlte, ich hatte ihn ja kaum gekannt. Ich war sechs Jahre alt, als meine Mutter mich zu Eberhard und sich ins Ruhrgebiet holte. Kurz darauf lernte sie Günter kennen, dann dauerte es nicht lange, bis mein Halbbruder Ralf geboren wurde.

Ich musste lernen, mich zu behaupten. Mutter und Vater hatten nicht groß Zeit, sich mit meinen Problemen zu beschäftigen. In der Schule kam ich gut zurecht, obwohl die anderen Kinder mich am Anfang auslachten, als sie meinen Ossi-Akzent hörten. Ich war nicht der Typ, der sie daraufhin anschrie, aber es brodelte in mir, und ich reagierte auf meine Art: Ich hockte mich stundenlang auf mein Zimmer und versuchte, mir den Klang des Potts anzueignen. Zum Glück hatte ich Eberhard, der mir half. Er war mein Bruder, mein bester Freund und mein Beschützer. Wenn die Barackis oder Vater es wagten, zu grob zu werden, stellte er sich mit seiner mächtigen Statur dazwischen. In seiner Umgebung fühlte ich mich trotz meiner mickrigen Erscheinung stark und sicher.

Eberhard war mein ganzes Leben lang immer für mich da, besonders wenn es mir dreckig ging. Er hat nie an mir gezweifelt. In seinem Schatten konnte ich wachsen. Obwohl er eigentlich das genaue Gegenteil von mir ist. Er ist nicht so impulsiv und schlagfertig, eher ein zurückhaltender Familienmensch. Er hat seine Kinder ziemlich streng erzogen, sie sollten nicht mal Werbung für Süßigkeiten gucken. Eberhard ist Pädagoge, vermutlich hat er solche Sachen im Studium gelernt, heute lachen wir darüber. Auf Eberhard war immer Verlass.

Er half mir besonders bei einer anderen Angelegenheit. Ich war mittlerweile auf dem Gymnasium und kam dort ganz gut zurecht. Nur mit den Mädchen lief nichts. Ich hatte kurz vor dem Abitur immer noch keine feste Freundin, machte mir deswegen aber keine großen Gedanken. Ich war eher ein schüchterner Typ, was Mädchen anging. Natürlich schaute ich ihnen hinterher, zu mehr reichte es erst mal nicht. An einem Abend im Sommer 1970 sollte es dann so weit sein, wie Eberhard meinte. Er schleppte mich in die Diskothek Hawaii 2000 in Duisburg-Homberg. Der Laden galt damals als der Renner. »Da sind genügend Mädchen«, meinte Eberhard. »Du musst nur mit ihnen tanzen.«

Die Tanzfläche war bereits voll, als wir ankamen, es liefen immer drei, vier Lieder, dann wurde eine Pause gemacht, damit die Leute was tranken. Ich selbst war nie ein großer Trinker. Selbst bei meiner ersten Meisterschaft mit dem VfB Stuttgart 1992 schoss ich mich nicht völlig ab. Eberhard wurde schon ungeduldig, als ich nach der zweiten Pause immer noch kein Mädchen zum Tanz aufgefordert hatte. Ich weiß nicht mehr, ob ich es schließlich aus eigenem Antrieb tat oder nur, weil er mich nervte. Jedenfalls entdeckte ich Ursula, und ich weiß heute noch, wie sie mir in der Masse auffiel. Es waren ihre großen Augen. Solche Augen hatte ich noch nie gesehen, und sie zogen mich an. Aber was sollte ich sie denn fragen? Mit wackligen Beinen ging ich auf sie zu. Was, wenn sie Nein sagen würde? Sie war mit einer Freundin da, eine Absage könnte ganz schön peinlich werden. Außerdem sah ich aus wie ein Volltrottel: Ich trug Anzug und Krawatte, und das in einer Disco! Niemand außer mir rannte hier so herum, was wusste ich denn schon über Discos. Trotzdem sagte sie Ja, und wir tanzten ein paar Lieder zusammen. Später brachten wir Ursula und ihre Freundin noch mit Eberhards Auto nach Hause. »Sehen wir uns wieder?«, fragte Ursula zum Abschied.

Ich werde oft gefragt, wieso ich Trainer geworden bin. Das war nie mein Ziel. Eigentlich wollte ich Fußballprofi werden. Nach dem Abitur hatte ich begonnen, an der Sporthochschule in Köln zu studieren. Ich wohnte gemeinsam mit Ursula in einem riesigen Studentenwohnheim im Carl-Diem-Weg. Sie nannten diesen Betonklotz den Turm, weil er fünfundzwanzig Stockwerke hatte. Von dort hatte man einen perfekten Blick auf die Müngersdorfer Radrennbahn. Da unten auf dem Rasen spielte damals die Bundesligamannschaft vom 1. FC Köln, weil sich das Müngersdorfer Stadion im Umbau befand. Von meinem Balkon in der 17. Etage sah ich Wolfgang Overath, und während ich seine elegante Spielweise verfolgte, stellte ich mir vor, wie das wohl wäre: mit ihm da unten zu spielen.

Es war Eberhard, der mich zum Fußball gebracht hatte. Ich war ungefähr zehn, als er mich zum Training bei DJK Viktoria Beeck mitnahm. Wie fast überall im Ruhrgebiet wurde dort auf Asche trainiert, die jedoch nicht rot, sondern schwarz war. Wir spielten auf Hochofenschlacke, und die kleinen Schlackestücke waren so scharf, dass sie sich wie Glassplitter in die Haut bohrten. Erst als ich ein paar Jahre später zum VfvB Ruhrort-Laar wechselte, spielte ich auf roter Asche. Sie galt als Luxus und fühlte sich so weich an, dass wir sie roter Rasen nannten. Ich merkte schnell, dass ich Talent hatte. Ich sah es an den Blicken der anderen. Ich führte den Ball schneller als meine Mitspieler, und wenn sie im Training gerade zum Zweikampf ansetzen wollten, war ich längst vorbei. Der Fußball verschaffte mir Anerkennung, ich fühlte mich glücklich, wenn ich den Ball am Fuß hatte. Bis zur C-Jugend war ich Mittelstürmer, in einem Meisterschaftsspiel schoss ich sogar mal neun Tore. Dies weckte das Interesse von Hamborn 07, ein Club mit großer Geschichte im deutschen Fußball.

Später schulte man mich zum Verteidiger um, und es dauerte nicht lange, bis sich rumgesprochen hatte, dass auf den Sportplätzen des Ruhrgebiets ein Terrier namens Christoph Daum unterwegs war. Ich spielte für Eintracht Duisburg in der Verbandsliga. Zwar galt ich nicht als filigranes Jahrhunderttalent, dafür hing ich wie eine Klette an meinen Gegenspielern. Ich muss ihnen ziemlich auf den Geist gegangen sein. Mein Name tauchte immer öfter in den Zeitungen auf, und im Sommer 1975 meldete sich tatsächlich Bayer 04 Leverkusen und wollte mich verpflichten. Ich war sofort überzeugt, dass das mein Durchbruch in den Profifußball werden würde. Der Club war gerade in die Zweite Bundesliga aufgestiegen, und ein bissiger Verteidiger fehlte ihnen noch. Sie luden mich zum Probetraining ein, und ich war so euphorisch, dass ich mich bei der Eintracht direkt abmeldete. Ich schlug mich gut und stellte ihren besten Stürmer kalt, trotzdem sagten sie mir kurze Zeit später ab und verpflichteten Walter Posner von Borussia Mönchengladbach. Mich wollten sie nur noch für ihre Zweite Mannschaft haben, und da kochte ich vor Wut, weil Bayers Ersatzteam noch eine Klasse tiefer als die Eintracht spielte. Diese krumme Tour traf mich mitten ins Herz! Was für Idioten! Mit diesem Club wollte ich nie wieder etwas zu tun haben.

Ich fühlte mich hintergangen, und in meiner Verzweiflung wandte ich mich an Gero Bisanz. Er war an der Sporthochschule mein Dozent im Sonderfach Fußball, und da er mich dort oft hatte spielen sehen, wusste er, was ich konnte. Ich mochte ihn. Er strahlte etwas aus, was ich heute natürliche Autorität nennen würde. Außerdem trainierte er die Amateure des 1. FC Köln, die in der Verbandsliga spielten. Sie waren mein letzter Ausweg. Ich sagte ihm nicht, dass ich heimlich hoffte, den Sprung zu Overath ins Bundesligateam zu schaffen, das spielte in diesem Moment keine Rolle. Gero überlegte nicht lange und verpflichtete mich.

Ich fühlte mich erleichtert, und gleichzeitig träumte ich von Tschik Cajkovski, dem Trainer der Bundesligamannschaft. Ob er wohl auf mich aufmerksam werden würde?

Herr Bisanz, wie ich ihn damals noch nannte, war nicht besonders groß, was er durch seine Souveränität jedoch ausglich. Wenn Gero einen Raum betrat, wurde es sofort still. Nicht weil man Angst, sondern weil man Respekt vor ihm hatte. Niemand muckte ihm gegenüber auf. Wenn Gero redete, vergaß ich alles andere, ich hing an seinen Lippen. Was der alles über Fußball wusste! Und er wurde nie unfreundlich. Selbst wenn ich ein grottenschlechtes Spiel bei den Amateuren des FC machte, drehte er nicht durch. Wenn er mich doch mal kritisierte, hörte sich das in etwa so an: »Christoph, du hast ein gutes Spiel gemacht. Aber musste es sein, dass dein Gegenspieler vier Tore schießt?« Ich selbst tobte innerlich nach solchen Spielen, Gero blieb immer gelassen. Nach ein paar Monaten ließ er mich mal ein paar Übungen bei den Amateuren leiten. Ich hielt es zunächst für keine gute Idee, plötzlich auf Trainer zu machen. Was würden meine Mitspieler denken? Gero sah, dass ich mich unwohl fühlte, doch sein Vertrauen gab mir Sicherheit. Es machte mir eine diebische Freude, wenn eine Übung funktionierte, und von meinen Mitspielern gab es keine dummen Bemerkungen. Sie begriffen schnell, dass ich trotz allem keine Sonderrolle bekam. In den Spielen setzte Gero mich hin und wieder auf die Bank, um seine Objektivität zu unterstreichen. Von Cajkovski oder seinem Nachfolger Hennes Weisweiler habe ich nie etwas gehört.

Stattdessen empfahl Gero mich dem FC als E-Jugendtrainer, damit ich erste Trainererfahrungen sammeln konnte. Ich musste nicht lange überlegen, schließlich gab es für den Job eine Traumgage von 150 Mark pro Monat. Ich hielt das für ziemlich viel Geld, auch wenn es schnell wieder weg war, wenn ich meine Kleinsten nach einem Spiel auf ein Eis einlud.

Bei einer meiner ersten Trainingseinheiten schickte ich die

Kinder auf eine Schnitzeljagd in den Wald am Trainingsgelände. Ich hatte eine Schatztruhe versteckt, und die Kleinen strahlten vor Freude, als ich ihnen davon erzählte. Sie waren begeistert und fingen sofort an zu suchen. Aber es gab einige Eltern, die Stunk machten. Der Vater eines Spielers baute sich mit verschränkten Armen vor mir auf. »Mein Kind soll Fußballer werden, nicht Förster!«, meinte er. Im Nachwuchsbereich brachten die Eltern ihre Jungs zum FC, damit sie eineinhalb Stunden fußballerisch gedrillt werden. Entsprechend war die Haltung. Einige Eltern beobachteten regelmäßig das Training. Bei den Spielen schrien sie wie die Irren und kommentierten fast alles. Andere beschwerten sich sogar mal beim Jugendleiter über mein Training. Das stachelte mich nur weiter an. Ich ging neue Wege und stellte mir früh die Frage, wie sich aus diesen kleinen Energiebündeln eine Einheit formen ließe. Ich bereitete jede Übung akribisch vor und erzählte den Kindern, wie sie sich auf die Spiele vorzubereiten hätten: Sie sollten trockenen Kuchen essen. »Da haben Sie meinem Jungen vielleicht einen Floh ins Ohr gesetzt«, sagte eine Mutter. »Ich muss jetzt jeden Samstag backen!« Kohlenhydrate waren im Fußball wichtig, so hatte ich es gelernt.

Ich beobachtete, wie sich die Spielweise der Kinder veränderte, und wenn einer der Jungs kurz vor dem gegnerischen Tor den Ball zum besser postierten Mitspieler passte, anstatt selbst zu schießen, waren das große Momente für mich. Ich steigerte mich in die Aufgabe immer mehr hinein. In gewisser Hinsicht rebellierte ich, wenn auch nur in meinem Inneren. Ich wollte mich als Trainer von den anderen Übungsleitern unterscheiden, doch wie sollte das funktionieren, wenn wir an der Hochschule alle das Gleiche lernten? Ich fing an, mich in Psychologie-Vorlesungen zu setzen und Bücher zum menschlichen Verhalten zu lesen. Ich fragte mich, wie der Mensch auf seiner emotionalen Ebene tickt, weil ich daran glaubte, dass dieser Bereich im Fußball eine unheimlich wichtige Rolle spielt. Vielleicht hätte ich es ja sogar zum Profi geschafft, wenn meine Trainer mich richtig motiviert hätten? Je mehr ich las, desto mehr verglich ich den Fußball mit einem Hochleistungsmotor. Da kannst du den Motorblock erweitern, kannst einen anderen Vergaser einbauen oder die beste Hochleistungszündspule, du kannst so viele Dinge einbauen, um danach eine super Maschine zu haben. Aber wenn es dir nicht gelingt, dass der Zündfunke zum richtigen Zeitpunkt überspringt, kannst du alles vergessen.

Der Zündfunke, der meine Leidenschaft für den Trainerberuf entfachte, waren die Kinder. Es beeindruckte mich, welche Energie eine Gruppe entwickelte, wenn man die richtige Richtung vorgab. Im Rückblick muss ich sagen, dass die Zusammenarbeit mit den Kleinsten vielleicht das Schönste in meinem Trainerleben war. Wie ihre Augen leuchteten und sie meinen Worten folgten, das berührte mich zutiefst. Es spielte nur der Ball eine Rolle, kein Geld oder sonst was. Später im Profibereich habe ich immer versucht, diese Leidenschaft bei meinen Spielern zu wecken. Leider ist mir das nicht immer gelungen.

An der Sporthochschule schloss ich das Sonderfach Fußball mit der Note 1 ab, und nur ein Jahr später erwarb ich die höchste Lizenz im deutschen Fußball, den Fußballlehrer. Zum Abschluss überreichte Gero mir den Schein mit der Nr. 1398. »Christoph, du hast alle Anlagen, um wirklich ein Großer zu werden«, sagte er, und in diesem Moment schwebte ich auf Wolken. Viel später, gerade als ich in den Neunzigern sehr erfolgreich war und meine ersten Titel holte, erzählten immer wieder irgendwelche Leute, sie hätten mich als Trainer entdeckt. Das ist Schwachsinn. Mein Förderer, mein Entdecker, mein Bestärker, derjenige, der mein Trainertalent erkannt hatte, das war der 2014 verstorbene Gero Bisanz. In meinem Herzen wird er immer weiterleben.

Ich stieg beim FC zum A-Jugend-Trainer auf. Das bedeutete, dass Druck und Verantwortung größer wurden, da von mir nun erwartet wurde, neue Profis zu liefern. Der Geschäftsführer Michael Meier war nun mein Chef. Ich ging ständig mit neuen Forderungen zu ihm. Ich wollte mehr Fahrgeld, mehr Kompetenzen und eine hauptamtliche Anstellung. Ich muss ihm ziemlich auf den Wecker gegangen sein, aber der Grund, warum ich ihn so bedrängte, war gewichtig. Er hieß Reiner Calmund.

Reiner war mir schon während meiner Zeit als Trainer der C- und B-Jugend bei den Spielen gegen Leverkusen aufgefallen. Außerdem begegnete ich ihm immer häufiger, wenn ich mir Länderspiele von Jugend-Nationalmannschaften oder Sichtungsturniere anschaute, um talentierte Spieler für den FC zu entdecken. Auf meiner Schreibmaschine hatte ich Musterbögen angefertigt, auf denen ich Stärken und Schwächen der Spieler notieren konnte. Ich beobachtete und schrieb am Spielfeldrand, und ständig schwirrte der dicke Reiner um mich herum, er war schon damals kaum zu übersehen. Eines Tages quatschte er mich an. »Jung, wat hasse denn da für Bögen? Dat sieht ja hochinteressant aus!« Er lächelte freundlich, und ich war so dämlich, ihm einen meiner selbst kreierten Bögen zu zeigen. Man hilft sich halt, fand ich, und ich dachte mir nichts dabei, dass er Jugendleiter bei Bayer Leverkusen war.

Mein Konkurrenzdenken entwickelte sich erst, als er mit dem Geld von Bayer zufälligerweise immer die Spieler verpflichtete, mit denen ich schon fast alles ausgehandelt hatte. Zwischenzeitlich bekam ich sogar das Gefühl, dass er jemanden auf mich ansetzte, wenn ich wieder auf Sichtungstour war. Wenn dann der FC den Talenten ein Angebot unterbreitet hatte, bot Bayer das Doppelte und zusätzlich eine Lehrstelle. Ich war stinksauer. Gleichzeitig stachelte Reiner meinen Ehrgeiz an. Wir mussten neue und vor allem bessere Wege gehen, damit der Dicke mit Leverkusen dem großen FC nicht den Rang ablief! Ich wollte es ihm zeigen.

Ich ging zu Meier und malte ihm ein Horrorszenario aus:

Bayer würde unsere Jugendabteilung zugrunde richten, wenn sich hier nicht langsam etwas ändern würde! Wir mussten diesen abgezockten Leverkusenern etwas entgegensetzen! Ich war unnachgiebig. Vor allem benötigten wir dringend eine eigene Geschäftsstelle für die Jugend. Und ein Büro für mich. Ich glaube, dass Meier irgendwann einfach einwilligte, damit ich ihm nicht länger auf den Keks ging. Mein Büro musste ich dann mit einigen Mitarbeitern und Eltern selbst renovieren, weil ein Maler nicht mehr im Etat war. Ich war unermüdlich, was meine Arbeit beim FC anging. Mit der A-Jugend trainierte ich viermal die Woche, und wenn ich nicht auf dem Trainingsplatz stand, ging ich Spieler beobachten. Mit dabei war oft unser B-Jugend-Trainer Roland Koch, der ähnlich fußballverrückt war wie ich. Wenn wir spätabends von irgendwelchen Sichtungsturnieren nach Hause kamen, gönnten wir uns noch eine Currywurst mit Pommes am Imbiss und fielen danach todmüde ins Bett. Wir verstanden uns blendend. Roland sollte mich später über zwanzig Jahre auf vielen Stationen als Co-Trainer begleiten.

Mit meinen ständigen Forderungen stieg die Erwartungshaltung mir gegenüber. Nach einem ersten schwierigen Jahr erreichten wir im Sommer 1983 das Finale um die deutsche A-Jugend-Meisterschaft in Marburg. Ich erinnere mich noch heute gut an diese Hitzeschlacht. Die Sonne brannte auf meiner Haut, dennoch feuerte ich meine Mannschaft unermüdlich an, noch eine Schippe draufzulegen. Der Schweiß stand mir auf der Stirn. Es half alles nichts. Wir verloren mit 0:2 gegen Eintracht Frankfurt. Es fühlte sich wie eine Ohrfeige an. Ich hasste Niederlagen. Für unseren damaligen Cheftrainer Rinus Michels war es jedoch viel wichtiger, dass es gleich vier meiner Jungs zu den Profis schafften.

Ein Jahr später bekam ich das Angebot, als Co-Trainer für den neuen Chefcoach Hannes Löhr zu arbeiten, was ich mit der Begründung ablehnte, dass ich im Nachwuchsbereich viel wertvoller für den Verein sei. Das neue Jugendkonzept basierte maßgeblich auf meinen Vorstellungen, hier gehörte ich hin. Ich war noch nicht bereit für den nächsten Schritt. Ich genoss die Arbeit mit der A-Jugend, im Sommer 1985 hatten neben Thomas »Icke« Häßler zwei weitere meiner Spieler den Sprung zu den Profis geschafft, Bodo Illgner und Olaf Janßen gehörten jetzt zum Team von Löhr. Ich genoss mittlerweile ein hohes Ansehen in der Region. Sollte ich das alles aufgeben? Als ich wiederholt angeboten bekam, Löhr zu unterstützen, willigte ich schließlich ein. Es sollte niemand denken, ich hätte keine Ambitionen. Nur eine Bedingung stellte ich: Der Weg zurück zum Jugendtrainer musste mir offenstehen.

Es wurde eine ziemlich turbulente Zeit. Hannes Löhr galt beim FC als Legende, er hatte als Spieler über 150 Bundesligatore für den Verein geschossen, rannte deswegen aber nicht wie der größte Macker durch die Gegend. Er behandelte mich auf Augenhöhe und strahlte eine angenehme Ruhe aus, wobei Ausstrahlung ein schwer zu greifendes Wort ist. Bei Hannes spürte ich eine natürliche Autorität, so wie damals bei Gero. Als Trainer war er eher der spontane Typ, was mich nicht weiter störte, weil es bedeutete, dass er mich machen ließ. Ich durfte die Trainingseinheiten planen, und das gefiel mir natürlich. Hannes nickte nur, wenn ich ihm meine Pläne präsentierte. Er verstand es exzellent, Stimmungen innerhalb der Mannschaft zu erkennen.

Hannes ließ die Jungs oft nur ein Trainingsspielchen machen, und das fanden sie wunderbar. Einmal bat er mich, eine Einheit zum Konterspiel vorzubereiten. Am nächsten Tag begann Hannes das Training wie gewohnt mit einem Spiel fünf gegen zwei, er spielte wie fast immer selbst mit. »Bau schon mal alles auf, wir sind gleich fertig!«, rief er mir zu. Also stellte ich die Hütchen auf. Eine Viertelstunde später spielten sie immer noch. »Hol schon mal die Leibchen!«, rief Hannes. Weitere fünfzehn Minuten später kam er endlich auf mich zu. »Deine Übung machen wir morgen«, sagte er. »Jetzt spielen wir noch auf zwei Tore.« Obwohl ich stinksauer war, schwieg ich. Im Vergleich zu Hannes war ich ein Wicht. Außerdem standen die meisten Spieler auf seiner Seite. Aber ich spürte auch, dass etwas nicht stimmte. Es schien schon länger Probleme zwischen Hannes und dem Vorstand zu geben, sie redeten kaum ein Wort miteinander. Auch die Ergebnisse waren schlecht. Wir dümpelten im unteren Mittelfeld der Tabelle herum. Wir verloren und gewannen, fast immer abwechselnd – und nach der Winterpause verloren wir nur noch. Im Februar 1986 lernte ich dann zum ersten Mal die kalte Seite des Bundesligageschäfts kennen. Ich traf Hannes in der Trainerkabine, während er seinen Spind ausräumte. Man hatte ihn gefeuert. Mir blieb kaum Zeit, es zu begreifen, denn schon am nächsten Tag kam der neue Trainer.

»Mein lieber Herr Daun, ich grüße Sie herzlich!« Georg Keßler brüllte wie ein Feldwebel, ich musste mir fast die Ohren zuhalten. Und er sagte tatsächlich Daun. Ich war so verblüfft, dass mir die Worte im Hals stecken blieben. Keßler stand mit seiner Silberlocke im Raum und tat so, als wäre er der Allergrößte. Er hatte zwar schon ein paar Titel als Trainer gewonnen, okay, aber so einen Auftritt hatte ich noch nie erlebt. Er schaute sich gut gelaunt in der kleinen Trainerkabine um. Dann schrie er wieder. »Herr Daun, könnte ich die Liste der Spieler für das Auswärtsspiel morgen bei Werder Bremen sehen?!« Es war keine Frage, sondern eine Aufforderung. Wir kannten uns gerade mal ein paar Minuten, und er behandelte mich wie seinen Handlanger. Er studierte die Liste mit einem betont kritischen Blick. Dann wollte er auf einmal, dass nicht Michael Nißl, sondern Illgner als Ersatztorwart mit nach Bremen kommt. Ich sagte ihm, dass Bodo gerade sein Abitur mache und daher freigestellt sei. »Herr Daun!«, brüllte er. »Ich sage es Ihnen nur einmal! Wenn ich von Ihnen etwas verlange, dann machen Sie das auch!« Er putzte mich mit seinem Kasernenton herunter, und mir blieb nichts anderes übrig, als klein beizugeben. Dass er Bodo unbedingt mitnehmen wollte, begründete er damit, dass dieser größer sei als Nißl, und weil

Bremen so viele große Spieler habe, mache das ja so viel mehr Sinn. Einen großen Torhüter auf die Bank setzen, weil der Gegner so große Spieler hat? So einen Quatsch hatte ich noch nie gehört.

Ein paar Wochen später saßen wir wieder im Trainerbüro. Keßler spielte mit seiner Sonnenbrille herum. Eine echte Cartier, sagte er mir, die habe er zum Abschied von Olympiakos Piräus bekommen. »Eigentlich viel zu teuer, um sie auf dem Trainingsplatz zu tragen. Aber ich muss sie mal präsentieren!«, schrie er. Dann schickte er mich nach draußen, um für ihn zu schauen, wie die Sonne steht. Er verhielt sich wie ein selbstverliebter Diktator, und die nächsten Monate waren der Horror. Im Training musste ich mich ins Tor stellen oder Schiedsrichter spielen. Ich kam mir vor wie der letzte Depp. Meinen Frust baute ich beim Renovieren ab.

Ich hatte mit Ursula ein Haus in Hürth-Efferen bezogen, nur zehn Minuten vom Geißbockheim entfernt. Es gab noch viel zu tun, und nach dem Training malochte ich weiter, was mich Keßler für ein paar Stunden vergessen ließ. Ich musste eine neue Glasfasertapete anbringen. Diese Dinger waren der Renner damals, sie brauchten einen speziellen Kleber, und wenn man bei den Stößen nicht aufpasste, dann … Dann klingelte das Telefon. Ich stieg die Leiter herab und nahm ab. Es war Meier, er klang ganz aufgeregt. Das passte eigentlich nicht zu ihm. »Sie müssen sofort zur Geschäftsstelle kommen!«, forderte er. »Wir haben Keßler rausgeschmissen! Sie müssen übernehmen!«

Ein Goldfisch unter Haien

1. FC Köln, 1986/87

Ich kann dieses Gefühl nach Meiers Anruf nicht beschreiben, das wird mir wohl nie gelingen. Es war so, als wäre ich vor Euphorie auf Wolken gewandert. Andererseits begann es in meinem Kopf sofort zu rasen, und ich überlegte, was es alles zu tun gäbe – es wartete eine Menge Arbeit auf mich. Ich lief nicht durch die Gegend und sagte mir: Wow, ich bin jetzt Bundesligatrainer, küsst mir mal die Füße! Das war zu diesem Zeitpunkt nicht mein Ziel gewesen, ich sah mich als Jugendtrainer, und jetzt musste ich halt an anderer Stelle aushelfen. Angst verspürte ich nicht, eher eine Art Drang, endlich loslegen zu wollen. Wo ich herkam, regelte man die Dinge mit harter Arbeit. Es gab keine Zeit zu verlieren, denn es gab ein ziemlich großes Problem zu lösen.

Der 1. FC Köln zählte zur Crème de la Crème des deutschen Fußballs. Der FC von damals lässt sich nicht mit dem von heute vergleichen. 1983 hatte der Verein den DFB-Pokal gewonnen und im Mai 1986 sogar noch gegen Real Madrid im Finale des UEFA-Cups gestanden. Das war kein Fahrstuhlverein, sondern dem Selbstverständnis nach eine große Hausnummer im deutschen Fußball. Der FC war der Stolz der ganzen Stadt. In die Zweite Bundesliga abgestiegen war der Club noch nie. Aber nun drohte erstmals der Absturz. Im September 1986 war Köln Drittletzter und hatte von den ersten sieben Spielen der Saison nur eines gewonnen. In der Vereinsspitze ging es spätestens nach dem Rauswurf von Keßler hektisch zu. Alle möglichen Leute hatten ihren Rücktritt entweder angekündigt oder schon vollzogen. Wie groß die Not war, zeigte sich schon an der Trainerwahl. Normalerweise verpflichtete der Club echte Größen wie Weisweiler oder Michels. Jetzt sollte ich es plötzlich richten, dieser Typ, den kein Schwein kannte, der nicht mal Profi gewesen war! Allen war klar, dass ich es nur für ein paar Spiele machen sollte. Und auch Meier machte kein Geheimnis daraus, dass er sich parallel nach einem großen Namen umschaute.

Manche Journalisten wussten vor meinem ersten Spiel nicht mal, wie alt ich bin. Es gab mehrere große Tageszeitungen, die regelmäßig über den Verein berichteten: Eine von ihnen schrieb, dass ich 34 Jahre alt sei, die andere tippte auf 33 Jahre, nur die dritte traf mit ihrer Angabe, ich sei gerade 32 Jahre alt, ins Schwarze. Eine Zeitung nannte mich ganz am Anfang sogar Christoph Daun, kein Witz: Daun. Die hatten wohl zu lange Sir Keßler zugehört.

Mir machte das damals nichts aus, zumindest nicht so sehr, dass ich in die Redaktionen gerannt wäre, um denen zu erzählen, wie ich heiße oder wie alt ich bin. Ich hielt mich zurück. In meinem ersten Interview sagte ich, dass ich nicht so viel reden wolle wie Keßler. Ich habe das Interview noch heute. »Ich bin eher ein schweigsamer Typ«, sagte ich da. Nicht gerade ein Ali-Spruch. Ich war zwar nie ein Leisetreter, doch die neue Aufgabe flößte mir gewaltigen Respekt ein. Wie hätte ich auch große Sprüche klopfen sollen? Harald Schumacher und die anderen Spieler hätten mich ausgelacht.

Es war sicher ein Vorteil, dass ich die Mannschaft kannte. Wie bei fast allen Bundesligisten dieser Zeit herrschte eine klassische Rangordnung: Die Alten hatten das Sagen. Es war nicht so wie heute mit flachen Hierarchien. Die jungen Spieler, egal wie gut sie waren, hatten sich erst mal ruhig zu verhalten. Und meine Mannschaft war voll von Platzhirschen, egal ob sie Harald Schumacher, Klaus Allofs oder Paul Steiner hießen, alles gestandene

Bundesligaspieler, denen machte man nichts mehr vor. Ich wollte daher nicht so dumm sein und ihnen plötzlich irgendwelche Vorschriften machen. Wäre ich selbst Profi gewesen, hätte das vielleicht funktioniert, damals hinterfragten die Spieler noch nicht besonders viel. Aber ich muss ihnen am Anfang wie ein kleines Licht vorgekommen sein. Ich konnte nichts anordnen. Ich musste überzeugen. Auf lange Sicht hat mir das enorm geholfen.

Ich überlegte stundenlang, wie ich am besten vorgehen konnte. Mit dem Bleistift zeichnete ich alle möglichen Übungen in mein Trainerbuch, so wie ich es auch schon unter Löhr gemacht hatte. Was mir Kopfschmerzen bereitete, waren die Gespräche mit den gestandenen Profis. Mir war klar, dass ich die erfahrenen Spieler auf meine Seite bringen musste, um eine Chance zu haben. Und es gab diesen einen Spieler, ausgerechnet der älteste von allen, für den ich eine unangenehme Nachricht hatte. Er war die lockere Schraube, an der ich drehen musste, um den Motor wieder in Gang zu bringen. Aber so einfach war das nicht, und je länger ich darüber nachdachte, desto mehr brachte es mich um den Schlaf. Es führte kein Weg daran vorbei: Wenn die Mannschaft die Kurve kriegen wollte, musste ich dieses eine wichtige Gespräch führen. Mit der Schraube, mit Morten Olsen.

Morten war damals schon 37, und es war absehbar, dass er später eine Karriere als Trainer hinlegen würde. Er war ein Stratege auf dem Spielfeld mit toller Übersicht und gutem Stellungsspiel, eine Art dänischer Beckenbauer. Darum spielte er in Köln auf der Position des Liberos. 1983 hatte er mit Anderlecht den UEFA-Cup gewonnen und ein Jahr später die dänische Nationalmannschaft als Kapitän völlig überraschend bis ins Halbfinale der Europameisterschaft in Frankreich geführt. Er galt zu dieser Zeit als einer der besten Verteidiger der Welt. Obwohl er erst vor wenigen Monaten zum FC gewechselt war, wurde er bereits als Autorität im Club akzeptiert. Jeder wusste um seine außergewöhnliche Karriere, das machte natürlich Eindruck. Mein Vorhaben war äußerst heikel, denn Spieler wie Olsen oder Schumacher genossen auf der Geschäftsstelle einen exzellenten Ruf. Würde sich einer von ihnen bei Meier über mich beschweren, wäre das mein Ende. Mein Plan mit Morten war also riskant. Ich hatte keine Ahnung, wie er auf den Vorschlag reagieren würde. Was wäre, wenn Morten mich einfach auslachen würde? Er war schließlich über vier Jahre älter als ich. Und doch hoffte ich, dass er es letztlich verstehen würde. Verstehen musste. Also nahm ich meinen ganzen Mut zusammen und bat Morten nach dem ersten Training in mein kleines Trainerbüro.

Er setzte sich mir gegenüber auf den unbequemen Holzstuhl hinter dem Schreibtisch. »Morten, wo siehst du eigentlich unser größtes Problem?«, fragte ich ihn. Seine blauen Augen unter der vollen dunkelblonden Mähne blickten mich kritisch an. »Wir kommen in der Abwehr zu häufig unter Druck. Wir brauchen einen stabilisierenden Spieler im Mittelfeld«, antwortete er. Ich nickte und fragte ihn, wer diese Rolle einnehmen könnte. »Eventuell Stephan Engels oder vielleicht sogar Thomas Häßler, der hat ja eine gute Technik, und ...« – »Komm, hör auf, Morten«, sagte ich. »Wir wollen das Mittelfeld sta-bi-li-*sieren*, da muss jemand viele Jahre Erfahrung mitbringen, das können die beiden doch gar nicht!« Er nickte. Dann fragte er ruhig zurück: »Aber wer soll das sonst machen?« Ich schaute ihm direkt in die Augen: »Der Einzige, der das kann, bist du. Keiner verfügt über so große Erfahrung und so viel Übersicht am Ball.« Ich versuchte, souverän zu wirken, obwohl von seiner Antwort unglaublich viel für mich abhing. Meine Anspannung drohte mich innerlich zu zerreißen. Morten schaute mich nachdenklich an, und ich spürte, dass er Zweifel hatte. Er wusste, was das für ihn bedeuten würde. Er war nicht mehr der Jüngste, und als Libero spielte er auf einer relativ entspannten Position: Er hatte das Spiel vor sich, musste sich kaum mehr als nötig bewegen. Eigentlich die perfekte Rolle auf seine alten Tage. Eine Versetzung ins Mittelfeld würde einiges an

Stress mit sich bringen. Morten zögerte immer noch. Warum ließ er sich so lange Zeit? Würde er ablehnen? Nicht auszudenken, was das für meine Autorität in der Mannschaft bedeuten würde! »Nur für ein, zwei Spiele«, meinte er endlich. Mir fiel eine Zentnerlast von den Schultern.

Im Nachhinein muss ich ganz bescheiden sagen, dass das ein genialer Schachzug war. Morten machte seine Sache von Anfang an großartig. Im Mittelfeld hatte er alles im Griff, spielte wunderbare Pässe, dirigierte die Mannschaft, und alle profitierten von seiner enormen Erfahrung. Schon in meinem ersten Spiel gegen den VfB Stuttgart war er der absolute Chef, er gab der Mannschaft mit seiner Ruhe den nötigen Halt. Ich dagegen war an der Seitenlinie völlig nervös. Den Weg von der Kabine zur Trainerbank war ich zwar schon etliche Male gegangen, aber diesmal waren alle Kameras auf mich gerichtet. Meine Beine fühlten sich wie Pudding an, mir ging sprichwörtlich der Arsch auf Grundeis. Wir spielten zu Hause im Müngersdorfer Stadion, eine klassische alte Schüssel mit Laufbahn, und es waren gerade mal 12 000 Zuschauer da. Es sollte wieder aufwärtsgehen mit dem neuen Trainer Daum, doch für Aufbruchsstimmung sorgte das bei den Kölnern nicht. Man konnte es ihnen nicht verübeln, mich kannte ja kein Mensch. Dabei hatte ich mich extra schick gemacht: Anders als auf dem Trainingsplatz trug ich nicht so einen knallbunten Ballonseideanzug, sondern einen hellgrauen Strickpulli mit weißem Hemd darunter. Der Kragen des Hemdes lag elegant über dem Pullover, das ist ja sogar heute noch modern. Kaum war das Spiel angepfiffen, rannte ich wie ein Rumpelstilzchen die Seitenlinie hoch und runter und feuerte meine Mannschaft an. Ich fluchte und haderte, und als Klaus Allofs eine hundertprozentige Chance und damit den Siegtreffer vergab, wäre ich fast ausgerastet. So fühlte es sich also an, wenn man die Verantwortung für die Zukunft seines Vereins hatte. Das Spiel blieb torlos, und ich war fix und fertig, als es vorbei war.

Der Durchbruch gelang erst eine Woche später im Spiel auf Schalke. Das war mal eine Kulisse: Fast 40 000 Zuschauer empfingen uns im Parkstadion, was meine Jungs offenbar mächtig beeindruckte. Wir lagen schon nach 26 Minuten mit 0:2 zurück, und bis dahin lief alles schief. Dann machte Michael Wollitz kurz vor der Halbzeit den Anschlusstreffer, und wir schöpften wieder Hoffnung. Im zweiten Durchgang folgte dann der große Auftritt von Thomas Allofs. Thomas war erst im Sommer zum FC gewechselt und stand immer etwas im Schatten seines großen Bruders Klaus. Er hatte tolle Anlagen und war ziemlich schnell, nur gezeigt hatte er davon seit seinem Wechsel noch nichts. Von einigen Journalisten wurde er schon als Fehleinkauf abgestempelt. Ich glaubte dennoch an ihn und war überzeugt, dass er von Keßler einfach nur falsch eingesetzt worden war. Und tatsächlich: Auf Schalke hatte er seinen Durchbruch. Innerhalb von 23 Minuten schoss Thomas drei Tore und drehte das Spiel zu unseren Gunsten. Ich weiß heute noch, wie fast das gesamte Stadion plötzlich verstummte. Was soll ich sagen? Das war ein geiles Gefühl. Ich flippte an der Seitenlinie aus und sprang vor Freude durch die Luft. Die ganze Energie in meinem Körper, dieses Wilde: Es steuerte in diesem Moment auf den richtigen Punkt zu. Wir gewannen 4:2. Das Spiel wurde zur Initialzündung, denn jetzt kamen wir in einen Lauf. Wir besiegten Borussia Dortmund mit 2:0, gewannen das Derby in Düsseldorf mit 4:0 und schlugen danach auch Waldhof Mannheim mit 3:1.

Es lief also, und dafür als Cheftrainer verantwortlich zu sein, war dann doch etwas anderes, als Leibchen zu verteilen. Dass mein Plan mit Morten aufging, verschaffte mir Respekt. Es war zugegangen wie beim Pokerspiel, ich hatte gezockt, und Gott sei Dank ging meine Rechnung auf. Natürlich gefiel mir, dass die Zeitungen nun schrieben, dass mit Daum das Glück zurückgekommen sei. Dadurch gewann Meier Zeit. Es störte mich nicht im Geringsten, dass er sich weiter nach einem großen Trainer umschaute. Es geisterten vor allem zwei Namen durch die Presse: Pal Csernai und Kalli Feldkamp. Beide waren relativ große Nummern, im Vergleich zu mir sowieso. Feldkamp hatte schon mit Uerdingen den DFB-Pokal gewonnen, Csernai war mit den Bayern Anfang der Achtziger zweimal deutscher Meister geworden. Er war Ungar und immer ganz edel gekleidet. Sein Markenzeichen war ein feiner Seidenschal, den er auch bei den Spielen immer trug. Manche hielten ihn für einen arroganten Schnösel, wegen der vielen Titel mit den Bayern versprühte sein Name aber einigen Glanz. Das entsprach dem Selbstverständnis des FC.

Mir blieb kaum Zeit, die entsprechenden Artikel zu lesen. Meier sollte gerne den perfekten Mann suchen, ich musste mich auf meinen Job konzentrieren. Dennoch spürte ich immer noch diese Ungewissheit. Die Siege waren toll, klar, aber sie änderten nichts an den Fragen, die ich mir permanent stellte: Was denken deine Spieler über dich? Was kannst du besser machen? Ich konnte sie ja schlecht danach fragen, das ging nicht, als Trainer musste ich Stärke ausstrahlen. Phasenweise machte ich mich ziemlich verrückt. Das Problem war, dass ich niemanden hatte, mit dem ich mich austauschen konnte. An der Vereinsspitze herrschten chaotische Zustände, es mischte sich kaum jemand in das ein, was ich tat. Ich wurde ins kalte Wasser geschmissen und sollte schwimmen lernen, also ruderte ich wie wild mit den Armen, um mich an der Oberfläche zu halten. Ich fand keine Ruhe. Ich hatte Hummeln im Hintern, wie Mutter es genannt hatte, so war ich schon immer. Wir trainierten in der Regel zweimal täglich, morgens und nachmittags. Wenn ich mit der Mannschaft nicht auf dem Platz stand, bereitete ich die nächste Trainingseinheit vor. Ich notierte alles in mein Trainerbuch: unsere Aufstellungen aus den vergangenen Spielen, die Reaktionen meiner Spieler, ihre Stärken und Defizite, außerdem skizzierte ich in Stichpunkten die Inhalte meiner Ansprachen an die Mannschaft. Als Trainerneuling meinte ich, alles protokollieren und kontrollieren zu müssen. Ich sah keine andere Möglichkeit, denn ich hatte keinen an meiner Seite, der mir sagte: Mach mal locker, Christoph! Es gab eigentlich niemanden, der mich bremste, der mich auf fachlicher Ebene kritisierte oder korrigierte, keinen, der mit mir gemeinsam Pläne schmiedete. Ich hatte nicht mal einen Co-Trainer und war so gut wie allein für mich und meine Arbeit verantwortlich. Außer mir gab es nur den Konditionstrainer Rolf Herings, der einmal die Woche Fitnessübungen mit der Mannschaft machte. Bei den Auswärtsspielen saß er nicht mal auf der Bank. Auf dem Trainingsgelände des FC war ich häufig morgens der Erste und abends der Letzte. Und wenn das Training vorbei war, ging die Arbeit für mich weiter, teilweise saß ich bis spätnachts am Schreibtisch in unserem Haus. Alles drehte sich um den FC. Er bestimmte fast mein gesamtes Leben. Mein Motto war: Wenn andere acht Stunden arbeiten, dann arbeite ich eben sechzehn. Zeit zum Innehalten blieb da kaum.

Mir fehlte die Orientierung. Ich wusste, was mit Löhr und Keßler passiert war, und mir war klar, dass ich nur mit guten Ergebnissen als Cheftrainer überleben würde. Ich wollte die Chance nutzen, doch ständig begleitete mich diese Angst, dass es jederzeit vorbei sein könnte. Als Bundesligatrainer stand ich im Rampenlicht, und wer einmal die Sonne spürt, der will so schnell nicht wieder in den Schatten. Zumindest war es bei mir so. Ich wollte diese Chance nutzen. Ich strebte nach Anerkennung, so wie ich sie als Jugendtrainer immer genossen hatte. Ich wollte die Wertschätzung meiner Spieler und der Öffentlichkeit. Es war eine brutale Zeit, denn ich stand unter dauernder Beobachtung. Ich kannte das nicht. Als Trainer musst du lernen, mit diesem Druck umzugehen, doch was wusste ich als junger Bursche schon davon? Ich redete mit mir selbst und unserer neuen Glasfasertapete, und niemand konnte mir Antworten geben. Ich ging laufen oder in die Sauna, um auf andere Gedanken zu kommen, außerdem fing ich vor dem Schlafen mit dem Lesen von Comics an. Ich blätterte in den lustigen Taschenbüchern oder den Geschichten von Asterix und Obelix, um wenigstens für ein paar Stunden abzuschalten.

Es half nie lange. Wenn ich bisher irgendwelche Fehler gemacht hatte, interessierte das höchstens ein paar Eltern. Jetzt schauten alle zu. Mit den Jahren wurde ich zwar reifer, ausblenden konnte ich meine Zweifel aber nie. Die Anfangsphase bei einem neuen Verein war während meiner gesamten Karriere immer die schwierigste. Die ersten Spiele müssen funktionieren, denn nichts ist erfolgreicher als der Erfolg, ansonsten kann es schnell ungemütlich werden. Die Fragen, die ich mir stellte, waren überall die gleichen: Mache ich das Richtige? Ist es für die Mannschaft das Richtige? Aber diese Bedenken muss man immer für sich behalten. Niemand darf sie sehen. In meinen ersten Monaten beim FC habe ich den Zeitungen gegenüber ab und zu eigene Fehler eingeräumt. Daraus entwickelten sich mittelschwere Katastrophen. Irgendwann hieß es dann: Er hat diesen und jenen Fehler gemacht, aha, wie konnte das denn passieren? Auch einige Ersatzspieler muckten auf nach dem Motto: Der Trainer gibt also Fehler zu, aber wenn ich einen Fehler mache, dann werde ich direkt in den Senkel gestellt! Deshalb sprach ich später in der Öffentlichkeit nicht mehr über eigene Fehler.

Ängste werden in diesem Geschäft als Schwäche ausgelegt. Ich habe das nie als tragisch angesehen, sondern als Spielregeln dieses Berufs akzeptiert. Doch die ständigen Sorgen und Zweifel raubten mir zum Teil jegliche Energie. Wenn ich am Spielfeldrand stand, wenn Tausende mich beobachteten, wenn sie schrien oder pfiffen, wenn alles um mich herum bebte, dann ging mein Puls auf 190 bis 200, obwohl ich mich kaum bewegte. In fast jedem Spiel meiner Karriere brodelte in mir ein Gemisch aus Hoffen und Bangen, und es hätte mich vermutlich irgendwann in einen Herzinfarkt getrieben, wenn ich nicht immer auf meine Fitness geachtet hätte. Der Trainerjob kann hart sein, und jeder kann sich vorstellen, wie es heutzutage ist, wo dich dank der sozialen Medien die ganze Welt beleidigen oder belehren kann. Ich zeigte niemandem, wie es in mir aussah, und wenn es dafür Anzeichen gab, dann höchstens das Dauerflackern in meinen Augen. Vor Schumacher und den anderen versuchte ich, stark zu wirken.

Ich war ein anderer Trainertyp als Löhr oder Keßler, nicht so erfahren oder autoritär, dafür jung und umtriebig. So gesehen passte ich nicht zum großen FC, aber ich lieferte die erhofften Ergebnisse. Ich bekam mit, dass Meier hin und wieder die älteren Spieler nach mir ausfragte. War das nun ein gutes Zeichen? Ich hatte keine Ahnung. Jedenfalls hörte ich, dass Schumacher sich für mich einsetzte. »Ob der Daum ein Jugendtrainer ist oder nicht, ist mir scheißegal. Mit dem haben wir die Spiele gewonnen. Damit hat er die Mannschaft gewonnen«, soll er gesagt haben. Es imponierte mir gewaltig, denn Schumachers Meinung besaß im Verein natürlich Gewicht. Ich weiß noch, wie mich das beruhigte, wie für einen kurzen Moment meine innere Spannung nachließ. Das war mal eine starke Antwort auf die Fragen, die ich mir die ganze Zeit stellte, und natürlich gab mir das Sicherheit. Deswegen lief ich aber nicht gleich zu Meier und forderte einen langfristigen Vertrag. Ich wusste, dass ich in seinen Augen immer noch der Jugendtrainer war, der nicht viel vorzuweisen hatte. Ich freute mich im Stillen.

Nur Morten litt unter unserem Aufschwung. Aus den ein, zwei Spielen auf seiner neuen Position waren mittlerweile fünf geworden. Eines Tages kam er in mein Büro gehumpelt und konnte kaum noch stehen. Er setzte sich auf einen Stuhl und sah wirklich völlig fertig aus. »Mir tut alles weh«, sagte er. »Du musst mich zurück auf die Libero-Position stellen. Ich kann nicht mehr so viel laufen. Meine armen Knochen.« Bitte nicht jetzt, dachte ich. Dass die Mannschaft sich gefangen hatte, war zu großen Teilen Mortens Verdienst. Ich brauchte ihn im Mittelfeld, um meine Spielidee umzusetzen. Vielleicht würde er mich umbringen, wenn ich ihn nicht zurück in die Abwehr stellen würde – aber das konnte ich nicht. Ich flehte ihn an. »Morten, du musst mir helfen. Ich bin zum ersten Mal Profitrainer, und du bist im Mittelfeld mein wichtigster Spieler. Mit dir steht und fällt alles!« Einerseits war Morten geschmeichelt, andererseits zögerte er wieder. »Bitte, Morten! Nur noch ein paar Spiele«, sagte ich. Er atmete lautstark aus und blickte genervt an mir vorbei. Nach ein paar Sekunden stimmte er endlich zu. »Okay, um Gottes willen. Ist ja gut, ich mache es!«

Es ging auf die Winterpause zu, und wir hatten mit dem Abstieg nichts mehr zu tun. Ich war souveräner als noch am Anfang, zudem wusste ich die älteren Spieler auf meiner Seite. Zumindest glaubte ich das. Oder hätte Morten sonst klein beigegeben? Selbst Harald Schumacher stand hinter mir, und das ließ mich zwar nicht größer, aber zumindest mein Kreuz breiter werden. Ich kannte das Gerede, dass Harald gleichzeitig genial und verrückt sei. Genial, weil er mit spektakulären Reflexen selbst die härtesten Schüsse abwehrte. Verrückt, weil er manchmal Dinge anstellte, die nicht gerade als normal galten. Vor einem Spiel bohrte er sich sogar eine Injektionsnadel in den Oberschenkel, um sich durch den Schmerz zu pushen. Ich erinnere mich auch noch, wie er sich einmal die eigene Nase blutig schlug, um seine Mitspieler zu motivieren. Das ist kein Scherz. Er war hochmotiviert und von Ehrgeiz getrieben. Ich glaubte zu wissen, wie er tickte. Er war das Idol der Fans. Es gab zu der Zeit eigentlich nur drei Dinge, die für jeden Kölner heilig waren: der Dom, der Schauspieler Willy Millowitsch und der Nationaltorwart Toni Schumacher. Ich nenne ihn bis heute Harald. Anfangs sah ich das als eine Sache des Respekts, mittlerweile habe ich mich daran gewöhnt. Es war schon eine feine Sache, dass ich gut mit ihm auskam. Ich ahnte nicht, dass ich auch noch seine unberechenbare Seite kennenlernen sollte.

Wir flogen für ein Trainingslager nach Argentinien. Solche langen Reisen ins Ausland waren damals nichts Ungewöhnliches, und sie hatten einen einfachen Grund: Sie versprachen dem Verein gutes Geld. Wir nahmen an einem Turnier mit den argentinischen Spitzenteams Boca Juniors, River Plate und Independiente teil. Allein für die Teilnahme bekamen wir schon eine ordentliche Antrittsprämie. Anders als heute dauerte die Winterpause damals noch richtig lang. Wir hatten zweieinhalb Monate Zeit, bis es Ende Februar wieder mit der Bundesliga losgehen sollte, und Meier hatte gesagt, dass ich erst mal weitermachen sollte.

Wir zogen in einen Riesenkasten am Meer in Mar del Plata. Es war traumhaft, aus dem Fenster blickte ich auf kilometerlangen Sandstrand, nur Meier befürchtete wegen der Lage unserer Unterkunft das Schlimmste. »Herr Daum, schauen Sie doch mal aus dem Fenster, was da für Schönheiten am Strand herumspazieren!« Ich sah bestes Wetter und überall hübsche Frauen. »Ist doch super«, sagte ich. »Es gibt schlechtere Ausblicke!« Meier schaute mich entsetzt an: »Das kann niemals gut gehen hier!« Ich verstand seine Sorgen, sah es aber nicht so eng. Natürlich waren wir hier, um Fußball zu spielen. Je besser wir bei dem Turnier abschneiden würden, desto mehr Prämie würde der Verein kassieren. Und wegen der Strandschönheiten konnte ich den Jungs ja keine Augenklappen aufsetzen.

Beim »Klosterschüler« Meier lagen nicht nur wegen dieser Aussicht die Nerven blank. Erschwerend kamen die chaotischen Zustände beim FC hinzu. Meier war mittlerweile der absolute Chef im Verein. Vizepräsident Karl-Heinz Thielen war bereits zurückgetreten, und der Rückzug von Präsident Peter Weiand war bereits verkündet. Es stand zudem nicht gut um die Finanzen des Vereins. Es machte Meier fast wahnsinnig, dass die Presse, von einem Insider mit Informationen gefüttert, ständig neue Hiobsbotschaften verkündete. Den Lesern in Köln wurde ungefähr das folgende Bild von unserem Trip nach Südamerika gezeichnet: Ein einziges Durcheinander im Trainingslager, die Vorbereitung läuft suboptimal, keine vernünftigen Trainingsbedingungen, nur Theater. Die Fans müssen sich gefragt haben: Was treiben die eigentlich da drüben?

Wer steckte hinter dieser Berichterstattung? Harald Schumacher? Das Durcheinander in seinem Verein und das Trainingslager schmeckten ihm nicht. In Argentinien war es heiß, und die Fußballplätze waren nicht in bestem Zustand. Und Harald war keiner, der sich bändigen ließ. Protestierte er deshalb auf seine Art, indem er bei den Reportern hier und da seinen Frust ablud? Ich konnte Harald ja nicht einfach zur Rede stellen, es war ja nicht mal sicher, dass er tatsächlich der Informant war. Ich tat so, als würde ich nichts mitkriegen, und lud die Mannschaft zu einem Boxkampf oder ins Restaurant ein. Meier suchte dagegen fieberhaft nach dem Maulwurf. Irgendwann stellte er die Mannschaft im Speisesaal zur Rede. Das wirkte total amateurhaft, denn natürlich schwiegen alle. Ich weiß bis heute nicht, ob das in seiner Absicht lag, aber das ganze Theater hatte zwei Effekte: Zum einen bekamen die jungen Spieler mächtig Schiss, überhaupt noch mit Journalisten zu reden. Zum anderen verstärkte die Suche nach dem Maulwurf auf sonderbare Weise das Zusammengehörigkeitsgefühl der Mannschaft, so nach dem Motto: Wir gegen Meier. Auf jeden Fall wirkte es sich vorteilhaft aus. Kurz bevor wir zurückflogen, begann Harald am Flughafen in Brasilien Kölner Karnevalslieder anzustimmen. Fast alle stimmten ein.

Wir absolvierten ein weiteres Trainingslager in Israel und wuchsen als Mannschaft immer mehr zusammen. Ich erinnere mich noch, wie ich die Jungs an einem der ersten Abende um die Häuser ziehen ließ. Ich hockte mich in die Lobby des Hotels, um zu kontrollieren, ob sie rechtzeitig zurückkamen. Als um halb vier Uhr morgens die meisten immer noch nicht zurück waren, ging ich mit einem Riesenhals ins Bett. Was erlaubten die sich bloß? Dafür würde ich sie am nächsten Tag büßen lassen! Kurz darauf riss mich ein dumpfes Hämmern aus den Träumen. Ich schaute mit halb geöffneten Augen auf den Wecker: 6.15 Uhr. Irgendein Irrer trommelte wie verrückt an die Tür meines Zimmers. »Aufstehen, Training!« Als ich aufmachte, sah ich in die blauen Augen von Morten. Mir blieb keine Zeit, ihn zur Rede zu stellen. Er rannte schon weiter zum nächsten Zimmer und hämmerte jeden Einzelnen aus dem Schlaf. Um halb sieben stand die ganze Mannschaft versammelt in der Lobby, wo ich wenige Stunden vorher noch in dem Sofa neben der Eingangstür auf sie gewartet hatte. »Ey, Trainer«, rief Morten grinsend. »Auf geht's zum Straftraining!« Ich wusste immer noch nicht, wie mir geschah. Ich blickte in ebenso müde wie lachende Gesichter. Wie konnte ich da noch wütend sein? Worte kamen mir ohnehin nicht raus, so perplex war ich. Alle standen da und waren bereit zum Laufen, sogar Harald hatte sich von Morten aus dem Bett quälen lassen – und der ließ sich normalerweise von niemandem was sagen. Jetzt zogen alle mit, und das erfüllte mich mit Stolz. Ich spürte trotz meiner Müdigkeit eine große Freude über den Zusammenhalt in dieser Mannschaft und dass es mir offensichtlich gelungen war, sie zu einer Einheit zu formen. In diesem Moment schloss ich die Jungs in mein Herz. Trotzdem ließ ich sie zehn Kilometer laufen.

Es lief nun alles in einer rasanten Geschwindigkeit ab. Eben war ich noch eine unbekannte Nummer gewesen, jetzt spürte ich den wachsenden Respekt meiner Spieler. Wir siegten nach der Winterpause weiter, und ich fühlte immer stärker, dass ich diese Mannschaft nicht mehr loslassen wollte. Ich kam mir nicht mehr vor wie der junge Kerl, der das mal für ein paar Wochen machen sollte. Ich wurde selbstbewusster und hoffte auf einen langfristigen Vertrag. Trotzdem gab es immer noch Spekulationen um Csernai, diesen fein gekleideten Spitzentrainer. Und wieder schaltete Harald sich ein. »Wenn der Csernai nach Köln kommt, dann binde ich ihn an seinem seidenen Halstuch im Stadtwald an einen Baum!«, sagte er den Zeitungen, und ich musste lachen und fühlte mich zugleich gerührt. Worauf wartete Meier also noch?

Irgendwann um die Karnevalszeit rief er mich an einem Sonntagabend zu Hause an. Es überraschte mich zunächst, als ich seine Stimme hörte. Wenn er mich so spät noch anrief, musste es wohl wichtig sein. Mein Puls schoss in die Höhe und vermischte sich mit Euphorie. Ich fragte mich sofort, was er mir wohl sagen wird. Gibt er mir nun endlich den Vertrag? Oder hatte er trotz allem Csernai verpflichtet? Blitzschnell gingen mir die Szenarien durch den Kopf, im Prinzip waren es ja nur diese zwei. In meinem Körper baute sich eine Spannung auf, ich war hellwach. Meier wirkte völlig durcheinander. »Fahr sofort zum Bahnhof und hol dir den *Spiegel*!«, rief er aufgelöst in den Hörer. Das passte gar nicht zu ihm. Normalerweise redete er immer ruhig und sachlich. Ich verstand überhaupt nicht, worum es ging. Was sollte das jetzt? Ich hatte doch mit etwas ganz anderem gerechnet! »Was ist denn los? Warum soll ich den *Spiegel* kaufen?«, fragte ich ihn. »Toni Schumacher hat eine Bombe platzen lassen!«

Es dauerte nicht lange, bis mir das Ausmaß dieser Sache klar wurde. Harald hatte ein Buch mit dem Titel *Anpfiff* geschrieben – der knallige Untertitel lautete *Enthüllungen über den deutschen Fußball*. Purer Zündstoff auf über 250 Seiten. Der *Spiegel* druckte exklusiv einige Auszüge vorab. Als ich in einem Kiosk am Kölner Bahnhof in dem Magazin blätterte, wäre es mir vor Schreck fast aus den Händen gefallen. Harald schrieb zum Beispiel von der Einnahme von Dopingmitteln vor den Spielen des FC oder von Prostituierten in den Trainingslagern der Nationalmannschaft. Es war zwar nicht so, dass das alles ein großes Geheimnis war. Im Gegenteil. Aber jetzt wurde es zum ersten Mal in aller Ausführlichkeit von einem Spieler ausgeplaudert.

Der Verein, der Deutsche Fußball-Bund, Bundestrainer Franz Beckenbauer, ganz Fußball-Deutschland: Alle waren in heller Aufregung. Mein erster Gedanke war: Nicht schon wieder! Warum kann sich nicht einfach mal alles nur um Fußball drehen? Es war zum Verzweifeln. Keiner wusste, wie er nun mit Harald umgehen sollte. Beim FC war nur eines klar: Das Buch musste Konsequenzen für Harald haben, in welcher Form auch immer. Auch Beckenbauer überlegte fieberhaft, wie sich dieses Problem am besten lösen ließe. Harald war ja nicht nur der beste Torhüter des Landes, sondern auch Kapitän der Nationalmannschaft. Was mir zu schaffen machte, war die Stimmung in meiner Mannschaft. Einige Spieler beschimpften Harald als Verräter. Ich konnte sie verstehen: Da schoss plötzlich einer frei aus der Hüfte, sprach das Unaussprechliche aus und gab Interna aus der Kabine preis. Die Jungs waren gerade zu einer Einheit zusammengewachsen, jetzt ging Harald mit der Abrissbirne darauf los. So ungefähr muss es zumindest einigen von ihnen vorgekommen sein. Vor allem unser Kapitän Klaus Allofs war angefressen, weil er in Haralds Verhalten einen Vertrauensbruch sah. Und mittendrin war ich.

Die FC-Spitze um Meier, Noch-Präsident Weiand und Justitiar Bernd Schäfer traf sich zu mehreren Krisengesprächen. Es war klar, dass etwas passieren musste. Man einigte sich darauf, Harald für das nächste Bundesligaspiel gegen Frankfurt zu suspendieren. Kurz darauf reagierte auch Beckenbauer, der die Entwicklung in Köln aufmerksam beobachtete. Harald wurde nicht zum nächsten Lehrgang der Nationalmannschaft eingeladen und darüber hinaus als Kapitän abgesetzt.

Für mich war die ganze Situation grauenvoll. Ich sah Harald jeden Tag im Training, und es zeigte sich schnell, dass er Hoffnungen in mich setzte. Kurz vor dem Spiel gegen Frankfurt kam er zu mir in die Trainerkabine. Er druckste nicht lange herum. »Trainer, würdest du mich am Samstag spielen lassen?« Was wollte er jetzt von mir? Er kannte doch die Vorstandsentscheidung! Ihm musste doch bewusst sein, dass er gegen Frankfurt suspendiert war! Ich konnte mich doch nicht dem Vorstand widersetzen, zumal ich ja noch immer keinen langfristigen Vertrag hatte. Er trieb mich vor sich her. Wenn er sich nicht für mich eingesetzt hätte, wäre ich vermutlich schon Geschichte gewesen. Er wusste das natürlich. Wollte er jetzt etwas zurück? Er setzte mich unter Druck und stellte mich auf die Probe nach dem Motto: Wollen wir doch mal sehen, wie loyal der Daum mir gegenüber ist. Mein Problem war, dass es nur schlecht für mich ausgehen konnte, egal, wie ich reagieren würde. Er stand mit verschränkten Armen vor mir und erwartete eine Antwort. »Also«, sagte ich schließlich. »Allein aus sportlichen Gründen würde ich dich natürlich spielen lassen, Harald.« Ich meinte, dass sich das ziemlich clever anhörte. Harald würde schon verstehen, dass die Zwangspause nicht meine Entscheidung war und ich ihn sonst hätte spielen lassen. Er und die Fans sollten bloß nicht mich dafür verantwortlich machen. Und aus rein sportlicher Sicht sprach ja wirklich nichts dagegen. Harald nickte und verließ die Kabine.

Erst am nächsten Tag merkte ich beim Blick auf die Schlagzeilen der Kölner Zeitungen, was für einen dummen Fehler ich gemacht hatte: »Toni Schumacher: Daum würde mich spielen lassen«, stand da. Schöne Scheiße, dachte ich, und genau so war es. In der Clubführung brannte der Baum. Daum, wie können Sie nur?! Daum, warum widersetzen Sie sich uns?! Harald wusste natürlich, was er mit seiner Aktion auslösen würde. Meine ehrlich gemeinte Antwort diente ihm als Vorlage. Das war seine Art, gegen die Vereinsführung zurückzuschlagen. Doch damit machte er alles nur noch schlimmer. Am Aschermittwoch bekam Harald vom Verein mitgeteilt, dass sein Vertrag zum Ende der laufenden Saison aufgelöst würde. Immerhin verzichtete der FC auf eine fristlose Kündigung. Auf mich kam dadurch eine Aufgabe zu, die ich für unlösbar hielt: Bis zum Saisonende sollte ich jeden Tag den besten Torhüter Deutschlands und den beliebtesten Spieler des 1. FC Köln im Training haben, ohne ihn am Wochenende aufstellen zu können. Die Gedanken daran raubten mir am Anfang den Schlaf.

Mir war, als wäre alles innerhalb kürzester Zeit zerbrochen: meine ganze Arbeit, unser Zusammenhalt, die gute Stimmung. Ich fragte mich, was das für mich bedeutete. Schließlich war mein größter Fürsprecher nun kaltgestellt. Ich war gerade mal 33 und fühlte mich nach nicht mal einem Jahr als Cheftrainer wie 63. Die Mannschaft war, was Harald anging, gespalten. Die überwiegende Mehrheit war mit seiner Degradierung zwar zufrieden. Andererseits merkte ich, dass es einige gab, die eng zu ihm hielten. Die alten Fragen kamen wieder in mir auf: Was denken die Jungs jetzt über dich? Halten sie dich noch für den Richtigen? Und wird Harald jetzt Ärger machen?

Irgendwann im Frühjahr bestellte Meier mich wieder zu sich. Mir schossen alle möglichen Szenarien durch den Kopf. Das könnte es jetzt für mich gewesen sein. Auf der anderen Seite stimmten die Ergebnisse immer noch. Auch der junge Bodo Illgner als Haralds Nachfolger schlug sich fantastisch. Meier sah schon wieder so nachdenklich aus, als ich in sein Büro kam. Wir pflegten bereits damals eine freundschaftliche Beziehung, ich nannte ihn mittlerweile sogar Micha. Dennoch konnte ich aus seinem Gesicht nichts ablesen. Gibt er mir jetzt endlich einen Vertrag? »Hör zu«, sagte er. »Wir haben für die nächste Saison Udo Lattek verpflichtet.« Hatte ich einen Hörfehler? Udo Lattek? Der Trainer von Bayern München? Der erfolgreichste Trainer Deutschlands? Und der will auf einmal zum FC kommen? Lattek werde Technischer Direktor, erzählte Micha, er solle sich dann unter anderem um Spielertransfers kümmern, also eine Art Manager sein. Ich verstand die Welt nicht mehr.

Jeder weiß, dass ich ziemlich emotional reagieren kann, und das war auch jetzt der Fall. »Ihr habt was gemacht?!«, platzte es aus mir heraus. Das war der nächste schwere Rückschlag innerhalb kürzester Zeit. Was musste ich denn noch beweisen? War dieser Verein total bescheuert? Es war, als hätte Micha mir einen Knock-out versetzt. So wie Ali damals gegen Liston. Lattek sollte kommen, und ich hatte noch immer keinen Vertrag für die nächste Saison. Es lag auf der Hand, worauf das hinauslaufen würde. Von wegen Technischer Direktor! Aber das schien ganz nach dem Geschmack des FC zu sein: Da hatten sie endlich ihren großen Namen, und was für einen! »Noch was, Christoph«, meinte Micha nach einer kurzen Pause. »Ich werde den Verein demnächst verlassen und zu Bayer Leverkusen wechseln.« Ich stand wie in Schockstarre vor ihm. Mir war, als würde mir der Boden unter den Füßen weggerissen. Dass Udo Lattek kommt, war schon ein Hammer. Dass auch noch mein einziger Vertrauter den Verein verlässt … Mein Entschluss stand innerhalb von Sekunden fest. Ich überlegte nicht, es war mehr ein Reflex, wie bei einem guten Torhüter. »Da mache ich nicht mit! Dann gehe ich auch! So macht das hier doch alles keinen Sinn mehr!«

Vom Däumling zum Daum

1. FC Köln, 1987/88

Mitte März stand Udo Lattek auf einmal vor meiner Haustür. Das war zwar keine Überraschung, weil Micha dieses Treffen organisiert und angekündigt hatte. Aber als Udo dann tatsächlich mein Haus betrat, stockte mir vor Ehrfurcht der Atem. Ich fühlte mich wie ein kleiner Junge. Udo dagegen grinste direkt, schüttelte mir locker die Hand und machte auf gute Laune, wie das so seine Art war. Zumindest kannte ich ihn so aus dem Fernsehen und von unseren seltenen Treffen in der Bundesliga oder auf Trainertagungen. Er strahlte eine unglaubliche Dominanz aus. Im Vergleich mit Udo Lattek war ich eine Mickymaus. Ich begegnete ihm mit Bewunderung. Udo war der Übertrainer, sieben deutsche Meistertitel und drei Pokalsiege standen in seinem Lebenslauf, aber er galt auch als Provokateur. Er war ein Meister darin, seine Gegner verbal zu attackieren. Einige Trainerkollegen fürchteten sich schon vor Udo, bevor der Ball rollte. Es beeindruckte mich, wie klar und scharf er sich ausdrücken konnte, die Sprache war seine wichtigste Waffe. Er zerlegte damit nicht nur seine Gegner, sondern fand über sie wie kein Zweiter einen Zugang zu seinen Spielern. Udo war Motivationskünstler und Menschenfänger – und wen hatte er nicht schon alles trainiert! Beckenbauer oder Matthäus beim FC Bayern, in Barcelona sogar Maradona, auch wenn er mit dem Argentinier nicht besonders gut klargekommen war. Udo zog überall seinen Stil durch. Er wirkte niemals unsicher. Udo war laut, grell und stark – jedenfalls hielt er seine

Schwächen im Verborgenen. Manchmal schlug er über die Stränge, was schon lange keinen mehr verwunderte. Das war halt seine Masche, und der Erfolg gab ihm recht. Jetzt saß er in meinem Wohnzimmer.

Meine Frau Ursula hatte Schnittchen vorbereitet und für reichlich kalte Getränke gesorgt, sie begrüßte Udo mit einem freundlichen Lächeln. Er nahm sich ein Kölsch, ich blieb beim Wasser. Seine lässige Art irritierte mich. Ich fragte mich: Was wird das hier jetzt? Ich war unsicher, was ihn anging. Er war extra wegen mir aus München gekommen, okay, aber ich war noch immer davon überzeugt, dass er nicht als Technischer Direktor, sondern als mein Rivale zum FC kommen würde. Was war das überhaupt für eine sperrige Bezeichnung, Technischer Direktor? Ich nannte ihn Sportdirektor, so bezeichnete er sich auch selbst. Er hockte breitbeinig auf seinem Sessel und schaute mich an, als ob er genau wüsste, was gerade in meinem Kopf los ist. Sein Blick war scharf, Udo schien in meinen Gedanken zu lesen. »Pass auf«, sagte er. »Ich habe abgeschlossen.« Was sollte das denn jetzt schon wieder bedeuten? Er redete nicht direkt weiter, sondern starrte mich mit seinen stechenden Augen an. Es waren nur ein paar Sekunden, sie kamen mir wie eine Ewigkeit vor – und natürlich war das seine Absicht. »Ich bin nicht mehr bereit, Spielern wehzutun. Ich möchte nicht mehr Trainer sein. Ich will einfach zurück nach Köln, meine Familie ist hier, meine Frau ist hier.«

Sosehr ich auch versuchte, souverän zu wirken, Udo muss gemerkt haben, wie angespannt ich war. Meine Augen suchten einen Punkt im Raum, an dem sie sich festhalten konnten, nur leider fanden sie keinen. Er saß völlig entspannt auf seinem Sessel, ich dagegen musste mir größte Mühe geben, die Füße still zu halten. Ich überlegte fieberhaft, was seine Worte zu bedeuten hatten. Irgendwann redete er einfach weiter und meinte, dass er mich in seiner Rolle als Sportdirektor unterstützen wolle, dass er von mir als Trainer und Mensch überzeugt sei, mir als Ratgeber zur Seite stehen werde, mir unter die Arme greifen wolle mit seiner Erfahrung, und so weiter. Er gab sich wirklich Mühe und klang ehrlich, trotzdem zweifelte ich. Udo kannte mich ja kaum, wie wollte er da von mir als Trainer oder Mensch überzeugt sein? Außerdem war er gerade mal 52 Jahre alt. Er hatte viele Jahre erfolgreich als Trainer gearbeitet, als ob er damit einfach so abschließen konnte! Sollte ich mal ein paar Spiele am Stück verlieren, würden die Leute ihn doch direkt als Trainer fordern! Handelte es sich nur wieder um eins von seinen Spielchen?

»Danke für deine offenen Worte, Udo«, antwortete ich ihm. Was hätte ich sonst sagen sollen? Auf der einen Seite hatte ich ein gutes Gefühl, weil ich ihm glaubte. Udo war gerade für einen jungen Trainer wie mich eine Lichtgestalt, und natürlich könnte er auch ein wertvoller Ratgeber sein. Was würde ich nicht alles von ihm lernen können! Trotzdem fühlte ich mich auch unsicher. Ich dachte über jeden seiner Sätze nach. Wäre er sich seiner Sache immer noch so sicher, wenn die Fans ihn als Trainer fordern würden? Würde er dann immer noch Sportdirektor bleiben wollen? Udo war doch immer Trainer gewesen! Konnte er damit wirklich abschließen?

Als wir uns zum Abschied die Hand gaben, blieb die Skepsis.

Ich war das genaue Gegenteil von Udo. Nichts an mir war laut oder glänzte, im Gegenteil, ich etablierte mich still und langsam als Bundesligatrainer. Wer behauptet, ich sei schon damals ein Großmaul gewesen, erzählt Blödsinn. Trotzdem begannen die Menschen, stärker Notiz von mir zu nehmen. Das lag vor allem daran, dass ich Taten sprechen ließ.

Meine Mannschaft wurde immer besser. Trotz des ganzen Theaters im Verein waren wir mittlerweile sieben Bundesligaspiele in Folge ungeschlagen, sechs davon hatten wir gewonnen. Selbst der Rausschmiss von Harald warf uns nicht aus der Bahn. Mein Vertrag wurde kurz nach Udos Besuch um zwei Jahre verlängert, bis zum 30. Juni 1989. »Kölns Trainer auf Erfolgskurs: Vom Däumling zum Riesen«, titelte der *Express*. Endlich, dachte ich im ersten Moment, dennoch blieb die Unsicherheit. Ein schlimmer Fehler in der nächsten Saison, und Udo würde mich ersetzen. Die Gedanken an ihn schwebten über mir wie ein scharfes Schwert, das mich jederzeit zerlegen könnte. Nicht lange nach seinem Besuch bei mir gewann er mit den Bayern seine achte Meisterschaft. Kurz darauf verabschiedete er sich in den Urlaub.

Ich musste die Dinge in Köln alleine regeln.

Dabei hätte ich seine Hilfe gut gebrauchen können. Nicht unbedingt, was die Arbeit mit der Mannschaft anging, hier kannte ich mich aus. Aber der Transfermarkt war Neuland für mich. Ich kam mir vor wie ein Lehrling. Und meine Ausbildungszeit ging ziemlich beschissen los. Wir verloren unseren besten Spieler an Olympique Marseille. Klaus Allofs war zum Kapitän der Nationalmannschaft aufgestiegen und wechselte für 2,4 Millionen Mark zu den Franzosen. Für die damaligen Verhältnisse war das eine Menge Geld. Als Allofs fünf Jahre zuvor von Fortuna Düsseldorf zum FC gewechselt war, waren die fälligen 2,25 Millionen Mark jahrelang eine Rekordablöse für einen Transfer innerhalb der Bundesliga. Angesichts der noch größeren Summe wurde nun erwartet, dass der FC hochkarätigen Ersatz für den Sturm verpflichten würde. Aber ich hatte ganz andere Pläne. Ich wusste um unsere Probleme in der Abwehr, 53 Gegentore hatten wir in der vergangenen Saison kassiert. Wir benötigten jemanden, der die Defensive stabilisierte. Und ich wusste schon genau, wer das sein sollte.

Jürgen Kohler galt mit gerade 21 Jahren als Riesentalent und war sogar schon Nationalspieler. Für Waldhof Mannheim hatte er bereits etliche Spiele in der Bundesliga absolviert. Jürgen war mein absoluter Wunschspieler, und ich hatte mich schon ein paar Mal mit ihm unterhalten. Eigentlich war er viel zu teuer, gerade für einen Abwehrspieler, aber dank des Allofs-Transfers war nun ein Haufen Geld in der Kasse des FC. Es gab nur einen Haken: Jürgen hatte bereits dem VfB Stuttgart zugesagt, nur seine Unterschrift fehlte noch. Das hielt mich jedoch nicht zurück. Weil noch nichts unterschrieben war, witterte ich meine Chance. Ich konnte ziemlich hartnäckig sein. Am Telefon laberte ich Jürgen so lange voll, bis er tatsächlich seine Zusage zu einem abschließenden Gespräch gab. Er sollte sich nur noch mal alles anhören, meinte ich, und er fuhr mit seinem alten Opel die fast 250 Kilometer von Mannheim nach Köln. Zunächst schaltete er auf stur. Er setzte sich mit verschränkten Armen hin und machte wie ein Kleinkind auf bockig. »Ich gehe nach Stuttgart«, sagte er. »Das habe ich dem Buchwald schon zugesagt.« Verdammt, dachte ich, gegen Guido Buchwald anzutreten, war ein Kraftakt. Er war nicht nur Nationalspieler, sondern eine Vereinslegende der Stuttgarter, so eine Art schwäbischer Harald Schumacher. Jürgen redete von den Perspektiven des VfB und dass er dadurch in der Nähe von Mannheim bleiben könne. Ich schnitt ihm das Wort ab. »Pass mal auf«, sagte ich und baute mich vor Jürgen auf. »Nur damit das klar ist: Du bleibst hier und wechselst nirgendwo anders hin. Deine Argumente überzeugen mich nicht!«

Ich bin mir nicht mehr sicher, ob er versucht hat zu reagieren, im ersten Moment blickte er mich jedenfalls nur verdutzt an. Damit hatte er nicht gerechnet. Seine Unsicherheit nutzte ich für einen ausführlichen Vortrag, ich hatte mich schließlich vorbereitet. Mit Händen und Füßen verdeutlichte ich ihm seine Stärken und Schwächen, ich ging im Detail auf einzelne Spiele von Waldhof Mannheim ein, machte ihm klar, was er dort besonders gut oder nicht so gut gemacht hatte. Ich blickte nicht nur zurück. Ich legte ihm einen Trainingsplan für die Sommervorbereitung vor, den Plan hatte ich für ihn persönlich erstellt. Mit dem Finger zeigte ich auf einzelne Elemente, die ich besonders wichtig für seine weitere Entwicklung hielt. Dabei gestikulierte ich wie ein Besessener, Jürgen folgte jeder meiner Bewegungen – erst recht, als ich ihm wie ein Psychologe detailliert seine Charaktereigenschaften beschrieb.

Wie er tickte, wusste ich von Bodo Illgner und Berti Vogts. Bodo hatte mit ihm in der U21-Nationalmannschaft gespielt, Berti war dort sein Trainer gewesen. Die Persönlichkeit oder der Charakter eines Spielers, ich nannte es weiche Faktoren, waren mir ebenso wichtig wie seine fußballerische Qualität. Ich redete und redete, und als ich fertig war, blickte Jürgen mich mit großen Augen an. »Eins sag ich dir«, meinte ich. »Ich gehe jetzt kurz mal raus, weil ich telefonieren muss. Und wenn ich wieder reinkomme, und du sagst mir, dass du nach Stuttgart gehst, dann ist Feierabend! Dann schmeiße ich hier die Brocken hin!« Das war natürlich nicht die Wahrheit, aber meine forsche Art machte offenbar mächtig Eindruck auf den jungen Jürgen. Kurze Zeit später unterschrieb er einen Zweijahresvertrag und wechselte für zwei Millionen Mark zum FC.

Es war mein erster Erfolg auf dem Transfermarkt, aber die öffentlichen Reaktionen waren verheerend. Dass der Verein so viel Geld für einen Abwehrspieler ausgab, konnte kaum einer verstehen. Es gab sogenannte Experten, die meinten, dass der Daum nicht mehr alle Latten am Zaun habe. Fußball-Deutschland schüttelte den Kopf über den FC, der den Top-Stürmer Klaus Allofs hatte ziehen lassen, um dafür den unerfahrenen Manndecker Jürgen Kohler zu verpflichten. Auch die Fans fragten sich, wo denn ein angemessener Ersatz für Allofs blieb. Anstatt ihnen einen großen Namen zu präsentieren, holten wir den dänischen U21-Nationalstürmer Flemming Povlsen für 500 000 Mark. Den kannte in Deutschland zwar kein Mensch, aber er kam immerhin von Real Madrid, wenn auch aus der Zweiten Mannschaft. Nun ja, meinten die Leute, immerhin Real.

Udo hielt sich aus allem raus. Er ließ es sich in Spanien gut gehen. Bat ich ihn mal um seine Meinung, etwa zu den Transfers von Jürgen oder Flemming, hieß es meistens nur: »Das machste schon.«

Vor dem Start in die neue Saison sah ich ihn zu einem längeren Gespräch wieder. Ich hatte ihn darum gebeten, denn ich musste etwas Grundsätzliches klären. Wir fuhren mit meinem alten 300er-Mercedes vom Geißbockheim ins Birkenbäumchen, ein wunderschönes Lokal im Grüngürtel. Ich fühlte mich ein wenig wie damals vor meinem Gespräch mit Morten, ich war aufgeregt. Wie würde Udo wohl auf meine Bitte reagieren? Ich konnte ihm ja schließlich keine Vorschriften machen, da hätte er mich nur ausgelacht. Darum hatte ich mir eine spezielle Strategie zurechtgelegt.

Das Wetter war bestens, und wir setzten uns in den Biergarten, der direkt an den Park grenzte, zahlreiche Leute machten einen Spaziergang in der Sonne, manche hatten ihren Hund dabei. Von unserem Platz aus hatten wir einen herrlichen Blick auf das sommerliche Treiben vor uns. Ein paar Bäume spendeten Schatten. Udo bestellte sich ein Kölsch, ich nahm eine Apfelschorle. »Udo, darf ich ehrlich sein?«, fragte ich ihn. »Natürlich, das erwarte ich von dir«, antwortete er. »Die neue Saison geht bald los, und es ist noch immer nicht klar, ob du dich als Sportdirektor mit auf die Bank setzt. Solltest du das tun, wäre das wie eine Entmachtung meiner Person. Das wäre, als würde der Meister neben dem Lehrling sitzen. Ich bitte dich darum, dass du dich auf die Tribüne setzt.« Wieder blickte er mich mit einem leichten Grinsen an, typisch Udo, den brachte nichts aus dem Gleichgewicht. Er nahm einen großen Schluck von seinem Kölsch. Die Fragezeichen tanzten in meinem Kopf, warum antwortete er denn nicht direkt?

Ich hatte mir schon etliche Male ausgemalt, wie es werden könnte, sollte Udo mit auf der Bank sitzen. Was würde passieren, wenn er spontan auf bestimmte Spielsituationen reagierte? Er war ein emotionaler Typ, was, wenn er meine Spieler anbrüllen würde? Ich könnte ihn ja nicht mal eben so beruhigen nach dem Motto: »Komm, setz dich mal wieder brav hin und halt die Klappe.« Udo war ein großes Vorbild, gleichzeitig stellte er eine Gefahr für mich dar. Sollte er bei den Spielen neben mir sitzen, würde früher oder später bei meinen Jungs die Frage aufkommen: Auf wen soll ich denn jetzt eigentlich hören, Udo Lattek oder Christoph Daum?

»Solltest du darauf bestehen, auf der Bank zu sitzen«, fuhr ich schließlich fort, da Udo immer noch nichts gesagt hatte, »dann gib mir wenigstens die Chance, dass ich die Forderung danach stelle. Dann sieht es so aus, als wäre es mein Wunsch und nicht eine Vorgabe vom Vorstand oder von dir.« Udo winkte ab, er schaute mich milde an. »Mach dir keine Sorgen«, meinte er. »Ich habe abgeschlossen. Ich gehe auf die Tribüne, die Bank ist dein Bereich.« Dann bestellte er sich ein neues Kölsch. Mir fiel in diesem Moment nicht nur ein Stein vom Herzen, sondern ein ganzer Gebirgszug. Udo schien sich in seiner neuen Rolle tatsächlich zu gefallen. Er lehnte sich in seinem Stuhl zurück, trank genüsslich sein Kölsch und beobachtete den Sommer im Grüngürtel. So sieht man wohl aus, wenn man als Trainer alles erreicht hat. Hin und wieder kamen Leute vorbei und wollten ein Autogramm von ihm. Manchmal fragten sie auch mich. Das taten sie wohl eher aus Höflichkeit.

Udo stellte alles und jeden in den Schatten. Er ließ sich von Menschen und Medien in Köln dafür feiern, dass er zum FC gekommen war. Er ging zwischenzeitlich sogar unter die Filmschauspieler. In der WDR-Serie *Die Losbergs* sollte er drei Folgen lang einen Uwe Bratke spielen, Manager des Fußballvereins Rhenania 08. Gegen einen ordentlichen Haufen Geld ließ Bratke seine Spieler in Trikots auflaufen, welche die Firma Losberg bezahlt hatte, also ein echter Manager-Deal, der perfekt zum Schlitzohr-Image von Udo passte.

Während all dem ließ er mich beim FC machen. Er mischte sich weder in die Arbeit mit der Mannschaft ein, noch gab er mir über die Medien irgendwelche klugen Ratschläge. Trotz aller Zurückhaltung stand er nach den ersten drei Spieltagen dann doch wieder im Rampenlicht. Eigentlich waren unsere Transferplanungen längst abgeschlossen, aber dann witterte Udo einen Coup. Wenn er nicht gerade vor der Fernsehkamera stand, flog er in dieser Zeit häufiger nach Paris. Er wollte Pierre Littbarski zurück zum FC holen, und natürlich bekam alle Welt Wind davon. Auf den ersten Blick war das eine abenteuerliche Idee, weil Littbarski viel zu teuer für den FC war. Aber Udo hatte diesen Transfer über die Medien zur »Prestige-Angelegenheit« erklärt, da konnte der um die Finanzen besorgte Verwaltungsrat dann auch nichts mehr machen. Keiner traute sich, Udo zu widersprechen. Außerdem galt Littbarski in Köln als Stadtheiliger, er war erst ein Jahr zuvor vom FC zu Racing Paris gewechselt. Die Fans waren total euphorisch. Udo wollte den verlorenen Sohn zurückholen, eine ganze Stadt fieberte mit – und natürlich gelang es ihm. 2,8 Millionen Mark blätterte der Verein für Littbarski hin, ein verdammt hoher Preis. Mich juckte das nicht groß, weil ich begeistert war, einen genialen Fußballer zu bekommen. Littbarski verfügte über eine sensationelle Technik, ein richtiger Dribbelkünstler, und unsere Fans hatten nach dem Abschied von Allofs nun endlich ihren großen Namen. Dank Udo. Der Transfer galt als sein genialer Schachzug, zumindest sah die Öffentlichkeit das so, und das war Udos Maßstab. Von der Deutschen Presse-Agentur wurde der Transfer als »Latteks erster Sieg« bezeichnet.

Ich bewunderte ihn. Von heute auf morgen dominierte er den Verein und bestimmte die Schlagzeilen, und ich fragte mich, wie ihm das gelang. Ich hatte mir gerade einen gewissen Status in der Bundesliga erarbeitet, aber plötzlich nahm mich kein Mensch mehr wahr. Alles an Udo strahlte Stärke und Selbstbewusstsein aus. Die Verpflichtung von Littbarski brachte den Club finanziell ernsthaft in Bedrängnis, der FC musste sogar die Ticketpreise für die Heimspiele erhöhen, die Zeitungen schrieben vom »Litti-

Aufpreis«. Gleichzeitig lobten sie Udos Abgezocktheit, sein Durchsetzungsvermögen, seine Erfahrung. Und ich fragte mich: Wie schaffte Udo das nur? Ich sehnte mich nach Anerkennung und Liebe, und er wurde damit von allen Seiten überschüttet. Ich beneidete ihn.

Die Zweifel kamen wieder, sie waren meine ständigen Wegbegleiter. Manchmal wirkte Udos Macht wie eine Bedrohung. Würde er mich einmal öffentlich angehen, könnte ich gleich einpacken. Ich reagierte darauf, indem ich seine Nähe suchte. Ich brauchte keine taktischen Ratschläge von ihm, mein Training interessierte ihn sowieso nicht, aber ich wollte seinen Segen. Ich erzählte ihm zum Beispiel von meiner Aufstellung für das nächste Spiel oder welche Taktik ich wählen würde. Ich wollte einen Konsens mit ihm, um mich sicherer zu fühlen. Er sollte mich einfach nur bestätigen: Toll, Christoph, das hast du richtig entschieden, so ungefähr. Aber solche Dinge kümmerten Udo überhaupt nicht. Stattdessen sagte er fast immer: »Ach, das machst du schon.« Nur einmal fragte er kritisch nach, warum ich so viel Wert auf intensives Regenerationstraining legen würde. »Was soll das Auslaufen schon bringen – Aussaufen bringt viel mehr!« Das sollte wohl ein Scherz sein. Ich blieb an ihm dran.

Einsilbig waren unsere Unterhaltungen nie, ganz im Gegenteil. Besonders unsere Gespräche im Hotel gingen manchmal bis in die frühen Morgenstunden. Ich ließ die Mannschaft damals nicht nur vor den Auswärtsspielen, sondern auch in der Nacht vor unseren Heimspielen im Hotel übernachten. Am Anfang schliefen wir noch im Novotel an der Dürener Straße. Das war damals ein schlichtes Hotel in Köln, gute Betten, solides Essen, großer Konferenzraum – mehr brauchten wir nicht. Später zogen wir auf Udos Betreiben ins Bonotel um. Die Hotelbesitzer wollten uns unbedingt bei sich einquartieren, und bei diesen Verhandlungen überraschte mich Udo. »Wenn wir bei euch schlafen sollen, muss für den Trainer und mich abends die Post abgehen!«, sagte er den Besitzern. Sie verstanden im ersten Moment offenbar genauso wenig wie ich. »Was soll das denn heißen?«, fragte einer von ihnen. Udo rollte mit den Augen. »Na, dass ihr freitagabends für reichlich Kaltgetränke und Unterhaltung sorgt!«, antwortete er. Darauf war ich nicht die Spur vorbereitet gewesen, ich kam mir wieder vor wie ein kleiner Junge. Ich versank in meinem Sessel. Udo grinste nur, und natürlich setzte er sich mit seiner Forderung durch.

Aber er hatte auch eine ganz andere Seite.

An manchen Abenden saßen wir einfach nur alleine an der Bar. Die Kellner gewöhnten sich früh daran, dass Udo vor unseren Heimspielen einen Großteil seiner Nächte an ihrer Theke verbrachte. Sie hatten ihm einen ruhigen Platz in der Ecke reserviert, etwas abgeschirmt von den anderen Gästen. Nachdem ich meine abschließende Ansprache an die Mannschaft gehalten hatte, kam ich dazu. Wir tranken Bier, und ich löcherte ihn mit meinen Fragen. Es war eine klassische Hotelbar: gedimmtes Licht, Lederhocker, ein glatt geschliffener Holztresen, dahinter ein Kellner mit weißem Hemd und schwarzer Fliege. In seinem Rücken leuchteten verteilt auf mehreren Regalen die bunten Inhalte verschiedener Schnapsflaschen, im Hintergrund klassische Musik oder Jazz. Ich wollte alles von Udo wissen, wie er mit den Medien jonglierte, wie man deutscher Meister wird oder wie er Weltstars wie Beckenbauer oder Maradona behandelt hat. Der Alkohol sorgte für eine gelöste Stimmung, dennoch merkte ich mir jedes seiner Worte. Manchmal schauten ein paar von den anderen Gästen zu uns rüber. Wenn Udo seine Ruhe haben wollte, zogen wir weiter auf sein Zimmer. Dort legte er seine Verkleidung ab.

Es kursierten später unheimlich viele Geschichten über Udo Lattek. Dass er gerne einen zu viel trank und dabei alle Hemmungen verlor. Auch damals wurde schon viel erzählt. Natürlich kannte ich diese Gerüchte. Sie veränderten jedoch nichts an meinem Bild von Udo. Wenn er vor mir stand oder neben mir saß, wurde ich klein. Udo machte nicht nur auf dicke Hose, er war die dicke Hose. Es gab nichts, was ihn aus der Fassung brachte.

Umso größer war mein Schock, als ich das erste Mal mit ihm in seinem Hotelzimmer saß. Wir tranken noch ein, zwei Bier, bis Udo plötzlich Tränen in den Augen hatte. Ich weiß nicht, ob es der Alkohol war oder einfach nur ein Vertrauensbeweis, jedenfalls fing er an, mir von seinem Sohn Dirk zu erzählen. Dirk war 1981 im Alter von nur 15 Jahren an Leukämie verstorben. »Was ist das für ein Gott, der einen Jungen so jung sterben lässt?«, fragte Udo mit tränenerstickter Stimme. Er blickte mich nicht an, und ich weiß nicht, ob er überhaupt eine Antwort erwartete. Udo saß auf einem Sessel, die Ellbogen auf die Oberschenkel gestützt, die Handflächen auf seinem Gesicht. Die Tränen flossen langsam durch seine Finger. »Warum ist diese Welt so ungerecht?« Er versuchte nicht, seine Trauer zu verstecken.

Ich wusste nicht, was ich sagen sollte. Ich fühlte mich unwohl und wollte verschwinden, nur seine Tränen hielten mich fest. Was konnte ich ihm schon über das Leben erzählen? Er wusste doch so viel mehr als ich. Mein eigener Sohn Marcel war gerade mal ein Jahr alt, die Bilder seiner Geburt schossen mir durch den Kopf, konnte ihm auch so etwas passieren? Es war unvorstellbar. Udo weinte bitterlich, während ich schweigend auf meinem Sessel saß. Ich hätte mich am liebsten in Luft aufgelöst.

Udo hatte Dirks Tod nie verkraftet; aber kann man so was überhaupt verkraften? Ich hatte nichts geahnt, wie auch? Es fiel mir unfassbar schwer, in diesem Moment den richtigen Umgang mit ihm zu finden. Ich hatte ihn ja nur stark und laut gekannt. Das klingt vielleicht komisch, aber seine Tränen ließen Udo für mich zu einem Menschen werden. Ich hatte in ihm den Übertrainer mit den ganzen Titeln gesehen, jetzt schlug ein Herz in seiner Brust. Er konnte seine Gegner mit wenigen Worten kleinmachen, jetzt zeigte er sich selbst ganz winzig. Wie hatte er diese Rolle nur all die Jahre spielen können?

Ich habe mich später nie getraut, ihn auf diesen Abend anzusprechen. Es war merkwürdig. Schon am nächsten Tag schien es so, als hätte es die Nacht nie gegeben. Udo rannte wieder mit breiter Brust durch die Gegend und markierte den Starken. Seine Fassade faszinierte und verstörte mich, er machte einfach weiter.

Dabei hatte ich ja früh gelernt, dass man seine Fehler oder Schwächen besser niemals zugibt. Selbst wenn du als Trainer einfach nur eine Schwäche für Schokolade offenbarst, fliegt dir das früher oder später um die Ohren, spätestens wenn es Niederlagen hagelt: Oh, sie verlieren nur noch, liegt das etwa daran, dass der Trainer ihnen Schokolade verordnet hat, weil er sie selbst so gerne isst? Am Anfang heißt es zwar immer: Toll, wie offen er war, was für ein authentischer Typ! Doch schon ein paar Tage später drehen die Dinge sich um. Darum kann ich jedem jungen Trainer nur raten, niemals in der Öffentlichkeit Fehler zuzugeben, selbst wenn man nur sein Auto falsch geparkt hat. Aber Udos Maske gehörte noch mal zu einer anderen Kategorie.

Einer seiner besten Freunde war Erich Ribbeck, auf den ich später als Bundestrainer folgen sollte. Ende der Achtziger trainierte Ribbeck Bayer Leverkusen, und am sechsten Spieltag sollten wir auf sie treffen. Wie eigentlich jeden Montag kamen Udo und Erich auch vor diesem Spiel in der Alten Schmiede in Lövenich zusammen, um ein paar Bierchen zu trinken. Kurz danach saß ich mit Udo zusammen, er hatte einen Plan. »Hör zu«, sagte er. »Du bereitest die Mannschaft ganz normal vor, und ich lege mich mit Erich an. Wenn ich ihn von seiner Arbeit ablenken kann, dann haben wir einen Vorteil!« Ich kapierte überhaupt nichts mehr. Er will seinen Kumpel Erich angreifen? Natürlich kannte ich Udos Attacken, bei den Bayern hatte er sich jahrelang mit Otto Rehhagel von Werder Bremen gefetzt. Udo wurde damals häufiger nach seinem Verhältnis zu Rehhagel gefragt. Seine Antwort war immer die gleiche: »Wir haben keins.« Die ganze Liga kannte Udo als Zampano.

Jetzt wollte er selbst seinen Kumpel Erich nicht verschonen. Er bezeichnete ihn öffentlich als Amateur, als Verlierer, als einen Trainer, der nichts auf dem Kasten habe. Das war heftig, und es ging mir nicht in den Kopf, wieso Ribbeck auf die ganzen Provokationen überhaupt nicht reagierte. Ribbeck war so eine Art Grandseigneur der Bundesliga, er bewahrte selbst unter dem Druck von Udos Dauerattacken eine Seelenruhe. Er tat einfach so, als wäre nichts geschehen. Ich dagegen fragte mich, wie die beiden jemals wieder ein Bier zusammen trinken gehen könnten. In einer stillen Stunde sagte Udo mal zu mir: »Du kannst einen Gegner nicht nur auf dem Platz schlagen, sondern auch mit Worten!« Das war sein Plan, und ganz so falsch konnte er ja nicht liegen, wenn man sich seine ganzen Titel anschaute. Aber die Nummer mit Ribbeck irritierte mich. Udo meinte, dass nach dem Spiel alles wieder gut sein werde. Wir spielten 0:0, für uns war das eine Enttäuschung, und am nächsten Montag saßen Udo und Erich tatsächlich wieder in der Alten Schmiede und tranken ihr Bier. Kann also tatsächlich nicht so schlimm gewesen sein, dachte ich.

Udo machte genauso weiter. Er provozierte fast jeden unserer nächsten Gegner, und das Geniale war, dass wir eine Erfolgsserie starteten. Wir verloren einfach nicht mehr. Kohler, Povlsen und Littbarski spielten oft großartig, wir strotzten vor Selbstbewusstsein, was Udo noch mehr zu beflügeln schien. Er feuerte einen Spruch nach dem anderen ab, einmal sagte er sogar: »Wo Lattek ist, ist der Erfolg«, ein geradezu klassischer Lattek, er konnte es sich ja erlauben. Weinen sah ich ihn nicht mehr.

Udo war nicht einfach nur ein Sprücheklopfer, sondern ein PR-Profi, eine Art Jürgen Klopp der Achtziger. Während unserer Spiele saß er selbst bei bestem Wetter mit einem blauen Strickpulli auf der Tribüne: »Den ziehe ich erst wieder aus, wenn wir ein Spiel verlieren«, tönte er vor der versammelten Presse. Als wir im Oktober 1987 bei Eintracht Frankfurt spielten, waren wir bereits seit zwölf Spielen unbesiegt. Wie immer saß Udo mit seinem blauen Pullover auf der Tribüne und zog alle Aufmerksamkeit auf sich. Die Fernsehkameras schwenkten auf ihn, die Fotografen schossen ihre Bilder, der »kleine Blaue« war längst Kult geworden. Ich dagegen stand unten vor der Trainerbank und beobachtete meine Spieler beim Aufwärmen – bis mein Blick auf einmal von einem Traktor versperrt wurde. Das Waldstadion in Frankfurt hatte eine Laufbahn, und auf dieser drehte der Traktor kurz vor dem Spiel seine Runde. Hinter sich zog er einen Anhänger, auf dem eine Waschmaschine und eine Schachtel Waschpulver eines großen Herstellers standen, darunter der für alle sichtbare Slogan: »Heute ist Waschtag.« Ganz Fußball-Deutschland wartete darauf, dass der Pulli in der Waschmaschine landete, Udo dagegen lächelte auch in Frankfurt gut gelaunt in die Kameras. Wir spielten 1:1 und verloren erst am 15. Spieltag beim späteren Meister Werder Bremen unser erstes Bundesligaspiel in dieser Saison. Anstatt sich lange über die erste Pleite zu ärgern, nutzte Udo sie für eine Aktion, die ihm deutschlandweit Sympathien einbrachte. Der Pullover wurde für 36 000 Mark an den Parfumhersteller 4711 versteigert, das Geld floss anschließend an die Kinderkrebshilfe.

Ich gewöhnte mich daran, meine Aufgaben selbstständig zu erledigen. Wie meine Spieler wurde auch ich immer selbstbewusster. Wir begeisterten die Liga, und ich fing an zu begreifen, dass das nicht allein an Udo lag. Natürlich halfen uns seine Sprüche, sie verunsicherten unsere Gegner, und durch seine Anwesenheit strahlte der FC Stärke aus. Dass die Mannschaft funktionierte, war aber mein Verdienst. Udo tauchte nicht beim Training auf, sondern vor den Kameras, und es gefiel mir gut, dass er mich machen ließ. Unbemerkt fing ich an zu wachsen.

Ich erinnere mich daran, wie wir im September, Udo mit seinem blauen Pulli auf der Tribüne, die Bayern mit 3:1 besiegten. Vor dem Spiel hatte ich ihn um ein paar Informationen gebeten und darum, dass er die Mannschaft mit ein paar Worten auf die Bayern einstellte. Er war ja schließlich aus München zu uns gekommen, keiner kannte die Bayern so gut wie er. »Natürlich!«, sagte er mir vier Tage vor dem Spiel. »Mach dir keine Sorgen. Ich treffe mich diese Woche ohnehin mit Lothar Matthäus und seiner Frau. Der Lothar wird mir aktuelle Infos geben.« Matthäus galt als einer der besten Spieler der Bayern, aber er sollte gegen uns wegen einer Verletzung fehlen. Udo hatte ihn damals aus Gladbach nach München geholt, die beiden pflegten noch immer ein exzellentes Verhältnis. Dem neuen Bayern-Trainer Jupp Heynckes gefiel es überhaupt nicht, dass einige seiner Spieler immer noch davon schwärmten, was sein Vorgänger Udo Lattek für ein toller Typ gewesen sei.

Jedenfalls fand ich es wunderbar, dass Udo uns geheime Informationen besorgen konnte. In den folgenden Tagen sah ich ihn allerdings kaum noch. Er war weder beim Training noch in seinem Büro am Geißbockheim. Ich las lediglich in der Zeitung von ihm. »Ich kenne die Bayern wie meine Westentasche«, sagte er. »Ohne Angst kann man sie packen, man muss sie nur unter Druck setzen. Sie kriegen Feuer, wir schlagen sie – was sonst?« Erst einen Tag vor dem Spiel traf ich ihn an der Hotelbar wieder. »Udo«, sagte ich. »Klappt das morgen früh? Um elf Uhr haben wir unsere Abschlussbesprechung im Tagungsraum. Hast du mit Lothar gesprochen?« Udo nickte. »Natürlich«, sagte er und klopfte mir auf die Schulter. »Das kriegen wir hin. Ich werde da sein.«

Am nächsten Morgen stand ich, pünktlich um elf, vor der versammelten Mannschaft. Wir warteten, doch von Udo fehlte jede Spur. Auch nach zehn Minuten war er noch nicht aufgetaucht. Langsam wurde ich ungeduldig, ich hatte fest geplant, dass er zur Mannschaft sprechen würde. Mein Blick wanderte immer wieder zur Uhr. Würde Udo noch auftauchen? Oder sollte ich die Sitzung beenden? Meine Spieler ahnten bereits, dass etwas nicht stimmte, ich hatte Udo ja angekündigt. Um Viertel nach elf öffnete sich dann plötzlich die Tür, Udo trat ein. Er schaute sich im Raum um und sah aus wie ein Maulwurf, der gerade ans Tageslicht kommt, seine blinzelnden Augen suchten Orientierung. Alle blickten ihn gespannt an. Udos Augen blieben an meinem Flipchart hängen. Auf einem großen Blatt Papier hatte ich die voraussichtliche Aufstellung der Bayern notiert. Sehr gut, dachte ich, jetzt wird er den Jungs doch noch sagen können, ob die Bayern tatsächlich so spielen. Jeder im Raum wusste, dass er sie in- und auswendig kannte, also warteten wir gespannt auf seine Reaktion. Er drehte sich zu den Spielern um. Jetzt würde er ihnen bestimmt noch mal richtig einheizen! Niemand murmelte, es lag eine Spannung in der Luft, wir beobachteten jede seiner Bewegungen. Plötzlich riss er für wenige Sekunden seine Augen weit auf, die Hände in die Hüften gestemmt: »Ihr seid besser! Haut sie weg!« Das war alles, und ich war so verblüfft, dass ich nicht mal etwas dazu sagen konnte, bevor Udo den Raum wieder verlassen hatte. Ob er von Matthäus überhaupt etwas erfahren hat, weiß ich bis heute nicht.

Ehrlich gesagt, hielt ich es für einen Witz, trotzdem gewannen wir das Spiel recht souverän. Hatte es also doch was mit Udo zu tun? Leise Zweifel stiegen in mir auf, und in den Wochen danach nahm meine Skepsis zu. Bei mir setzte ein Umdenken ein. Nicht in der Form, dass ich Udo nicht mehr respektierte oder achtete, das natürlich nicht, dafür bewunderte ich ihn viel zu sehr. Aber mir wurde mein eigener Anteil am Erfolg zunehmend bewusst. All die Dinge, die mich an Udo faszinierten, bezogen sich auf das Geschehen außerhalb des Platzes: Wie verunsichere ich einen Gegner, wie bediene ich die Medien, wie vermarkte ich mich? Dieses Spiel mit der Öffentlichkeit beherrschte er perfekt. Ich zweifelte zwar nie daran, dass er auch ein perfekter Trainer war – wie hätte er sonst so erfolgreich sein können? Aber das zeigte er beim FC nicht. Er wollte es auch gar nicht zeigen, und beweisen musste er ohnehin nichts mehr. Udo lehnte sich zurück und ließ mich machen. Er brachte mir weder die Viererkette noch irgendwelche Aspekte der Trainingslehre bei. Dass wir bis zur Winterpause lediglich zehn Gegentreffer kassierten und damit auf dem zweiten Platz standen, hatte dagegen maßgeblich mit Jürgen Kohler zu tun, und wer hatte Jürgen nach Köln gelotst? Richtig: ich. Auch Povlsen nahm langsam Fahrt auf, obwohl ihn vorher kein Mensch in Köln gekannt hatte. Schon in der Hinrunde erzielte er sieben Tore. Littbarski spielte ohnehin stark, und das war zwar Udos Deal gewesen, aber ich trainierte ihn und stellte ihn auf. Trotzdem verkaufte Udo unseren Erfolg stets als seinen. Vielleicht konnte er gar nicht anders, die Medien sprachen ihn ja permanent darauf an. Und sich zurückzuhalten hätte seinem Wesen widersprochen. Dennoch: Je mehr ich mir meines eigenen Beitrags bewusst wurde, desto mehr wollte ich ihn gewürdigt sehen. Das mediale Rampenlicht zog mich immer stärker an, das war die Bühne, auf der man wahrgenommen wurde. »Ich glaube nicht, dass Herr Lattek mir fußballerisch viel vormachen kann, dazu bin ich schon zu viele Jahre in allen möglichen Funktionen beim 1. FC Köln dabei«, sagte ich den Zeitungen. Wie hat Udo das wohl gefallen? Er machte ein Riesentheater.

Zwar verhielt er sich am Anfang noch überraschend ruhig, dennoch bereute ich meine Aussage schon bald. Sie war ehrlich, aber auch dumm gewesen. Ich hatte ihn ja gar nicht angreifen wollen. Aber eine solche Lichtgestalt provozierte man besser nicht. Er fühlte sich in seiner Ehre verletzt, und ehrlich gesagt, heute kann ich das gut verstehen. Es muss ihm vorgekommen sein, als hätte ein Zwerg einem Riesen ans Bein gepinkelt. Ich ging zu ihm, um mich zu entschuldigen. Er schmiss mich achtkantig aus seinem Büro.

Als wir im Winter mit der Mannschaft auf eine Amerikareise gingen, war er immer noch sauer. In einem Hotel in Costa Rica bestellte er mich zum Vieraugengespräch. Es war noch immer schwülwarm, als wir uns am späten Abend in einen kleinen Raum setzten, der an den Speisesaal grenzte. Über unserem Kopf drehte sich der Ventilator. Udo schaute mich todernst an. »Hör mal zu«, sagte er. Seine Augen schienen sich wieder in meinen Kopf zu bohren. Ich konnte seinem Blick nicht standhalten, immer wieder suchten meine Augen eine Ablenkung. Dann rastete er völlig aus. »Wenn ich will, dann mache ich dich so platt, dass du kein Bein mehr hochkriegst!« Ich erstarrte: Was ist denn jetzt los? Er redete sich in Rage, so hatte ich Udo noch nie erlebt. Ich war völlig perplex, und er hörte nicht auf, mich fertigzumachen. »Du meinst wohl, du hast schon was erreicht. Gar nichts hast du!« Ich war fassungslos. Udo übergoss mich mit seinem angestauten Ärger, er beschimpfte mich ohne Ende, aber den finalen Stoß versetzte er mir erst zum Schluss. »Ich sag dir was: Ich gehe raus aus dem aktiven Geschäft. Ich verlasse den 1. FC Köln. Wenn wir hier gemeinsam weitermachen, dann würde es knallen!«

Für mich war das erst mal Knall genug. Ich verstand gar nichts. Er kam mir vor wie ein Chamäleon. Ich hatte schon so viele Gesichter von Udo kennengelernt. Dass er mich aus dem Nichts so glattbügelte, war schon wieder neu. Ich fühlte mich wie ein kleiner Bengel, der von seinem Vater eine Tracht Prügel verpasst bekommen hatte. Ich kapierte einfach nicht, was hier vor sich ging. Draußen zirpten die Zikaden um die Wette, man hörte sie bis ins Hotel.

Ein paar Wochen später war Udo tatsächlich weg. Er hatte schon am Tag nach seinem Tobsuchtsanfall wieder so getan, als wäre nichts gewesen. Es blieb kein böses Blut zwischen uns, auch in den Jahren danach verstanden wir uns blendend. Aber ich wusste in den seltensten Fällen, wie es wirklich in ihm aussah.

Er hinterließ eine riesige Lücke beim FC, zumal seine Position nicht wieder besetzt wurde. Es gab jetzt keinen Schatten mehr, der mich verdeckte. Plötzlich war ich Trainer und Manager in Personalunion. Ich wuchs und wurde wahrgenommen, und in der

Öffentlichkeit bekam ich die Anerkennung, die Udo zuvor wie ein Magnet angezogen hatte. Ich fand Gefallen daran, im Scheinwerferlicht zu stehen. Wir schlossen die Saison als Dritter ab, und es zweifelte niemand mehr daran, dass das mein Verdienst war. Ich fühlte mich leicht in diesem Sommer und blickte voller Vorfreude auf die nächste Saison.

Während der Europameisterschaft 1988 in Deutschland arbeitete ich als Kolumnist für verschiedene Zeitungen. Ich kann mich noch besonders gut an das Halbfinale der deutschen Mannschaft gegen die Niederlande erinnern. Die Bedingungen im Hamburger Volksparkstadion waren perfekt. Am wolkenlosen Himmel ging die Abendsonne langsam unter, das Stadion war voll, die Fans auf den Rängen stimmten ein Lied nach dem anderen an. Ich saß auf der Pressetribüne und damit ziemlich weit weg vom Spielfeld, aber es hätte nicht schöner sein können. Ich hatte alles genau im Blick und folgte jeder ihrer Bewegungen: Koeman, van Basten, Rijkaard, Matthäus oder Klinsmann, auf dem Platz stand mit das Beste, was der Weltfußball zu bieten hatte! Die Journalisten rechts und links neben mir hockten vor ihren Schreibblöcken und Reiseschreibmaschinen, und wenn sie auf die Tastaturen hämmerten, hörte es sich an, als würden Hagelkörner gegen ein Dachfenster prasseln. Kurz vor Schluss erzielte van Basten das 2:1 für die Niederländer, ein Weltklasse-Tor, denn eigentlich hätte er den Steilpass von Wouters fast nicht mehr bekommen. Nur weil er im perfekten Moment zu Boden gegangen war, erwischte er den vorbeikullernden Ball im Fallen und beförderte ihn zentimetergenau ins lange Eck.

Teamchef Franz Beckenbauer und seine Spieler waren geschockt, klar, doch als Beckenbauer auf der Pressekonferenz die Gründe für die Niederlage anführte, platzte mir fast der Kragen. Franz erzählte, dass die Zweikampfführung und Physis der deutschen Mannschaft besser werden müssten und dass man in Zukunft mehr kämpfen müsse. Es war die alte Leier von der Rückbesinnung auf die sogenannten deutschen Tugenden. Hollands Trainer Rinus Michels saß mit seinem strengen Gesicht daneben und verzog keine Miene. Mich hielt es kaum auf meinem Stuhl. Beckenbauers Analyse irritierte mich. Physis und Kampfkraft? Meinte er das ernst? Die Niederländer hatten uns doch gezeigt, woran es wirklich fehlte, technisch und taktisch waren wir klar unterlegen gewesen. Dann dozierte er auch noch darüber, dass die Bundesliga zu schwach sei und die deutschen Spieler nicht hart genug. In meiner Kolumne griff ich ihn an. Ich warf Beckenbauer und dem Team fehlende taktische Reife vor. Für die Medien war es natürlich ein gefundenes Fressen, dass Christoph Daum den unantastbaren Kaiser attackierte. Es war ein Impuls gewesen, und obwohl ich mich im Recht wähnte, bekam ich in den Tagen danach ein schlechtes Gewissen. Offenbar waren wieder die Gäule mit mir durchgegangen, ich konnte schon damals ziemlich impulsiv sein. Ich nahm mir vor, mich bei Beckenbauer zu entschuldigen.

Zum Finale zwischen den Niederlanden und der Sowjetunion kam ich ins Münchner Olympiastadion. Ich hatte ein Ticket für den VIP-Bereich, und ich weiß noch, was dort los war. Alles war voller Menschen in feinem Zwirn, sie standen am Büfett oder in kleinen Grüppchen an den zahlreichen Stehtischen, die Luft war stickig. Trotzdem sah ich Beckenbauer sofort. Er stand mit einigen anderen zusammen, damals waren seine Locken noch dunkelbraun, ich steuerte direkt auf ihn zu. Als ich seinen Tisch fast erreicht hatte, wurde er auf mich aufmerksam. Ich streckte ihm die Hand hin, er nahm sie aber gar nicht wahr. Beckenbauer lächelte, doch es war kein freundliches Lächeln. Er musterte mich von oben bis unten. »Da schau her«, sagte er auf eine überhebliche Art. Ich fühlte mich unwohl, hier stimmte etwas nicht, das spürte ich sofort, auch die Menschen um uns herum hörten genau zu. »Da ist ja der Hund, der den Mond anbellt. Schleich dich!«

Seine Worte trafen mich wie eine Faust. Der Treffer saß, ich war völlig überrumpelt. Aber ich ging nicht zu Boden. Beckenbauer demütigte mich vor allen anderen, denn Majestätsbeleidigung konnte er nicht dulden. Alle Blicke richteten sich nun auf mich. Das war also seine Rache. Lichtgestalt hin oder her, meine Fingernägel bohrten sich in die Handflächen. Er wollte sich schon wieder von mir abwenden, mich abschütteln wie eine lästige Fliege, als ich ihm mit fester Stimme antwortete. »Ja, so war es wohl«, sagte ich besonders laut, damit alle Menschen um uns herum es auch bloß mitbekamen. »Man muss nur wissen, ob der Mond ein zunehmender oder ein abnehmender ist.«

Dann ging ich.

Und ich fühlte mich gut, als ich den Abflug machte. Egal, ob Beckenbauer oder Lattek, ich ließ keine Demütigungen mehr zu. Ich schätze sie beide enorm, und gerade von Udo lernte ich eine Menge, keine Frage, doch darum ging es jetzt nicht mehr, denn ich war Christoph Daum, und ich war bereit, es allen zu zeigen.

Auf dem Radar des FC Bayern München

1. FC Köln, 1988–90

Ich hielt mich nicht mehr zurück und dachte mir alle möglichen Sachen aus, um meine Gegner zu provozieren. Es gab keinen Grund mehr, leise zu sein, weil der 1. FC Köln unter mir zu seiner Größe zurückfand. Es war nicht so, dass ich die ganze Zeit ein Spektakel veranstaltete, aber ich versuchte, unsere Gegner strategisch zu attackieren. Und der größte Rivale waren die Bayern.

Wir kamen ihnen gefährlich nah, und auf ernsthafte Konkurrenten reagieren die Bayern noch heute empfindlich. Ich würde nie sagen, dass ich einen Hass auf die Bayern hatte, das wäre übertrieben, doch sie nervten mich mit ihrem Führungsanspruch. Sie meinten, über den Dingen zu stehen, aber das Schlimmste war, dass niemand etwas dagegensetzte. Sie dominierten die Bundesliga, und es kam mir vor, als würden die meisten das widerspruchslos hinnehmen. Ich war bereit, gegen den Strom zu schwimmen. Ich reizte sie bis aufs Äußerste, am Anfang lachten sie mich aus: Was will denn dieser Dampfplauderer aus Köln von uns? Es war von oben herab, typisch FC Bayern. Trotzdem gab ich nicht nach, und es dürfte ihnen überhaupt nicht gefallen haben, dass wir ihnen auch sportlich Feuer gaben. Es lief in der Meisterschaft auf einen engen Zweikampf zwischen uns hinaus. Der erste richtige Showdown sollte jedoch nicht auf dem Rasen, sondern vor den Fernsehkameras stattfinden. Im *Aktuellen Sportstudio* des ZDF, Samstagabend, nicht ganz so spät in der Nacht wie damals

Ali gegen Liston. Und, zugegebenermaßen, es schaute nicht die ganze Welt zu. Aber zumindest ganz Fußball-Deutschland war vor den Geräten versammelt, als der Schlagabtausch zwischen mir und Uli Hoeneß den Schlussspurt der letzten Bundesligasaison der Achtziger einleitete.

Ich ahnte schon vor der Sendung am 20. Mai 1989, dass Uli zurückschlagen würde. Ich hatte seinen Trainer Jupp Heynckes auf das Heftigste provoziert, und so etwas ließ ein Uli Hoeneß nicht auf sich sitzen. Wir waren zu diesem Zeitpunkt Zweiter in der Tabelle, ganz dicht hinter den Bayern, und es standen nur noch vier Partien an. Am nächsten Donnerstag würden sie zum Topspiel in unser Stadion kommen. Mein persönliches Spiel hatte schon lange vorher begonnen. Immer wieder hatte ich Heynckes angegriffen. Heynckes war ruhig, zurückhaltend, immer höflich – das genaue Gegenteil von mir –, und ich fand ihn damals langweilig. »Der könnte auch Werbung für Schlaftabletten machen«, sagte ich. Oder: »Die Wetterkarte ist interessanter als ein Gespräch mit Jupp Heynckes.« Das klang nicht gerade bescheiden, ich weiß, und es erschütterte die Bundesliga. Udo hatte es mir immer und immer wieder eingetrichtert: Du kannst einen Gegner nicht nur auf dem Platz schlagen. Wenn du die Chance hast, Erster zu werden, musst du alles dafür tun, den anderen an die zweite Stelle zu drücken. Das waren seine Sätze, und gleichzeitig waren sie der Samen, den er mir eingepflanzt hatte. Udo war mein Lehrmeister, ein Meilenstein in meiner Persönlichkeitsentwicklung, dank ihm würde ich vielleicht schon bald meine erste Meisterschaft feiern. Aber dafür mussten wir die Bayern schlagen.

Heynckes hatte sich von meinen Attacken nicht provozieren lassen, er blieb stoisch, als würde alles an ihm abperlen. Das würde Uli so nicht stehen lassen. Hier, im *Aktuellen Sportstudio*, war die perfekte Bühne für ihn. Uli und ich waren eingeladen, außerdem Udo, der ja beide Vereine ganz gut kannte. Es war sozusagen das Vorspiel vor dem Topspiel. Alle fieberten dieser Partie entgegen. In wenigen Minuten sollte die Sendung beginnen. Ich war angespannt, ja, aber nervös war ich nicht. Dank meiner Schlagfertigkeit würde ich schon mit Uli zurechtkommen, dachte ich.

Als ich kurz vor Sendungsbeginn das Studio betrat, sah auf den ersten Blick alles normal aus, ich war ja schon ein paarmal hier gewesen. Die letzten Vorbereitungen liefen, und ich schlenderte mit den Händen in den Taschen zu meinem Platz. Auf dem Weg geriet ich ins Stocken: Warum standen da fünf Sessel? Ich zählte noch mal nach: einer für mich, einer für Uli, einer für Udo, einer für Moderator Dieter Heller – und der fünfte? »Moment mal«, sagte ich zu Heller, der gerade in einem hellen Anzug das Studio betrat. »Warum steht da noch ein weiterer Sessel? So breit ist der Uli doch nicht, dass er gleich zwei von denen braucht?« Heller grinste. Er war mir nicht besonders sympathisch, als studierter Jurist glaubte er immer alles ganz genau zu wissen. Mit seinem lässigen Auftreten und den feinen Klamotten machte er einen selbstgefälligen Eindruck. »Lassen Sie sich überraschen«, antwortete er. »Jetzt setzen Sie sich erst mal hin. Gleich geht es los.«

Die Saison 1988/89 war für uns beschissen losgegangen. Im DFB-Pokal flogen wir schon in der 2. Runde raus. Auch in der Bundesliga hinkten wir unseren Ansprüchen hinterher, obwohl wir den Anschluss nach vorne zumindest halten konnten. Am 12. November 1988, es war der 14. Spieltag, verloren wir mit 0:2 bei den Bayern, und das war ein heftiger Rückschlag. Ich war stinksauer. Am meisten wurmte mich, dass Heynckes nach dem Spiel so ruhig dagesessen und einen auf souveränen Sieger gemacht hatte. Er lobte uns sogar dafür, dass wir als erste Mannschaft im Olympiastadion offensiv aufgetreten seien, und in diesem Moment wünschte ich mir einfach nur, dass er schweigen würde. Es fühlte sich wie eine Erniedrigung an, nach dieser bitteren Niederlage vom Gegner noch gelobt zu werden. Aber ich hielt mich zurück. Oder hätte ich als Verlierer noch die Klappe aufreißen sollen? Man hätte mich ausgelacht.

Das bedeutete nicht, dass ich auch innerlich ruhig blieb, ganz im Gegenteil: Ich kochte. Die Bayern waren zwar das Maß aller Dinge, klar, da konnte man schon mal verlieren. Doch das Allererste, was Udo mir eingeimpft hatte, war so simpel wie banal gewesen. Er brachte mir bei, auf den Platz zu gehen, um zu gewinnen. Natürlich klingt das schlicht, und man könnte sich fragen: Wofür geht man denn sonst auf den Platz? Aber ich kannte diese Herangehensweise vorher nicht, und sie war in der Bundesliga zu dieser Zeit nicht weitverbreitet. Das Ziel fast aller Mannschaften war es, die Heimspiele zu gewinnen, auswärts dagegen gaben sich die meisten Teams mit einem Punkt zufrieden. Erst am 27. Oktober 1984, also mehr als 21 Jahre nach ihrer Gründung, gab es in der Bundesliga erstmals einen Spieltag ohne Heimsieg. Zu Hause gewinnen, auswärts nicht verlieren, das war auch mein Credo gewesen, und Udo tobte, als wir darüber redeten. Als Übertrainer kannte er nur den Erfolg, und er prügelte mir danach immer und immer wieder ein, dass nur Siege zählen. Egal wo.

Ich wollte immer gewinnen, auch außerhalb des Platzes. Meinen ersten Sieg gegen die Bayern in dieser Saison holte ich im April 1989, ein paar Wochen vor dem Showdown im *Sportstudio*. Der Moderator Waldemar Hartmann hatte mich nach München eingeladen, in die Höhle des Löwen sozusagen, um in der Sendung *Blickpunkt Sport* mit Uli über meine Attacken gegen Heynckes zu diskutieren, ein direktes Duell also. Uli war schlecht vorbereitet, und ich erntete mit meinen Sprüchen immer wieder den Applaus der Zuschauer. Nach der Sendung gingen wir noch gemeinsam mit Waldi und zwei Journalisten in die Zeitlupe, Waldis Stammkneipe. Bis in die frühen Morgenstunden hockten wir dort. Uli sprach mich beim Bier noch mal auf eine vermeintliche

Heynckes-Aussage von mir an, die in der Presse abgedruckt worden war: »Nach dem Sieg über Inter Mailand ging's ihm mal für ein paar Stunden besser. Da war eine Hirnwindung mehr durchblutet. Im Grunde genommen ist er völlig kaputt.« Damit, meinte Uli, hätte ich eine Grenze überschritten. Die Sache war nur die, dass ich das niemals gesagt hatte.

Ich hatte Heynckes attackiert, klar, ich wollte ihn verunsichern. Ich versuchte wirklich alles, um ihn vor unserem Spiel abzulenken, aber derart unter die Gürtellinie war ich nie gegangen. Und das erklärte ich Uli, als wir spätnachts an der Theke standen. Ich hatte sogar rechtliche Schritte gegen den Abdruck eingeleitet. Das schien ihn zu beruhigen, und als es draußen schon fast wieder hell wurde, schüttelte er mir die Hand und wünschte mir eine gute Nacht. »Mensch«, meinte Waldi. »Ihr habt euch so friedlich miteinander unterhalten. Ich glaube, du wirst irgendwann mal Bayern-Trainer!«

Trotzdem war ich unsicher, als Uli am 20. Mai das Studio in Mainz betrat. Bei ihm konnte man nie wissen. In einer Hand trug er einen kleinen Stapel mit Dokumenten. Was hatte es mit diesen Papieren auf sich? Würde er mir gleich einen Vortrag halten? Mir blieb keine Zeit, groß darüber nachzudenken. Denn Uli kam nicht allein ins Studio. An seiner Seite betrat ein Mann in kariertem Sakko, weißem Hemd, blauer Krawatte und mit vollem, braunem Haar den Raum. Wie konnte das sein?! Die Zuschauer klatschten verhalten Beifall, die Manege war eröffnet, und Heller grinste in die Kamera.

Nach der Hinrundenpleite in München im November hatte ich gleich die nächste Niederlage gegen die Bayern einstecken müssen. Am 10. Dezember 1988 wurde bekannt gegeben, dass Jürgen Kohler zur nächsten Saison nach München wechseln würde. Parallel wurde mein Vertrag bis zum 30. Juni 1992 verlängert, aber das milderte meine Enttäuschung nicht. Ausgerechnet Jürgen, mein Spieler, den ich mit Händen und Füßen von einem Wechsel zum FC überzeugt hatte. Wir hatten eine innige Beziehung aufgebaut, und ich ging davon aus, dass Jürgen sich bei uns wohlfühlte. Aber er wollte unbedingt zu den Bayern, dort konnte er viel leichter die Meisterschaft gewinnen als mit dem FC. Davon war er jedenfalls überzeugt.

Und damit war er nicht der Einzige. Es herrschte eine Stimmung, als wären die Bayern die Könige. Schon jetzt dachte praktisch jeder, dass sie wieder Meister würden. Obwohl sie gerade mal drei Punkte vor Bremen und vier Punkte vor uns lagen, erweckten die Medienberichte den Eindruck, als hätten sie schon eine Hand an der Schale. Dabei war doch noch alles möglich! Ich fragte mich: Wo, um Himmels willen, steht denn geschrieben, dass Bayern Meister wird? Gab es da irgendein Gesetz? Diese Stimmung ging mir gegen den Strich und stachelte mich an. Ich nahm mir vor, für ein bisschen Wirbel zu sorgen. Die Bundesliga drohte einzuschlafen, ich stellte gewissermaßen den Wecker an. Denn wo kein Wind ist, fällt die Regatta aus.

Außerdem nervte mich dieses überhebliche Getue der Bayern. Als sie beim FC St. Pauli nur 0:0 spielten, beklagten sie sich über den angeblich holprigen Rasen und sprachen von »unmöglichen Zuständen«. Drei Wochen später gewannen wir am Millerntor mit 1:0, und als ich danach in feinem Zwirn auf der Pressekonferenz saß, schickte ich einen Spruch in Richtung München. »Die Stimmung war großartig, der Platz war in Ordnung.« Die Leute sollten spüren, dass ich längst nicht so abgehoben war wie die Bayern.

Kariertes Sakko, weißes Hemd, blaue Krawatte: Der Überraschungsgast des *Aktuellen Sportstudios* hatte Platz genommen. Jupp Heynckes saß ganz ruhig da. Kaum Gestik, keine Mimik, keine Hektik: Er hockte wie ein Elder Statesman souverän auf seinem Sessel, die Beine übereinandergeschlagen. »So wie er mich unterhalb der Gürtellinie getroffen hat, ich glaube, das ist nicht zu akzeptieren, und das werde ich auch nicht vergessen«, sagte er. Die Zuschauer klatschten noch etwas verhalten. Zwei Kameras richteten sich fast dauerhaft auf unsere beiden Gesichter. Im Fernsehen bekamen die Zuschauer dadurch ein doppeltes Bild zu sehen, sodass sie immer die Reaktionen des einen auf die Worte des anderen im Blick hatten. Während Heynckes den Moralapostel spielte, ging mein Puls in die Höhe. Ich legte mir die entsprechenden Konter zurecht. Immer wieder wanderten meine Pupillen von rechts nach links und umgekehrt. Als er fertig war, blickte Heller jedoch nicht zu mir, um mir Gelegenheit zum Antworten zu geben, er schaute stattdessen Uli an. Uli hatte bereits seinen mysteriösen Papierstapel in der Hand, aber ich ging dazwischen. Mit dem Finger forderte ich Heller auf, dass er mich sprechen ließe. Und dann ging die Show richtig los.

»Ich kann dazu sagen, dass die Bayern für sich natürlich immer in Anspruch nehmen, die Höhe der Gürtellinie zu beurteilen«, sagte ich. Diesmal fingen die Zuschauer nicht nur an zu klatschen, einige von ihnen johlten sogar laut auf. Sie wollten die Bayern stürzen sehen, es kam Leben in die Bude. Die Stimmung lud sich auf. Ich fühlte mich wie in einer Arena im alten Rom. Wenn der eine attackierte, ließ der andere nicht lange mit einer Gegenattacke auf sich warten. Die Zuschauer blickten gespannt auf die vier Hauptdarsteller in diesem TV-Zirkus, jeder wartete jetzt auf eine ausführliche Reaktion von Uli Hoeneß. Dass es mit Heynckes kein Spektakel geben würde, war allen klar, Uli dagegen fingerte schon die ganze Zeit an seinen Dokumenten herum. Jetzt erteilte Heller ihm das Wort. Meine Finger knoteten sich ineinander, ich blickte Uli an, das ganze Studio blickte ihn an. Uli schaute mich an. »Und jetzt les ich dir mal ein bissl was vor«, sagte er.

Dass ich mich an die Bayern herantraute, wäre ohne unsere guten Ergebnisse nicht möglich gewesen. Als wir Ende März 1989 den VfB Stuttgart mit 3:0 nach Hause schickten, waren wir längst erster Verfolger der Bayern und in der Bundesliga seit zehn Spielen ungeschlagen. Ich arbeitete ohne Unterlass, schlief kaum in dieser Zeit, und wenn ich nicht auf dem Trainingsplatz oder im Stadion stand, bediente ich die Zeitungen. Ich versuchte alles, um die Bayern irgendwie aus dem Tritt zu bringen. Nach dem Stuttgart-Spiel ging es richtig los. »Die Sensation kann man förmlich schnuppern. Die Bayern sind reif für eine Niederlage«, sagte ich. »Wir haben einen Lauf. Wir können momentan gar nicht verlieren.« Ich hatte ja bei Udo gesehen, dass so etwas funktionieren konnte, und jetzt startete ich mein erstes großes Experiment. Ich hörte mich ziemlich großspurig an, und es passte zu dem Image, was sich in den Medien langsam von mir formte.

Aber es wirkte, denn wir gewannen danach auch unser Spiel beim Hamburger SV mit 1:0, und das war ein wunderbares Gefühl, weil der FC dort seit 19 Jahren keinen Sieg mehr geholt hatte. Ich hätte nach dem Abpfiff die ganze Welt knutschen können, mich erfasste eine Welle der Euphorie, denn parallel hatten die Bayern mit 1:2 bei Borussia Mönchengladbach verloren. Das bewies endgültig, dass meine Attacken Wirkung zeigten. Also öffnete ich den Vorhang zur zweiten Runde. »Jetzt ist die Jagd auf Bayern voll eröffnet«, sagte ich in Hamburg. Die Journalisten hingen an meinen Lippen.

Die Zuschauer des *Aktuellen Sportstudios* hingen an Ulis Lippen. »Du hast über Jupp Heynckes gesagt: Der könnte auch Werbung für Schlaftabletten machen«, las er von seinem Blatt ab. Ich schaute ihn an. »Richtig«, ich nickte. »Du hast über ihn gesagt: Wenn einer so dünnhäutig ist, hat er hier nichts zu suchen. Die Wetterkarte ist interessanter als ein Gespräch mit Jupp Heynckes.« Das war alles korrekt, ich hatte diese Dinge gesagt. Darum nickte ich auch, als die ersten Zuschauer wieder zu klatschen anfingen, es wurde immer wilder. Jetzt startete Uli seinen finalen Zug. Ich wusste, dass er noch nicht fertig war. Er kam mir vor wie ein Richter, der das Urteil verkündet. Er lehnte sich nach vorne, seine Hände klammerten sich an seinen Stapel. Schon wieder fing er mit diesem Satz mit der Hirnwindung an, den ich nie gesagt hatte. Und er las mir einen persönlichen Brief des verantwortlichen Journalisten vor, in dem dieser Uli versicherte, dass er bereit sei, eine eidesstattliche Versicherung abzugeben. Was für eine linke Tour! Wir hatten nach der Sendung mit Waldi doch schon alles besprochen und uns sogar die Hand gegeben! Aber jetzt wollte Uli auf diese Art zurückschlagen. Nichts war mehr gut. Als Uli mit seinem Vortrag fertig war, haute er mit der flachen Hand auf seine Dokumente und lehnte sich zurück. Er sah sich auf der Siegerseite. Jetzt war ich dran.

»Es ist schön, dass du dich so vorbereiten musst«, antwortete ich ihm. »Denn ohne die Vorbereitung würdest du wahrscheinlich gar nicht über die Runden kommen.« Für die Zuschauer war es ein Fest. Schon wieder begannen sie, Beifall zu spenden, Uli und ich rasten in ein riesiges Spektakel hinein. »Wenn du Charakter hättest, dann hättest du dich mal hingestellt und hättest dich dafür entschuldigt!«, polterte Uli. Er saß jetzt nicht mehr ruhig auf dem Sessel, sondern lehnte seinen Oberkörper nach vorne, und um dem Ganzen Nachdruck zu verleihen, hob er immer wieder seinen linken Arm. Uli war auf Betriebstemperatur, und die kann bei ihm ziemlich hoch sein. »Ich kann mir doch nicht von Uli Hoeneß etwas über den Charakter sagen lassen«, legte ich nach. Auch Uli gab nicht auf. »Diese Hirnwindung, das ist die größte Beleidigung, die je ein Trainer in Deutschland über einen anderen Trainer gemacht hat! Und das ist die Sauerei!« Heller hatte Mühe, uns unter Kontrolle zu halten. Immer wieder probierte er einzugreifen. Die Stimmung im Studio kochte über, es war völlig verrückt, so etwas hatte es im deutschen Fernsehen noch nie gegeben. Um die Auseinandersetzung zwischen Uli und mir ein wenig zu entschärfen, bat Heller schließlich Udo, die Lichtgestalt, um seine Meinung. Ich war gespannt wie ein Flitzebogen. Udo hatte die ganze Zeit über geschwiegen. Würde er jetzt mir unter die Arme greifen? Oder sich mit Uli verbünden?

Udo war mein Lehrer gewesen. Und ich hatte von ihm gelernt, die Medien anzuziehen wie der Nektar die Bienen. Die große Bühne gefiel mir. Der *Express* nannte mich in Anlehnung an Cassius Clay alias Muhammad Ali mittlerweile den »Cassius vom Rhein«. Das war natürlich ein heftiger Vergleich, Ali war ein Provokateur gewesen, aber er hatte auch geliefert – und wie! Mir wurde später oft unterstellt, dass ich einen Medienberater gehabt hätte. Das ist nicht wahr! Die Sprüche kamen mir einfach so über die Lippen, wie bei einem ausbrechenden Vulkan.

Ich muss zugeben, dass es ein starkes Gefühl war, im Fokus zu stehen. Die Journalisten wollten etwas von mir, und sie wussten, dass ich ihnen Schlagzeilen lieferte. Wenn du dich mit Christoph Daum unterhalten hast, bekamst du kein 0815-Statement, sondern da wurde Tacheles gesprochen. Ich ging ans Limit und scherte mich nicht um Kritik. Einige schrieben, ich tanzte auf dem Vulkan. Das war falsch: Ich war der Vulkan. Außerdem sprach ich vielen Fußballfans aus der Seele, weil ich gegen die Selbstherrlichkeit der Bayern anging. In den Augen von Hoeneß war ich lediglich ein Dampfplauderer, einer ohne Titel und Reputation, und dieser Namenlose erlaubte es sich plötzlich, den Branchenprimus anzugreifen. Bayern München galt als heilige Kuh, und von meinen Attacken profitierte natürlich auch die Sportberichterstattung. Für die Medien war ich ein Glücksfall, aber sosehr ich ihre Aufmerksamkeit auch auf mich zog: Ich tat das in erster Linie für meinen Verein, für meine Mannschaft. Natürlich wurde behauptet, dass ich das nur für mein Ego machte, dass ich schon immer scharf gewesen sei auf Kameras und Mikrofone. Wie gesagt, es fühlte sich tatsächlich gut an, dass ich ständig umgarnt und gefragt wurde oder dass Fußball-Deutschland meine Sprüche feierte. Aber das war niemals meine Intention gewesen. Mir ging es einzig und allein darum, meinem Team einen Vorteil zu verschaffen, so hatte Udo es mir eingetrichtert. Ohne die großartigen Leistungen meiner Spieler hätte ich sowieso nicht die Klappe aufreißen können, man hätte mich für einen bedauernswerten Angeber gehalten. Die Medien kamen nicht in erster Linie nach Köln, weil Christoph Daum da war, sie kamen, weil dort guter Fußball gespielt wurde. Wir kratzten am Thron der Bayern, und diese Tatsache ließ mich meine Grenzen ausloten. Ich wollte es wissen. Und als wir am 28. Spieltag mit 2:1 bei Werder Bremen gewannen, sagte ich den Journalisten auf der Pressekonferenz im Weserstadion: »Wir gewinnen unser Heimspiel gegen Bayern München. Wir verlieren überhaupt kein Spiel mehr und werden Meister.« Ich hatte bei Udo gelernt.

Udo saß ganz entspannt auf seinem Sessel, breitbeinig wie immer. Seine Ellbogen lagen auf den Armlehnen, die Hände wie beim Gebet vor seinem Bauch gefaltet. Er sah aus wie ein Politiker, und ich fragte mich, was er wohl sagen wird.

Über die Sache in Costa Rica hatten wir nie wieder gesprochen. Ich wusste nicht, wie er zu mir stand. Natürlich hatte ich ihn danach wiedergesehen, und alles war normal gewesen, wir hatten uns über Fußball unterhalten, Bier getrunken, gelacht, nichts Besonderes. Aber was wirklich in ihm vorging, war so unergründlich wie die Tiefen der Ozeane, ich kannte seine Sprunghaftigkeit ja. Würde der erfolgreichste Trainer der Bundesligageschichte sich jetzt auf meine Seite stellen? Ich hoffte auf seine Unterstützung. Heller fragte ihn, ob er eine solche Auseinandersetzung wie zwischen mir und den Bayern schon mal erlebt habe.

Udo war total relaxt, er stand über den Dingen, diesen Eindruck erweckte er zumindest. Solche Auseinandersetzungen seien nicht neu, meinte er, er kenne das Geschäft, so etwas gehöre nun mal dazu. »Die Bundesliga drohte langweilig zu werden«, sagte Udo und schaute kurz nach links, wo ich saß. »Und er hat als Einziger den Fehdehandschuh aufgegriffen und den Bayern den Kampf angesagt.« Ein Gefühl der Erleichterung breitete sich in mir aus, er war also zumindest schon mal nicht gegen mich. Udo äußerte dann noch scherzhaft die Hoffnung, dass ich während seiner sieben Monate beim FC einiges von ihm gelernt hätte, er lachte dabei, ganz der Entertainer. Je mehr Theater in der Bundesliga, desto mehr hatte er zu schreiben. Er war als Chef-Kolumnist für die *Sportbild* tätig, die ihn dafür fürstlich entlohnte. Es war unglaublich: Insgesamt verdiente er mittlerweile mehr als jeder Bundesligatrainer. Genau deswegen hatte er auch den FC verlassen. Jetzt formulierte er noch einen Appell, ganz im Sinne seiner Zeitung. »Wir vier hier müssen jetzt versuchen, etwas Positives für die Bundesliga zu tun«, sagte er.

Uli gefiel das überhaupt nicht. Er verfolgte Udos Monolog mit ernstem Blick. Wahrscheinlich hatte er sich erhofft, dass Udo ihm beispringt. Das tat er aber nicht. Uli betonte nochmals, dass es solche Beleidigungen wie von mir noch nie zuvor gegeben hatte. Damit spielte er schon wieder auf diesen Satz mit der Hirnwindung an. Jetzt reichte es mir. Gestärkt durch Udos Unterstützung, fuhr ich ihm ins Wort. »Das ist nur eine Masche von dir, um mich von meinem Weg abzubringen«, sagte ich. »Aber das kann ich dir auch garantieren: Das schaffst auch du nicht!« Wieder kam lauter Applaus auf. Uli lehnte sich in seinem Sessel zurück und setzte erneut dieses selbstsichere Lächeln auf. »Ich werde das auch gar nicht versuchen, weil am nächsten Donnerstag ist dein Weg zu Ende. Und, äh …«

Ausreden konnte er nicht. Denn jetzt lief das Publikum richtig heiß. Wenn es noch eines Beweises bedurft hätte, dass ein Großteil des Studios auf meiner Seite war, wurde er jetzt geliefert.

Denn es wurde ein Klassiker angestimmt. »Zieht den Bayern die Lederhosen aus, Lederhosen aus …« Es fühlte sich wie ein erster Sieg an.

Fünf Tage später kam ich ins Müngersdorfer Stadion und dachte: Warum haben wir hier nicht immer eine solche Stimmung? Dieses ganze Vorgeplänkel, all die Vorgeschichten, die dieses Spiel aufgeheizt hatten, sie entluden sich schon vor dem Anpfiff. Unsere Fans rüttelten wie wild an den Zäunen, als meine Spieler zum Aufwärmen in Richtung Rasen liefen. Wer nicht am Zaun stand, klatschte frenetisch Beifall, ich spürte, wie sich die Energie der Fans auf uns alle übertrug. Eigentlich war es ein furchtbares Stadion mit dieser stimmungstötenden Laufbahn. Aber an diesem Tag fühlte ich die Zuschauer so nah wie nie zuvor. Es lag ein Knistern in der Luft.

Ein paar Tage vor dem Spiel hatte es noch mächtig Ärger im Verein gegeben. Die Auseinandersetzung zwischen mir und den Bayern hatte die Zuschauer angestachelt, die Polizei befürchtete Ausschreitungen. Unserem Vorstand flatterten die Nerven. »Sie haben das Rad überdreht!«, schimpfte FC-Präsident Dietmar Artzinger-Bolten. »Wenn es zu Ausschreitungen oder sogar Toten kommt, dann sind Sie mitverantwortlich!«

Die Nerven lagen blank. Ich versuchte, die Menschen etwas zu beruhigen, und sprach in der Pressekonferenz vor dem Spiel nur noch von sportlichen Dingen. Es schien ernst zu sein. Bloß kein weiteres Öl ins Feuer gießen, lautete meine Devise. Kurz vor dem Spiel musste unser Stadionsprecher etliche Durchsagen machen. Glücklicherweise entspannte sich die aufgeheizte Stimmung ein wenig, als der Ball endlich rollte. Jetzt war High Noon, und wir hatten alle darauf hingearbeitet.

Schon wieder ging es ziemlich bescheiden los. In der 25. Minute zog Stefan Reuter, 23 Jahre jung und hochtalentiert, von der rechten Außenbahn nach innen und schoss aus kurzer Distanz mit links an den Pfosten. Glück gehabt, glaubte ich für ein paar Millisekunden, wenn überhaupt, denn Roland Wohlfarth lauerte schon auf den Abpraller – und beförderte den Ball ins leere Tor. Trotz des Rückstands peitschten uns die Zuschauer nach vorne, ihr Dröhnen schwoll immer weiter an. Vielleicht beflügelte das auch Morten Olsen, der inzwischen kurz vor seinem vierzigsten Geburtstag stand. Acht Minuten nach dem Tor von Wohlfarth kam er im Mittelfeld an den Ball, halbrechte Position, nur wenige Meter von den Trainerbänken entfernt.

Natürlich hatte ich ihn nie wieder in die Abwehr zurückversetzt, und darüber beschwerte er sich immer noch, seine Knochen, meinte er, aber ich wäre ja bekloppt gewesen, ihn aus dem Mittelfeld abzuziehen. Denn wenn es jemals einen Beweis dafür brauchte, dass ich damals eine goldrichtige Entscheidung getroffen hatte, dann lieferte ihn Morten in genau diesem Moment. Fast aus dem Stand spielte er einen langen Ball in den Strafraum der Bayern. Der Ball flog und flog, und Bayerns Libero Augenthaler dachte, dass sein Torhüter Aumann ihn schnappen würde. Also verlangsamte Augenthaler sein Tempo, der Ball segelte noch immer in der Luft, er würde genau zwischen Aumann und Augenthaler landen. Augenthaler trabte auf Aumann zu, er wurde immer langsamer, Aumann rückte ebenfalls nur zögerlich aus seinem Tor heraus, und keiner von ihnen bemerkte, dass Thomas Allofs im Vollsprint in Richtung des aufprallenden Balles zog. Er überholte Augenthaler, erreichte kurz vor Aumann den über den Rasen hüpfenden Ball – und schaufelte ihn elegant ins Tor, 1:1.

Aumann und Augenthaler tobten, das Stadion auch. Jetzt war alles möglich, und ich hüpfte auf der Tartanbahn vor Freude. Es entwickelte sich ein offenes Spiel, leichtes Übergewicht für die Bayern, nur ein Tor fiel nicht. Das lag auch daran, dass Jürgen Kohler gegen seine zukünftige Mannschaft eine überragende Leistung ablieferte. Es war nur noch eine Viertelstunde zu spielen, als er plötzlich zu mir an die Seitenlinie kam. Ihm stand der Schmerz ins Gesicht geschrieben. »Mir reißt gleicht der Muskel!«, brüllte er mich an, ihm blieb keine andere Wahl bei der Lautstärke im Stadion. »Ich kann dich nicht auswechseln, Jürgen! Ich nehm dich nur mit einem offenen Bruch runter!«, brüllte ich zurück und schubste ihn wieder aufs Spielfeld. Er sortierte sich tatsächlich in der Abwehr ein. Er musste jetzt auf die Zähne … – plötzlich lief er an mir vorbei in Richtung Auswechselbank. Ich schaute aufs Spielfeld, die Bayern starteten schon wieder einen Angriff, dann blickte ich noch mal zurück, und tatsächlich: Jürgen humpelte geradewegs in Richtung Kabinengang.

Verflucht, dachte ich, mein bester Abwehrspieler ist raus, was mache ich denn jetzt? Mit einem Unentschieden konnten wir nichts anfangen, die Bayern lagen zwei Punkte vor uns in der Tabelle. Also wechselte ich Ralf Sturm ein, einen besseren Nachnamen konnte ein deutscher Angreifer kaum haben. Ich ging voll ins Risiko, mir blieb keine andere Wahl. Wollten wir Meister werden, mussten wir gewinnen. Also setzte ich ab der achtzigsten Minute auf Sturm. Fünf Minuten später wurde das bestraft. Nach einer Flanke stand Wohlfarth frei in unserem Strafraum und köpfte das 2:1 für die Bayern. Vier Minuten später machte er noch das 3:1, und ich musste an Ulis Prophezeiung denken.

»Dein Weg wird am Donnerstag zu Ende sein.«

Ich fühlte nichts mehr außer einer wahnsinnig großen Leere, wobei, kann man die überhaupt spüren?

Am nächsten Tag titelte die *Bild*: »Aus der Daum!«

Nach der Saison fühlte ich mich ausgelaugt und blutleer. Für drei Tage zog ich mich auf die Bühlerhöhe zurück, ein Hotel mit angeschlossener Rehaklinik auf einer knapp achthundert Meter hohen Erhebung im Nordschwarzwald. Fast ein Jahr lang hatte ich zu wenig geschlafen, meine Ernährung vernachlässigt und mich fast nur mit Fußball beschäftigt. Für drei Tage dachte ich jetzt nur an mich. In den Jahren danach kam ich immer wieder hierher. Denn eine Sache wurde mir mit jeder weiteren Saison immer klarer: Nur wenn ich funktioniere, funktioniert mein Umfeld, meine Familie und auch mein Verein.

Ich war längst das Gesicht des FC. Seit Udos Abschied arbeitete ich immer noch als Trainer und Manager. Ich stellte die Mannschaft zusammen, auf und ein. Und dass es nicht so verkehrt sein konnte, was ich tat, ließ sich ja an unseren Ergebnissen ablesen. Trotzdem beäugte die Vereinsführung mich kritisch. Präsident Artzinger-Bolten gefiel meine Art überhaupt nicht. Gemeinsam mit seinem Vize Hans Neukirch hatte er zweieinhalb Jahre zuvor die Führung des FC übernommen. Zu Beginn ihrer Amtszeit überstrahlte Udo mit seiner Präsenz alle anderen, das war für den Verein natürlich eine tolle Sache, weshalb sie sich zunächst zurückhielten. Sie blieben meistens still, und das war gut so. Das waren Ahnungslose, die dachten, der Ball bewegt sich, weil da ein Frosch drinsitzt. Aus dem FC Lattek war inzwischen aber ein FC Daum geworden, und das schmeckte einigen im Verein gar nicht.

Artzinger-Bolten war Rechtsanwalt und saß seit etlichen Jahren für die CDU im Kölner Stadtrat. Der FC war das Heiligtum der Stadt, das wusste Artzinger-Bolten, und Wahlkampf war immer. Je mehr die Menschen in Köln den Eindruck gewannen, dass er maßgeblich zum Aufschwung des FC beitrug, umso größer würde sein Beliebtheitsgrad. Aber die positive Entwicklung wurde nicht auf ihn, sondern in erster Linie auf Christoph Daum zurückgeführt. Das blieb auch anderen Vereinen nicht verborgen. Clubs aus Italien meldeten sich bei mir, auch mit Borussia Dortmund wurde ich in Verbindung gebracht. Tatsächlich hatte ich mich mit Micha Meier unterhalten, der inzwischen als Manager für den BVB arbeitete. Artzinger-Bolten und Neukirch störte es besonders, dass ich locker darüber redete. Ich erzählte den Zeitungen vom Gespräch mit Micha oder dass ich durchaus gerne mal in Italien arbeiten würde. »Der FC ist nicht Herr Daum allein«, sagte Neukirch dem *Stadt-Anzeiger.* »Viele seiner Äußerungen gefallen uns ganz und gar nicht.« Ich nervte sie mit meinem forschen Verhalten, doch das scherte mich nicht. Was wollten sie auch von mir? Sportlich lief es ja. Udo hatte doch auch immer geantwortet, wenn er gefragt wurde. Mir wurde erst viel später klar, dass er alles hatte sagen können, weil er schon so viele Meisterschaften gewonnen hatte. Titel machen dich glaubhaft, egal, was du sagst. Mir fehlten Titel. Dennoch stand ich im Mittelpunkt, wenn es um den FC ging.

Aber ich merkte auch, dass mir die Rückendeckung des Vorstands verloren ging. Beim Abschiedsspiel von Morten hatte ich erfahren, dass Flemming Povlsen ohne mein Wissen verkauft worden war. Außerdem verließ uns neben Jürgen Kohler auch Thomas Allofs, der als Torschützenkönig für eine ordentliche Ablösesumme zu Racing Straßburg wechselte. Ich suchte verzweifelt nach adäquatem Ersatz, aber ein Ausnahmestürmer vom Allofs-Format war nicht zu finden. Der Vorstand freute sich über die gewaltigen Einnahmen. Aber ich war es, der Flemming, Jürgen und Thomas überhaupt erst zu so wertvollen Spielern entwickelt hatte. Ich will nicht behaupten, dass es allein an meinem Training oder meiner Person lag, sicher trugen auch andere Faktoren dazu bei, Fakt war jedoch: Die meisten meiner Spieler wurden besser.

Auch in der Saison 1989/90 war das so. Spieler wie Falko Götz oder Ralf Sturm, die beide in der Vorsaison kaum eine Rolle gespielt hatten, schossen auf einmal etliche Tore und sorgten dafür, dass wir erneut oben mitspielten. Den größten Schritt machte Thomas Häßler, den wir zum Glück hatten halten können. Thomas, den wegen seiner Berliner Herkunft alle nur »Icke« nannten, war nicht mal 1,70 Meter groß, aber was ihm an Körpergröße fehlte, machte er durch seine geniale Technik vergessen. Keiner führte den Ball schneller, eleganter, enger am Fuß als

Icke. Er spielte nicht kraftvoll und robust, so wie man es von den Deutschen gewohnt war. Icke war ein Künstler am Ball, und das bekamen natürlich auch die internationalen Topclubs mit. Lazio Rom und Olympique Marseille waren die Ersten, die schon früh in der Saison konkretes Interesse anmeldeten. Ich berichtete dem Vorstand davon, und Artzinger-Bolten verfolgte einen merkwürdigen Plan. Er sah auf der einen Seite die Millioneneinnahmen, auf der anderen Seite wollte er unter keinen Umständen mit einem Verkauf von Icke in Verbindung gebracht werden. Er war unser bester Spieler, und wie würde das denn aussehen, wenn der Präsident seinen Verkauf vorantrieb? Schließlich bot Juventus Turin über 15 Millionen Mark. Da mussten bei Artzinger-Bolten erst recht die Dollarzeichen in den Augen funkeln. 15 Millionen Mark? Das wäre mit großem Abstand Bundesligarekord, so viel hatte noch nie ein Verein für einen Spieler kassiert. Ich sollte das mal regeln, meinte er.

Icke, seine Frau und ich trafen uns mit einem Vertreter von Juventus. Wir saßen in einem Konferenzraum des Kölner Bonotels. Ickes Frau saß als seine Beraterin mit am Verhandlungstisch, und sie lief zur Höchstform auf. Sie galt als ziemlich gerissen und hatte natürlich mitbekommen, dass sich hier ein Rekordtransfer anbahnte. Sie verhandelte wie ein abgezockter Profi und ließ sich ein ordentliches Beraterhonorar in den Vertrag schreiben. Icke scherte sich nicht darum, er saß einfach nur daneben und sagte fast nichts. Wir einigten uns tatsächlich auf eine Ablösesumme von mehr als 15 Millionen Mark, das war Wahnsinn für die damaligen Verhältnisse. Es musste streng geheim bleiben.

Aber nichts blieb geheim.

Eine Zeitung berichtete von einem »Geheimtreffen im Bonotel«. Das Schlimmste war, dass Artzinger-Bolten sich im Anschluss vor die Kameras stellte und behauptete, dass er von nichts gewusst habe. Nur wenig später nutzte er diesen Vorfall, um mir einen angeblichen Vertrauensbruch zu unterstellen. Sportliche

Gründe für eine Trennung von mir gab es keine, wir holten erneut die Vizemeisterschaft, im UEFA-Cup scheiterten wir erst im Halbfinale an Juve. Aber er und die anderen Vorstände wollten mich als Trainer loswerden, es braute sich etwas zusammen.

Für einige meiner Spieler war die Saison noch nicht beendet. Icke, Bodo, Litti und Paul Steiner reisten im Sommer 1990 mit der deutschen Nationalmannschaft zur Weltmeisterschaft nach Italien. Die Mannschaft wohnte in Erba, einem kleinen Ort in der Nähe des Comer Sees. Erba war umgeben von Bergen, Wasser und Hügeln, eine malerische Landschaft. Die Spieler waren im Luxushotel Castello di Casiglio untergebracht, einem herrschaftlichen Schloss aus dem 14. Jahrhundert, »in dem schon Kaiser Barbarossa genächtigt hat«, wie die *Bild* wusste. Nie hatte eine deutsche Mannschaft besser gewohnt. Tatsächlich war der Anblick gigantisch. In dem 35 000 Quadratmeter großen Schlosspark, der das mittelalterliche Gemäuer umgab, standen Palmen und Granatapfelbäume. Ich weiß es deswegen so genau, weil ich fast täglich dort war.

Eine halbe Stunde von Erba entfernt in Villa Guardia hatte ich mir ein Ferienhaus gemietet. Ich wollte den Kontakt zu meinen Spielern halten, außerdem suchte ich als Manager bei der WM nach einem Ersatz für Icke. Ich besuchte also nicht nur das Schloss der Deutschen, sondern reiste durch das ganze Land, um mir alle möglichen Spiele anzuschauen. Eines Tages bekam ich Besuch: Der gesamte FC-Vorstand stand im prächtigen Schlossgarten in Erba. Eigentlich war die Zusammensetzung der FC-Führung aus sportlicher Sicht absurd. Jupp Söller war Glasermeister und Karnevalsprinz, Wolfgang Schänzler Kommunalpolitiker, Neukirch betrieb einen Handel für Bürobedarf, und über allen thronte der Rechtsanwalt Artzinger-Bolten. Er schaute mich mit ernster Miene an und eröffnete das Gespräch. »Sie können sich sicher vorstellen, warum wir hier sind«, sagte er. »Ich nehme an, um ein bisschen zu plaudern und über den Stand bei den Neuverpflichtungen zu sprechen«, meinte ich gut gelaunt. »Es ist ja auch wunderschön hier, da lohnt sich ein Besuch immer.« Niemand lachte mit mir über meinen kleinen Scherz. Stattdessen schauten sie alle so ernst und staatstragend. Ich blickte in die Runde. Söller und Neukirch wichen meinem Blick aus, Schänzler stand der Schweiß auf der Stirn. Spätestens jetzt dämmerte mir, dass hier etwas nicht stimmte. Artzinger-Bolten faltete ein Stück Papier auseinander, ich erkannte einen Schreibmaschinentext darauf. Er las ihn mir vor.

»Sehr geehrter Herr Daum, im Einvernehmen mit dem Verwaltungsrat hat der Vorstand in seiner Sitzung vom 27. Juni 1990 beschlossen, Sie mit sofortiger Wirkung zu beurlauben. Die Begründung …« – Weiter ließ ich ihn nicht reden. Meine Unwissenheit verwandelte sich innerhalb weniger Sekunden in einen Zustand aus Schock und Wut. Ich sprang von meinem Stuhl auf. »Was?!«, rief ich ihnen zu. »Sie wollen mich entlassen?« Tausende Dinge gingen mir durch den Kopf. Ich war drauf und dran, den FC zu einem Titel zu führen, wir zählten zu den besten Teams in Deutschland, etlichen Spielern war unter mir der Sprung in die Nationalmannschaft gelungen! Wie konnten sie mir das antun?! Mein immer größer werdender Zorn verdrängte jeden klaren Gedanken, meine Stimme bebte: »Ihr werdet für diese Entscheidung bezahlen!«

Dann ging ich. Ich fühlte mich, als hätten sie mir das Licht ausgeknipst. Ich verließ das Hotel durch den Steinbogen am Eingang, wo ein paar Fans nach Autogrammen fragten. »Der Daum, der Daum!«, riefen sie hektisch durcheinander, aber ich nahm ihre Rufe kaum wahr und unterschrieb wie in Trance. Tage später redete Artzinger-Bolten davon, dass ein Vertrauensbruch der Grund für die Trennung von mir war. In diesem Moment aber verdrängte die Schockstarre in meinem Körper all meine Fragen. Ich flüchtete ein paar Kilometer mit dem Auto, Hauptsache weg vom Hotel. Ich parkte den Wagen auf einem Feldweg mitten im

Nirgendwo. Um mich herum erstreckte sich die schönste Natur mit Bergen und Seen, aber ich sah sie nicht. Meine Hände klammerten sich ans Lenkrad, als die Tränen kamen. Fast eine halbe Stunde lang heulte ich im Auto wie ein Schlosshund. Auf einem Feldweg irgendwo in Italien. Für mich brach eine Welt zusammen, der FC war sie gewesen.

Moët, MV und Meisterschale

VfB Stuttgart, 1990–92

Ich zog mich zurück auf die Bühlerhöhe. Für ein paar Tage wollte ich niemanden sehen oder hören, nur spazieren gehen. Die deutsche Nationalmannschaft war gerade Weltmeister geworden. Bodo, Litti, Paul und Icke, meine Jungs, sie alle hatten nach dem 1:0 im Finale gegen Argentinien den goldenen Pokal in den Händen gehalten. In mir kam keine Freude auf. Stattdessen wanderte ich durch den Schwarzwald und stellte mir immer und immer wieder dieselbe Frage: Was mache ich denn jetzt?

Der Erste, der mich aus meinen Gedanken riss, war Felix Magath. Ein paar Wochen nach meiner Rückkehr aus dem Schwarzwald rief er mich an. Felix war im Sommer 1990 Manager beim Bundesligisten Bayer Uerdingen geworden, ausgerechnet Bayer, war meine erste Reaktion – aber immerhin nicht Leverkusen. Wir trafen uns in seiner Wohnung in Düsseldorf-Niederkassel. Zu dieser Zeit war Felix noch lange nicht der Quälix, zu dem die Medien ihn viele Jahre später wegen seiner harten Trainingsmethoden machen sollten. Bei ihm zu Hause lag nicht mal ein Medizinball rum. Felix war 37, genau wie ich, er trat nicht auf wie der Obermacker und zeigte ernsthaftes Interesse an mir. Trotz eines ziemlich lukrativen Angebots hatte ich kein gutes Gefühl. Die Pläne des Vereins überzeugten mich nicht. Wir gaben uns nach dem Gespräch die Hand, ein paar Tage später sagte ich Felix ab.

Dennoch kam etwas in Fahrt. Die Angebote flatterten mir zwar nicht stapelweise ins Haus, aber die Zahl der Anrufe nahm zu. Es fühlte sich gut an, weil es mir zeigte, dass ich trotz des Abschiedstheaters in Köln weiterhin gefragt war. Ich spazierte deswegen nicht mit breiter Brust herum und hielt mich für den Allergrößten, im Gegenteil: Ich wusste nicht, was kommen würde, ich war schließlich das erste Mal ohne Job. Außerdem blieb mein mysteriöser Rauswurf beim FC den meisten ein Rätsel. Sportlich war es wunderbar gelaufen, also kursierten allerhand Gerüchte über die genauen Gründe. Ich musste gewissermaßen meinen Marktwert ausloten.

Ursula ging ich ziemlich auf den Keks. An unserem Haus in Hürth-Efferen gab es nichts mehr zu renovieren, den Rasen konnte ich auch nicht jeden Tag mähen. Es wurde Herbst, und ich verstand schnell, dass in dieser Jahreszeit nicht nur die Blätter, sondern auch die ersten Trainer fallen. An einem Sonntagabend, dem 18. November 1990, klingelte unser Telefon. Ich kann mich heute noch an dieses dumpfe Lachen am anderen Ende der Leitung erinnern. »Spreche ich da mit dem Lautsprecher vom Rhein?«, sagte der Anrufer, und ich fragte mich im ersten Moment: Hat der sie noch alle? Was ist das denn für ein Spinner in der Leitung? Wenige Sekunden später wurde mir klar, wer dran war. Es war Gerhard Mayer-Vorfelder, Präsident des VfB Stuttgart, Kultusminister von Baden-Württemberg, eine richtig große Nummer. Ich wartete ab. »Wir werden uns morgen von unserem Trainer Willi Entenmann trennen«, sagte er. »Einer der Wunschkandidaten für seine Nachfolge sind Sie.« Dann fragte er, ob wir uns treffen könnten. »Sie können gerne nach Köln kommen«, antwortete ich. Das war vielleicht ein bisschen forsch, aber nach der Begrüßung fühlte ich mich herausgefordert. Wollen wir doch mal sehen, dachte ich, wie ernst es der VfB tatsächlich meinte. Wieder hörte ich dieses Lachen, das so langsam durch den Hörer plätscherte wie die Tropfen aus einem nicht richtig abgedrehten Wasserhahn. »Das ist ja typisch Daum«, meinte Mayer-Vorfelder und bat mich erneut, nach Stuttgart zu kommen. Er sagte sogar sehr nett Bitte, und letztlich willigte ich ein. In gewisser Hinsicht imponierte es mir, dass er sich persönlich gemeldet hatte. Ich deutete das als konkretes Interesse. Jemand wie Mayer-Vorfelder hätte ja auch einen Assistenten vorschicken können.

Schon am nächsten Tag fuhr ich nach Stuttgart. Ich war um neun Uhr abends am Parkplatz unter dem Fernsehturm in Degerloch mit VfB-Manager Dieter Hoeneß verabredet. Ich weiß noch, wie finster es dort war, ich erkannte fast nichts außer ein paar Bäumen, nur die spärlichen Lichter des über zweihundert Meter hohen Fernsehturms leuchteten weit über uns. Hoeneß wartete bereits in seinem Porsche. Ansonsten war weit und breit kein Mensch zu sehen. Wir begrüßten uns kurz und förmlich, Dieter war ja Ulis Bruder, darum hielt ich mich erst mal zurück. Wir folgten ihm die Weinsteige hinunter in Richtung Bad Cannstatt, nach rund einer halben Stunde erreichten wir das Haus von Mayer-Vorfelder. Seine Frau öffnete die Tür, er selbst war noch gar nicht da. Wir setzten uns an den Tisch im Esszimmer, ich sagte nicht viel. Stattdessen schaute ich mich ein wenig im Haus um. Von meinem Platz aus erkannte ich das Kaminzimmer, man musste vom Esstisch aus nur zwei, drei Stufen runtergehen. Dahinter gab es ein großes Panoramafenster, durch das man tagsüber wahrscheinlich einen tollen Ausblick haben würde, jetzt war alles schwarz.

Gerhard Mayer-Vorfelder kam erst gegen halb zwölf. Wir standen auf, als er mit Mantel, Anzug und Krawatte zur Tür reinkam. Er entschuldigte sich für die Verspätung, dann grinste er und schenkte Hoeneß und mir erst mal ein Gläschen Moët-Champagner ein. Er hielt ein bisschen Small Talk mit Hoeneß, ich saß nur da und beobachtete die beiden. Nach einer Weile sagte Mayer-Vorfelder zu seiner Frau: »So, jetzt lassen wir die beiden Protagonisten mal über die Vertragsmodalitäten sprechen.« Er nahm sein Glas und ging mit ihr runter ins Kaminzimmer, Hoeneß und ich blieben am Esstisch zurück. Der Vertragspoker konnte beginnen.

Wenn der VfB mich wirklich wollte, würde Hoeneß mir nun ein großzügiges Angebot machen. Als er mir dann seinen Vorschlag unterbreitete, hätte ich fast den Schampus ausgespuckt. So also ließ sich schwäbische Sparsamkeit in Zahlen ausdrücken. Der VfB wollte mir im Monat etwas weniger als 20 000 Mark zahlen, das war natürlich eine Menge Geld, aber in Köln hatte ich zuletzt 27 500 verdient. Ich bezeichne das Trainergehalt gern als Schmerzensgeld, und ich wollte mich zumindest wieder in der Nähe meines letzten Einkommens bewegen. Ich war ja schließlich kein Däumling mehr. Hoeneß dagegen schilderte ausführlich die schwierige finanzielle Lage des VfB und dass es nicht mal Geld für neue Spieler gäbe, auch im Winter nicht. Dafür war ich extra nach Stuttgart gefahren? Ich verlor die Geduld, brach das Gespräch ab und ging runter zu Mayer-Vorfelder ins Kaminzimmer. Er hatte die Beine übereinandergeschlagen und lehnte völlig entspannt mit seinem Champagner im Sessel. »Herr Präsident, das hätten Sie mir gleich am Telefon sagen können, dass Sie keinen Trainer suchen, sondern einen Sponsor!«, polterte ich. Wie gesagt, ich kann ziemlich impulsiv sein, und durch dieses Angebot fühlte ich mich provoziert. Mayer-Vorfelder ließ sich von meinem kleinen Ausbruch nicht aus der Ruhe bringen. Er zuckte nicht mal mit der Wimper. Den kann wohl nichts mehr schocken, dachte ich. Er blickte Hoeneß an: »Wo können wir denn an den Zahlen noch was machen?«

Es war eigenartig, denn obwohl ich mich herausgefordert fühlte, machte seine pragmatische Art Eindruck auf mich. Er ließ meine Impulsivität einfach ins Leere laufen. Ruhig schlug er vor, mein Grundgehalt auf 22 000 Mark pro Monat zu erhöhen, darüber hinaus bot er mir alle möglichen Prämien an. Sollte ich den Zuschauerschnitt auf 28 000 Fans pro Spiel steigern, würde ich am Ende der Saison 20 000 Mark kassieren. Außerdem versprach er mir zusätzliche 100 000 Mark, wenn ich den VfB noch in den UEFA-Cup führen würde. Damit hatte er mich an der Angel, denn diese Herausforderung gefiel mir natürlich. Der VfB stand nach vierzehn Spielen auf dem 15. Platz, kein Mensch setzte einen Pfennig darauf, dass er es noch in den Europacup schaffen würde. Ich liebte solche Spielchen, weil sie mich reizten, sie weckten meinen Ehrgeiz. Man konnte mich für bekloppt halten, weil fast alles gegen Stuttgart sprach: Die Tabellensituation, das geringere Grundgehalt, die Prämien schienen unerreichbar. »Du wirst doch wohl nicht ins Schwabenland gehen?«, hatte Ursula von Anfang an gesagt. Trotz allem hätte ich mich kaum wacher fühlen können, als ich Mayer-Vorfelder mitten in der Nacht die Hand schüttelte und ihm meine Zusage gab. Ich wollte es allen zeigen. Wir stießen mit einem weiteren Gläschen Moët darauf an. Am nächsten Morgen rief mich meine Frau an und fragte: »Hast du einen Vertrag unterschrieben?« Ich beschrieb die Abläufe der letzten Nacht und sagte nur: »Ich würde es eher einen Lottoschein als einen Vertrag nennen.«

Für die Mannschaft muss ich ein Kulturschock gewesen sein. Entenmann war ein höflicher und zurückhaltender Schwabe. Er war sogar häufig mit dem Fahrrad zum Training gekommen, und Mayer-Vorfelder hatte mir bereits erklärt, dass diese Bodenständigkeit hier ganz besonders gut angekommen war. Ich hatte zwar nichts gegen Fahrräder, aber klar war auch, dass ich sicher vieles war, aber kein Radfahrer. Zwei Tage nach meiner Zusage leitete ich das erste Training. Als ich die Spieler sah, war ich fassungslos. Die Mannschaft war völlig leblos, ganz nach dem Motto: Aus einem traurigen Arsch kommt kein fröhlicher Furz. Dabei standen da großartige Spieler vor mir. Guido Buchwald war erst vor ein paar Monaten mit der Nationalmannschaft Weltmeister geworden, Maurizio Gaudino kannte ich als feinen Techniker, und dann hatte der VfB noch diesen Ausnahmespieler mit den roten Haaren: Matthias Sammer. Sie schlichen alle herum wie die traurigsten Gestalten, eigentlich hätte man auf dem Trainingsplatz noch Grabsteine aufstellen müssen, das hätte zur Stimmung gepasst. Die Situation war, alles in allem, perfekt für mich.

Nach fast fünf Monaten ohne Job war mein Akku wieder voll aufgeladen. Ich wollte diese Mannschaft wachrütteln und mitreißen, sodass ihnen gar keine Zeit blieb, über den bisherigen Saisonverlauf nachzudenken. Ich fing an, sie zu stressen. Direkt zu Beginn schraubte ich die Intensität des Trainings hoch: Ich ließ sie Mittwoch, Donnerstag und Freitag laufen, und das mehrfach. Das war nur das Aufwärmprogramm, danach kamen natürlich noch Übungen mit dem Ball. »Was zum Teufel!«, brüllte Sammer irgendwann. Er war ein genialer Kicker, nur die Laufarbeit ohne Ball war nicht seine Sache. Sein Gemecker interessierte mich nicht. Stattdessen stachelte ich die Jungs immer wieder an, auch wenn sie zum Teil völlig erschöpft an mir vorbeitrabten: »Ab jetzt hält uns keiner mehr auf! Wir rennen alles in Grund und Boden!«

Ich hatte meinen Co-Trainer Lorenz-Günther Köstner direkt zu Beginn gebeten, die besten Spieler aus der Amateurmannschaft hochzuziehen. Er brachte dann unter anderen einen Isländer namens Eyjolfur Sverrisson mit, wegen seines komplizierten Vornamens nannte ihn jeder nur Jolly. Er war ein Segen für mich. Jolly war zwar nicht gerade ein Filigrantechniker, dafür brachte er Feuer rein – und diese Mannschaft brauchte Feuer. Er rannte wie ein Irrer, grätschte und attackierte, und das war ganz nach meinem Geschmack. Als die Einheiten vorbei waren, schnappte ich mir die Spieler zum Einzelgespräch. Wenn ich die Wende herbeiführen wollte, musste ich in ihre Köpfe, um zu erfahren, wie sie ticken und was zuletzt alles schiefgelaufen war. Manche von ihnen machten auf mich den Eindruck, als ob ihnen lange Zeit überhaupt niemand mehr zugehört hätte. Der Erfolg aber beginnt im Kopf und im Herzen, denn nur was das Herz bewegt – bewegt. Nur wenn man in die Köpfe der Spieler kommt und ihre Herzen gewinnt, wird jeder an sein Limit gehen. Davon war ich überzeugt.

Ich fühlte mich so lebendig wie schon lange nicht mehr, das hier war kein Rasenmähen, sondern Adrenalin pur. Ich brannte. Denn mein erster Gegner am Samstag, 24. November 1990, war – ausgerechnet – der 1. FC Köln. Und wer war – ausgerechnet – seit ungefähr zwei Monaten dort wieder Sportdirektor? Genau, Udo Lattek. »Jetzt geht die Saison erst richtig los. Die Zuschauer werden einen neuen VfB sehen«, kündigte ich an.

»Großmaul Daum auch in Stuttgart geschwätzig«, schrieb die Deutsche Presse-Agentur. Den schwäbischen Journalisten muss ich am Anfang wie eine Kreatur aus einer fremden Welt vorgekommen sein. Hätte ich mich etwa zurückhalten sollen? Ich wusste, dass Udo die FC-Spieler bis unter die Haarspitzen heißmachen würde. Angeblich klebte er kurz vor dem Anpfiff fiktive Sprüche von mir an den Spind jedes Spielers. Am Spind von Frank Greiner soll beispielsweise folgende Aussage gehangen haben: »Der hat eine Ballallergie!« Ich habe das nie gesagt, aber Udo war clever. Und seine Spielchen zeigten Wirkung. Nicht nur Greiner war heiß wie Frittenfett. Er und die anderen FC-Spieler wollten es mir zeigen.

Zur Halbzeit lagen wir 0:1 zurück, und der Schiedsrichter hatte die Partie gerade wieder angepfiffen, da ging der FC mit 2:0 in Führung. In diesem Moment herrschte auf dem Platz und den Rängen eine Stimmung wie auf dem Zentralfriedhof von Chicago. Ich wünschte mir, die Erde würde aufgehen, damit ich verschwinden könnte. Einige Fans pfiffen gegen Mayer-Vorfelder, der in ihren Augen dafür verantwortlich war, dass der beliebte Entenmann seinen Rücktritt eingereicht hatte. Nichts sprach mehr für uns, doch waren das nicht genau die Situationen, die ich liebte? Ich schüttelte mich kurz, raffte mich auf und brüllte eine Parole nach der anderen aufs Spielfeld: »Jetzt erst recht!«, »Weiter, weiter!«, »Jetzt kommen wir zurück!«, solche Sachen.

Ich hatte Jolly direkt in die Startelf gestellt, und zumindest er rannte schon wieder wie ein Irrwisch jedem Ball hinterher. Er gab mir Zuversicht. Kurz darauf kam er tatsächlich nach einer Flanke im Kölner Strafraum mit dem Kopf vor dem herauseilenden Bodo Illgner an den Ball, die Kugel flog zu unserem Stürmer Ludwig Kögl – und Wiggerl hämmerte ihn ins Netz. Ich erlebte dieses traumhafte Tor wie einen Stromschlag; wenn ich vorher nicht aufgeladen war, war ich es spätestens jetzt. Und es wurde noch besser. Die Kölner schienen plötzlich völlig von der Rolle. Nur zwei Minuten später nutzte Sammer ein Missverständnis zwischen Bodo und Falko Götz zum 2:2. Jetzt fühlte ich mich in meinem Element. Ich ruderte draußen mit den Armen, schrie und gestikulierte, und ich sehe heute noch genau vor mir, wie sich meine ehemaligen Trauergestalten zu einer weißen Welle mit Brustring formierten. Jetzt drohte diese Welle den FC zu überrollen. Wir wollten mehr.

Die Kölner sehnten den Abpfiff herbei, während wir von den Toten auferstanden waren. Als Andi Buck in der 69. Minute eine scharfe Flanke in den Kölner Strafraum schlug, hielt für wenige Sekunden das ganze Stadion den Atem an. Am zweiten Pfosten lauerte Karl Allgöwer, ausgerechnet Allgöwer, den ich vor dem Spiel vom Libero zum Stürmer umfunktioniert hatte. Als ich ihm das mitgeteilt hatte, schaute er mich im ersten Moment so verdutzt an wie Morten damals. Und jetzt stand Karl genau richtig, der Ball segelte in seine Richtung, er nahm ihn mit dem Kopf, und dann – zack! –, er wuchtete ihn ins Tor. Das ganze Stadion bebte. Mein Körper vibrierte, ich hüpfte vor Freude auf und ab wie ein Flummi. Wir brachten das Ergebnis über die Zeit, und nach dem Abpfiff war ich fix und fertig. In den Katakomben entdeckte ich Udo. Er versuchte zu grinsen, so wie immer, aber diesmal war es ein gequältes Lächeln. »Scheint so, als hättest du tatsächlich etwas von mir gelernt«, sagte er.

Es geriet etwas in Gang. Im Fußball ist es manchmal herrlich banal, ein einziges Spiel kann die Stimmungslage drehen. Dieser Sieg jedenfalls wirkte wie ein Zaubertrank. Plötzlich ging ein

Guido Buchwald wieder aufrecht, sogar Matthias Sammer zeigte ein Lächeln. Zumindest manchmal. Es war kompliziert mit ihm. Matthias machte kein Geheimnis daraus, wie sehr ihn die Laufarbeit ankotzte. Ich hielt die Intensität des Trainings trotzdem hoch. Mein Eindruck war, dass die Mannschaft im ständigen Regenerationsmodus unterwegs gewesen war. Dementsprechend war ihr Fitnesszustand. Daher überforderte ich sie ständig, körperlich und gedanklich. Wir trainierten zweimal täglich mit langen Läufen die Grundlagenausdauer, erst danach ließ ich sie mit dem Ball spielen. Während die Mannschaft ihre Runden drehte, trottete Matthias meistens als Letzter hinterher. Er war ein außergewöhnlicher Fußballer, doch es kam der Moment, in dem ich die Geduld mit ihm verlor. Für sein Fehlverhalten ließ ich die gesamte Mannschaft weitere Strafrunden drehen. »Ich sehe es nicht ein, dass wegen mir die ganze Mannschaft noch mal laufen muss!«, motzte er. Ich antwortete ihm deutlich: »Wir sind eine Mannschaft, und wir erledigen das gemeinsam!« Es wäre fatal gewesen für meine Glaubwürdigkeit und den Teamgedanken, hätte ich ihn beim Laufen ausscheren lassen. Du kannst die besten Einzelspieler haben, aber was bringt es dir, wenn alle in eine andere Richtung laufen? Genau darin lag für mich der Schlüssel beim VfB. Die Mannschaft wirkte zu Beginn nicht fit, und sie lief durcheinander.

Neben den regelmäßigen Laufeinheiten etablierte ich ein weiteres Ritual: Wir gingen regelmäßig zusammen aus. Meistens zogen wir nach unseren Heimspielen los, dann gingen wir etwas essen, und wer wollte, trank ein paar Bier. Es lauerten noch nicht an jeder Ecke Fotografen, es gab auch noch keine Smartphones, vor denen man sich fürchten musste. Unser Ur-Bayer Wiggerl Kögl lud die Mannschaft alle paar Wochen nach dem Auslaufen am Sonntag noch zum Weißwurstfrühstück ein, Weißbier inklusive. Aber Matthias trank nichts. Bei solchen Dingen verhielt er sich wie ein Asket. Er war zwar lauffaul, ansonsten war seine Einstellung jedoch vorbildlich, und er erwartete, dass sich jeder andere ebenfalls wie ein Musterprofi benahm. Als wir in der Winterpause im Januar 1991 ein Trainingslager in Brasilien bezogen, organisierte der Veranstalter für die Mannschaft einen schönen Abschlussabend mit Musik, Freigetränken und ein paar Stripperinnen. Meine Ansage lautete: »Nur anschauen – nicht anfassen!« Die Jungs hatten auf jeden Fall einen Riesenspaß, nur Matthias flippte aus: »Wie kann man so was machen?!«

Er war eine ständige Herausforderung. Matthias akzeptierte Entscheidungen nicht einfach, er fragte nach. Er war seiner Zeit schon damals weit voraus. Er war ein hochintelligenter Spieler und interessierte sich für das Wieso und Weshalb. Er stellte mich immer wieder auf die Probe. Aber wenn ich auf meine über dreißig Jahre als Trainer zurückblicke, erlebte ich eigentlich nie einen genialen Fußballer, der nicht gleichzeitig auch kompliziert war. In Köln hatte ich es in extremer Form ja schon mit Harald erlebt. In Leverkusen arbeitete ich später mit Michael Ballack oder Emerson, die waren auch alles andere als einfach. Roberto Carlos, den ich bei Fenerbahçe trainierte, gehörte ebenfalls nicht in die Kategorie pflegeleicht. Heute glaube ich, dass es im Spitzenbereich die große Kunst eines Trainers ist, den schmalen Grat des richtigen Umgangs mit solchen Ausnahmespielern zu finden, ohne dass die Mannschaft darunter leidet. Bei Matthias gelang es mir, wir entwickelten ein enges Verhältnis. Er sah schließlich ein, dass die gemeinsamen Abende nur dem Mannschaftserfolg dienten. Und dieser stand für ihn über allem.

Obwohl wir zu einer verschworenen Gemeinschaft zusammenwuchsen, fühlte ich mich nicht richtig heimisch. Das lag nicht an den Spielern, sondern weil ich oft alleine war. Ich hatte eine Wohnung in Stuttgart-Münster bezogen, aber Ursula wohnte mit den Kindern – Marcel hatte mittlerweile eine Schwester, Janine, bekommen – immer noch in unserem Haus in Efferen. So konnte es nicht weitergehen. Außerdem blieben die Schwaben auf Distanz zu mir, ich schien nicht ihr Typ zu sein. Mit meinem Großmaul-Image kamen sie nicht klar, und ich wurde nicht richtig warm mit ihrer steifen Art. Sie wirkten auf mich so locker wie ein Kleiderbügel im Jackett.

Mitten in dieser Stimmungslage parkte im Frühjahr 1991 ein Wagen vor meiner Wohnung. Als der Fahrer ausstieg, erkannte ich ihn sofort an seiner Körperfülle. Kurz darauf klingelte Reiner Calmund, der zum Manager von Bayer 04 Leverkusen aufgestiegen war, an meiner Tür. »Pass op«, sagte er im Wohnzimmer. »Wir wollen dich für die nächste Saison als Trainer verpflichten.« Im ersten Moment hielt ich seine Offerte für einen schlechten Scherz. Ich und Bayer 04? Niemals würde ich zu diesem Verein gehen, das hatte ich mir geschworen! Andererseits war Reiner extra nach Stuttgart gefahren, was ich als Zeichen großer Wertschätzung empfand. Außerdem würde Ursula es sicher großartig finden, sollte ich in die Heimat zurückkehren. Dann wäre ich wieder näher bei den Kindern. All diese Gedanken schwirrten durch meinen Kopf. Ich bat Reiner um etwas Bedenkzeit.

Ich redete mit niemandem darüber, trotzdem sickerte es bis zu Mayer-Vorfelder durch, dass es eine Anfrage aus Leverkusen gab. Er lud mich wieder zu sich nach Hause ein. Erst mal gab es Moët. Ein Glas, zwei Gläser, drei Gläser – dann hatte ich genug von dem Zeug. Mayer-Vorfelder schien einen unerschöpflichen Vorrat davon zu haben. Dazu rauchte er immer seine Roth-Händle-Zigaretten ohne Filter. Manchmal bot er auch mir eine an. »Lassen Sie uns mal eine Aktive rauchen«, meinte er dann. Aus Höflichkeit rauchte ich am Anfang hin und wieder eine mit. Die Dinger waren so stark, dass ich das Gefühl hatte, ein Torpedo würde durch meine Lunge pflügen. Wir plauderten über belanglose Dinge. Diesmal war seine Frau nicht dabei, dafür saß Günther Oettinger mit am Tisch. Damals war Oettinger gerade zum Vorsitzenden der CDU-Landtagsfraktion in Baden-Württemberg aufgestiegen. Dass er später Ministerpräsident und EU-Kommissar würde, konnte man nicht erahnen. Günther, den ich überaus schätze, lauschte wie ich den Anekdoten von Mayer-Vorfelder, bis dem Präsidenten irgendwann auffiel, dass ich keinen Moët mehr trank. »Ich bin eigentlich Biertrinker«, gestand ich. »In Ordnung«, sagte Mayer-Vorfelder und schaute Oettinger an. »Würdest du bitte mal kurz zur Tankstelle fahren und unserem Trainer Bier holen?« Für Günther war das kein Problem, er war selbst Biertrinker.

Als Oettinger unterwegs war, beugte Mayer-Vorfelder sich in seinem Sessel nach vorne zu mir. Er wusste alles über den Besuch von Calmund, er ahnte, dass ich noch nicht in Stuttgart angekommen war. Er schwärmte davon, wie begeistert die Mannschaft von mir sei, wie es mir in wenigen Monaten gelungen sei, sie zu einer Einheit zu formen. Er schmierte mir Honig um den Mund. Das gefiel mir, seine Worte berauschten mich. So was hatte noch nie ein Präsident zu mir gesagt. Trotzdem weiß ich bis heute nicht, welcher Logik oder welchen Gedanken ich folgte, als wir mitten in der Nacht vor dem Kamin per Handschlag eine zweijährige Verlängerung meines Vertrags beschlossen. Kurz darauf kam Oettinger mit dem Bier zurück, und wir stießen gemeinsam darauf an.

Wir spielten nach der Vertragsverlängerung die Gegner schwindelig. Es lief unglaublich: Dreizehn Spiele in Folge blieben wir in der Bundesliga ungeschlagen. Wir gingen unter der Woche regelmäßig zusammen essen, und am Wochenende gewannen wir die Spiele. Am drittletzten Spieltag demütigten wir den FC im eigenen Stadion und gewannen 6:1, und was soll ich sagen: Als ich nach dem Spiel die Gesichter der Kölner Führungsclique sah, war das ein unfassbares Gefühl. Wir schlossen die Saison auf dem sechsten Platz ab, was für Mayer-Vorfelder bedeutete, dass Zahltag war. Denn der sechste Rang reichte für den UEFA-Cup, da – ausgerechnet – der FC das DFB-Pokalfinale gegen Bremen verlor. Wir hatten es tatsächlich geschafft, und ich drehte vor

Freude fast durch, als die Sonderprämie auf meinem Konto einging. Außerdem kam noch ein weiteres Sümmchen hinzu, denn der Zuschauerschnitt hatte sich deutlich erhöht.

Ich wusste, dass mit dieser Mannschaft noch mehr möglich war. Wir waren noch nicht am Ende unserer Entwicklung. Passenderweise bezogen wir vor der Saison 1991/92 ein Trainingslager in den Schweizer Bergen auf einem Gelände, das »End' der Welt« hieß. Das gefiel mir. Hier gab es nichts außer Bergen und Bäumen, wir konnten uns also auf uns und das Training konzentrieren. Die Stimmung war super, und am Ende der Vorbereitung trat ich vor die Mannschaft. »Ihr habt gesehen, dass wir es von der Abstiegsregion in den UEFA-Cup geschafft haben«, sagte ich. »Keiner hat uns das zugetraut! Nennt mir einen Grund, warum wir in der nächsten Saison nicht Meister werden sollten?!« Sie schauten mich mit großen Augen an. Einige murmelten vor sich hin, niemand sagte etwas. Sie waren völlig perplex und blickten mich an wie Schuljungen ihren strengen Lehrer. »Okay«, sagte ich schließlich, nachdem immer noch niemand geantwortet hatte. »Unser Ziel ist es, Meister zu werden.«

Ich strebte nach dem Maximum, weil ich das Optimum erreichen wollte. Das lag einfach in meinem Wesen, es war mein Motto: Immer am Limit! Ich wusste, dass es auf dem Papier bessere Mannschaften in der Bundesliga gab, außerdem hatten wir kein Geld für Verstärkungen. Andererseits hatte ich gesehen, was mit dieser Mannschaft drin war. Und wenn ich keinen Optimismus vorleben würde, wer dann? Hätte ich nach dieser Rückrunde den Klassenerhalt als Ziel ausgeben sollen? Ich wollte die Mannschaft anstacheln, sie herausfordern. Und es ging äußerst beschissen los.

Wir verloren am ersten Spieltag mit 0:1 beim MSV Duisburg, einem Aufsteiger, und das war natürlich ein schwerer Dämpfer. Ich blieb trotzdem forsch, aber nur der Mannschaft gegenüber, denn vereinsintern hatten wir vereinbart, offiziell vom UEFA-

Cup als Ziel zu reden. Alles andere wäre für den schwäbischen Geschmack ohnehin zu großspurig gewesen. Also gaben wir den Zeitungen oft eine allgemeine Zielsetzung, dass wir nur von Spiel zu Spiel denken, dass wir immer das nächste Spiel gewinnen wollten und solches Zeug, typisches Geschwafel. Tiefstapeln ist eine schwäbische Tugend, an die sich alle hielten, Spieler, Trainer und die Vereinsführung. Jeder im Verein konnte sich auf den anderen verlassen, und das ist ein Gefühl, das ich im Fußball nicht oft erlebte. Nach dem ganzen Theater um meinen Rauswurf in Köln spürte ich ein großes Vertrauen vonseiten der Vereinsführung. Ich musste nicht mehr auf jedes Wort aufpassen, stattdessen ließ Mayer-Vorfelder mich machen. Das Wichtige dabei: Er ließ mich nie allein. Wenn ich ihn brauchte, war er da, und das gab mir Sicherheit. Nach den Heimspielen trafen wir uns oft in seiner Loge. Da saßen dann wichtige Sponsoren, wir plauderten über Fußball, Gott und die Welt, und dazu schenkte Mayer-Vorfelder Moët aus. Hier nannten ihn alle nur MV, auch ich gewöhnte mich daran. An den Schampus dagegen gewöhnte ich mich nie. Damit ich mich heimisch fühlte, installierte er extra ein Fass Kölsch im VIP-Raum. Das brachte die Dinkelacker-Brauerei zwar kurzzeitig auf die Palme, denn Dinkelacker war einer der wichtigsten Sponsoren des VfB. Aber MV scherte sich nicht darum, er war der Chef, und ihm ging es um Geselligkeit. Er wollte den Verein zu einer unerschütterlichen Einheit formen, und der Zusammenhalt begann für ihn im VIP-Raum, wo er regelmäßig die Entscheider versammelte. Nach und nach entwickelte ich so auch zu unserem Manager Dieter Hoeneß ein freundschaftliches Verhältnis.

Auch privat lief es immer besser. Ursula war mit den Kindern endlich zu mir gezogen, wir hatten ein nettes kleines Haus in Weinstadt-Endersbach gefunden. Manchmal kam MV unangemeldet am späten Abend bei mir zu Hause vorbei, um ein wenig zu plauschen. Aber er redete mir nie in meine Arbeit rein. Und wenn es mal schlecht lief wie im Herbst 1991, als wir überraschend aus dem DFB-Pokal und dem UEFA-Cup ausschieden, meldete er sich nicht mit Kritik oder markigen Worten, sondern stets mit der Frage: Wie kann ich helfen? Er brachte mir ein unerschütterliches Vertrauen entgegen, und das ließ mich auch nach Rückschlägen in Ruhe weiterarbeiten. Denn bei allem Optimismus, den ich der Mannschaft vorlebte, blieben Zweifel meine ständigen Wegbegleiter. Nach Niederlagen grübelte ich zum Teil die ganze Nacht darüber, was ich falsch gemacht hatte, und fragte mich, was ich besser machen konnte? Mein hohes Anspruchsdenken war oft mein größter Gegner. Ich bin mir selbst gegenüber noch heute ziemlich unnachgiebig. Aber das behielt ich für mich.

Zum Glück setzten wir uns in der Bundesliga nach dem schlechten Start in der Spitzengruppe fest, was viel mit dem erstarkten Selbstbewusstsein und der guten Stimmung im Verein zu tun hatte. Es lief sogar so gut, dass in den Medien Berichte auftauchten, wonach ich bei den Bayern im Gespräch sei. Ganz ehrlich, das waren Märchengeschichten, Uli Hoeneß hat sich während meiner gesamten Karriere diesbezüglich nie bei mir gemeldet. Tatsache war, dass wir die Bayern abgehängt hatten, zumindest in dieser Saison. Selbst das M-Wort ließ sich irgendwann nicht mehr vermeiden.

Es wurde Frühjahr, und wir blieben neun Spiele nacheinander unbesiegt. Jetzt sprudelte es aus mir heraus. »Wir wollen die Deutsche Meisterschaft und nicht den Alfons-Pech-Pokal«, sagte ich. Wir lieferten uns einen Dreikampf mit Borussia Dortmund und Eintracht Frankfurt, manche meinten, dass es in der Bundesliga noch nie so spannend zugegangen sei. Die Bayern spielten eine desolate Saison, und wer von uns dreien jetzt nicht die Schale wollte, was wollte er denn dann? Trotzdem war ich wenig später mal wieder der Depp, als wir am vorletzten Spieltag nicht über ein Unentschieden gegen Wattenscheid hinauskamen. Wir waren nun punktgleicher Zweiter hinter der Eintracht, die das deutlich bessere Torverhältnis hatte und am letzten Spieltag bei den so gut wie abgestiegenen Rostockern antreten musste. Wir dagegen spielten in Leverkusen, für die es noch um den Einzug in den UEFA-Cup ging. Bei den Schwaben tendierte die Hoffnung gegen null. Nicht mal den Rathausplatz, wo der VfB 1984 seine letzte Meisterschaft gefeiert hatte, hielten sie für die mögliche Meisterfeier frei. Dort war bereits ein Flohmarkt angemeldet.

Ich wollte die Mannschaft aus diesem pessimistischen Umfeld rausholen. Wir reisten bereits am Donnerstag nach Nordrhein-Westfalen und zogen für eine Nacht in die Sportschule Hennef. Am Nachmittag machten wir ein aggressives Kleinfeldspiel, bei dem ich selbst mitkickte. Ich erinnerte mich an meine Zeit als Manndecker und bewachte unseren Edeltechniker Gaudino. Ich trat ihm permanent auf die Füße oder hielt ihn am Trikot, bis er irgendwann völlig genervt war. »Meine Güte, was soll das denn?«, fragte er. »Stell dich nicht so an!«, sagte ich. »Am Samstag steht dir auch einer auf den Füßen, da musst du dann gegenhalten!« Gleichzeitig wollte ich nicht, dass die Spieler beim Gedanken an das Spiel in Leverkusen verkrampften. Nach dem Training sagte ich den Jungs, dass wir uns am Abend in einem bestimmten Raum in der Sportschule treffen würden. Die hatten keine Ahnung, dass es sich dabei um die Kegelbahn handelte, aber als schließlich alle eingetroffen waren, musste ich nicht mehr viel machen. Ich stellte eine Kiste Bier auf den Tisch und ließ sie in verschiedenen Wettbewerben gegeneinander antreten. Selbst Matthias war begeistert, es ging schließlich um einen Wettbewerb, da war er immer dabei. Wir hatten den ganzen Abend einen Heidenspaß, ich redete kein Wort von der Schale, auch wenn sie permanent in meinem Kopf herumgeisterte.

Ich wollte nichts unversucht lassen. Ich hatte meinen ehemaligen Co-Trainer Roland Koch sogar nach Rostock geschickt. Sein alter Kumpel Erich Rutemöller war dort Trainer, und Roland sollte ihn noch mal richtig heißmachen. Roland rief mich abends auf meinem Zimmer in der Sportschule an: »Die Rostocker sind so was von motiviert! Ich bin sicher, dass die alles raushauen werden gegen Frankfurt!« Das war nicht alles, Roland hatte auch die Eintracht ein bisschen ausspioniert: »Du kannst dir nicht vorstellen, was bei den Frankfurtern abgeht! Die sind hier schon mit einer Meistertorte empfangen worden! Die glauben offenbar, dass sie die Schale schon sicher haben! Ihr müsst nur in Leverkusen gewinnen, dann seid ihr Meister!« Je näher das Spiel rückte, desto mehr glaubte ich an die Meisterschaft. Das war typisch, denn genau dann fühlte ich mich am stärksten: Wenn alles gegen mich sprach.

Im Stadion spürte ich die Anspannung. Über 20 000 Menschen waren gekommen, und für die meisten von ihnen würde es nichts Schöneres geben, als mich vor Frust weinen zu sehen. Die Leverkusener sahen mich noch immer als Kölner an, ich konnte ihnen das schlecht verübeln. Es lärmte von den Rängen, und in meinem Körper baute sich wieder diese Spannung auf. Das Spiel ging verhalten los, es war mehr ein Abtasten. Doch nach nicht mal zwanzig Minuten schlug der Blitz ein. Unser Libero Slobodan Dubajić landete im Strafraum mit der Hand auf dem Ball, es gab Elfmeter, den Martin Kree sicher zum 1:0 für Leverkusen verwandelte. Bayer spielte jetzt wie entfesselt und drohte uns zu erdrücken. Meine Jungs kamen völlig aus dem Tritt, und kurz darauf wären wir fast schon weg vom Fenster gewesen, als Andreas Thom den Ball geschickt über unseren Torhüter Eike Immel lupfte. Der Ball segelte in Richtung leeres Tor, es fehlten nur noch Zentimeter. Günther Schäfer sprintete im Höchsttempo hinterher, es schien aussichtslos, doch der eisenharte Günni kratzte das Leder mit einer Art Kung-Fu-Grätsche in der Luft noch von der Linie. Dass er sich dabei nicht sämtliche Knochen brach, war ein Wunder.

Ich bin überzeugt, dass diese Aktion uns nicht nur am Leben hielt, sondern uns neues einhauchte. Wer danach nicht kapiert hatte, um was es ging, der hätte es nie kapiert. Das Spiel wurde zerfahren. Beide Mannschaften spielten wie zwei Autos, die geradewegs aufeinander zurasen: Wer als Erstes bremst, verliert. Jetzt drückten wir aufs Gas. Kurz vor der Pause spielte Matthias einen Steilpass auf Kögl, der von Christian Wörns nur mit einer Grätsche an der Strafraumkante gestoppt werden konnte. Schiedsrichter Hans-Peter Dellwing entschied auf Elfmeter. Fritz Walter nahm bestimmt zehn Meter Anlauf und hämmerte den Ball zum 1:1 ins Tor, und ich weiß noch, wie ich an der Seitenlinie ausflippte.

Fußballspiele sind nichts, was man sich vorher im Detail ausdenkt, und dann laufen sie nach Plan ab. Hätte ich den Verlauf dieses letzten Spieltags am 16. Mai 1992 vorhersehen können, hätte ich mir wahrscheinlich Herztabletten in meinen Ballonseide-Trainingsanzug gepackt.

Das Spiel in Leverkusen wurde zu einer Gratwanderung. Unser Pressesprecher hielt sich mit einem kleinen Radio über das Ergebnis in Rostock auf dem Laufenden, und als er mir Mitte der zweiten Hälfte mitteilte, dass Rostock in Führung gegangen war, ging ich in die Knie. Ich sprang sofort wieder auf und schrie das Ergebnis auf den Platz. Nur zwei Minuten später schoss Frankfurt den Ausgleich und zwang mich wieder in die Knie, diesmal vor Frust. Es kam noch dicker. Nach einem Zweikampf mit Matthias fiel Leverkusens Jorginho zu Boden, Dellwing hatte schon die Gelbe Karte in der Hand. Matthias motzte und kehrte dem Schiedsrichter mit einer abfälligen Handbewegung den Rücken zu. Dann kramte Dellwing noch mal in seinen Taschen und zückte Rot statt Gelb. Wir waren in der 78. Minute unseren besten Spieler los, und wir brauchten noch ein Tor.

In Rostock stand es immer noch 1:1, nur mit einem Sieg würden wir an Frankfurt vorbeiziehen. Ich zockte und beorderte Guido Buchwald in den Sturm, außerdem brachte ich Manfred Kastl und Jolly, denn wenn einer immer daran glaubte, dann Jolly. Dieter Hoeneß verstand die Welt nicht mehr und machte neben mir ein Riesentheater, weil ich dafür Gaudino und Walter, und damit unseren Edeltechniker und den Torschützenkönig der Bundesliga, vom Platz nahm. Zugegeben, es war ein Ritt auf der Rasierklinge. Im Poker nennt man so was »All in«. Alles schien aussichtslos, aber das wirkte magisch auf mich, und ich rannte kreuz und quer vor der Trainerbank herum. Ich weiß nicht, was meine Jungs im Kopf hatten, als sie mit einem Mann weniger von den Leverkusenern an die Wand gedrückt wurden, aber gleichzeitig ein Tor brauchten. Vielleicht ging ihnen gar nichts durch den Kopf, weil der Fußball sich, wie gesagt, manchmal einfach nicht erklären lässt. Jedenfalls flankte Wiggerl den Ball in der 86. Minute in den Strafraum, und da stand Guido, ausgerechnet Guido, er hob ab und köpfte ihn ins Tor. Ich hüpfte und tanzte, bis mir Gaudino auf den Rücken sprang und mich von hinten fast erwürgte.

Wir fühlten uns wie im Himmel. Nur wenige Minuten später wurde im Stadion bekannt, dass Rostock sogar 2:1 in Führung gegangen war, danach brachen alle Dämme. Die mitgereisten Stuttgarter Fans stürmten auf den Platz, obwohl das Spiel noch gar nicht offiziell beendet war. Dieter Hoeneß schrie: »Abpfeifen – abpfeifen!« Mit den Menschenmassen auf dem Rasen konnte das Spiel nicht fortgesetzt werden. Tatsächlich pfiff Dellwing ab. Heute würde das wahrscheinlich zu einem mittelschweren Skandal im deutschen Fußball führen. Ich explodierte vor Freude, es war so gewaltig, dass ich es kaum beschreiben kann. Als ich die Fans auf mich zuströmen sah, flüchtete ich in die Kabine.

Dort saß Matthias auf einer Matte im Duschraum und lehnte mit dem Rücken an der Wand. Er hatte sein Gesicht in den Händen vergraben, und ich weiß nicht, ob er immer noch wegen seines Platzverweises trauerte oder sich im Stillen freute, ich schüttelte ihn wie verrückt durch. »Wir sind Meister! Wir sind Meister!« Ich brüllte ihn an, aber er reagierte nicht. Er sagte kein Wort. Ich hörte, dass die anderen Spieler schon auf dem Weg zu uns in die Kabine waren, ihre Stimmen hallten durch die Katakomben, aber ich wollte für einen kurzen Moment Ruhe. Ich ließ Matthias sitzen und schloss mich auf der Toilette ein. Ich setzte mich auf den geschlossenen Deckel und ließ meinen Tränen freien Lauf. Ich heulte wie ein kleines Kind, ich begriff noch gar nichts. Draußen wurde es immer lauter, die Jungs lachten und hämmerten an die Tür, während ich mein verheultes Gesicht mit Toilettenpapier abwischte.

»Trainer, Trainer! Komm raus, wir sind Meister!«

Ich realisierte es erst viel später. Jetzt war ich ein Meistertrainer, das fühlte sich an wie ein Ritterschlag, das würde mir niemand mehr nehmen können. Für eine kurze Zeit verlor ich sogar die Anspannung, die mich permanent begleitete. Dieser Dauerdruck trieb mich beim Arbeiten an, jetzt war die Arbeit getan. Ich dachte an die Vizemeisterschaften mit dem FC, an Udo, an Löhr und Keßler. Jetzt zählte ich wie Ali zu den Größten, zumindest fühlte ich mich für einen kurzen Moment so. Alles ergab plötzlich Sinn. Und dieses Gefühl wurde nicht kleiner, als wir von Zehntausenden Menschen vor dem Neckarstadion gefeiert wurden, während vor dem Rathaus um alte Salatschüsseln und anderen Trödel gefeilscht wurde.

Ein paar Tage später rief mich MV an. Er war außer sich. »Wo ist die Schale?!«, schrie er in den Hörer. »Alles gut, Präsident«, sagte ich. »Die steht bei mir in Endersbach.« Es war ein Riesenakt gewesen, die Schale überhaupt von der Geschäftsstelle ausleihen zu dürfen, aber schließlich gab der VfB seine Zustimmung, nur MV war nicht darüber informiert worden. Ein Freund von mir, der Fotograf Bernd Kollmann, machte in unserem Garten in Endersbach ein paar schöne Bilder von mir: Mit Jeans und Pullover liege ich auf unserem Rasen und benutze die Schale wie eine Art Kopfkissen. Das sah schon ziemlich lässig aus, so als würde ich mich auf ihr von der harten Meisterfeier erholen, im Hintergrund ein Glas Milch. Aber jetzt fand ich die Schale nicht mehr, und das machte mich ganz verrückt, weil es einer mittleren Katastrophe gleichkam. Ich suchte und suchte, wo konnte sie denn nur sein?! Ich hatte sie doch ins Wohnzimmer gestellt … Ich rief Bernd, den Fotografen, an, der sich gut gelaunt meldete: »Hallo, Meistertrainer, ich habe sie mit nach Köln genommen, um eine Kopie machen zu lassen. Brauchst du sie gerade?«, fragte er. Der hatte sie doch nicht mehr alle! Nimmt einfach die Schale mit, ohne zu fragen? Da Bernd erst eine Woche später wieder nach Stuttgart kommen konnte, musste ich MV die Sache beichten. Er flippte komplett aus, das für ihn typische dumpfe Lachen war diesmal verschwunden. Gott sei Dank stand die Schale schon ein paar Tage später wieder im Panzerschrank auf der Geschäftsstelle. Und ja, Bernd brachte definitiv das Original zurück, der VfB ließ es sogar noch mal überprüfen. Da sind die Schwaben gründlich.

Die Manege ist eröffnet

Beşiktaş Istanbul, 1994–96

Als Meistertrainer kannst du über Wasser laufen. Zumindest ist es nicht schwer, diesem Glauben zu verfallen. Alle wollten plötzlich was von mir, meine Hand schütteln, ein Autogramm, ein Interview, ein Foto hier, ein Lächeln da, außerdem wurde ich zu allen möglichen Fernsehsendungen und Ehrungen eingeladen. Es wäre gelogen, würde ich behaupten, dass mir das nicht gefallen hat. Mal ehrlich: Wer steht nicht gerne in der Sonne, wenn sie scheint? Es fühlt sich gut an, wenn jeder dich lobt oder etwas von dir möchte, und wenn es nur deine Aufmerksamkeit ist. Solche Phasen besitzen eine solche Wucht, dass du vieles um dich herum vergisst. Das liegt auch daran, dass sie blind machen können. Alles war rosarot! Die Lobhudeleien, die Gratulationen, das war ein starkes Gefühl. Das Großmaul hatte gerade allen bewiesen, dass es auch ein Meistertrainer ist. Erfolge verschaffen Aufmerksamkeit, Titel bringen Glaubwürdigkeit. Wie lange hatte ich darauf hingearbeitet, es ganz nach oben zu schaffen? Und doch hatte ich damals keine Ahnung, wie schnell es wieder nach unten gehen kann.

Eine große Pause gönnte ich mir nicht. Ich arbeitete auch nicht weniger, aber ich wurde anders angeschaut. »Meistermacher« nannten mich die Medien in Stuttgart jetzt. Die Mannschaft folgte mir blind. Leider hatten wir unseren promovierten Meckerer Matthias Sammer an Inter Mailand verloren, und es erstaunte mich, dass keiner der Jungs aufmuckte, wenn ich sie weiterhin bei den Ausdauereinheiten ans Limit trieb. Die Stimmung war exzellent, doch im Fußball geht es verdammt schnell, und vor allem geht es immer weiter, weiter, weiter. Durch die Meisterschaft durften wir an der Qualifikationsrunde der neu gegründeten Champions League teilnehmen, und ich wollte mit aller Macht in die Gruppenphase. Eine Liga der Champions, das klang fantastisch, ganz nach meinem Geschmack. Außerdem ging es um viel Geld für den Verein. Ich kündigte den Medien an, dass wir die Champions League erreichen werden.

Wir spielten in der ersten Qualifikationsrunde gegen Leeds United, und das bedeutete, dass wir auf großartige Spieler wie Eric Cantona und Gordon Strachan trafen. Damals war Cantona zwar nicht ganz so aggressiv wie später bei Manchester United, als er vor Wut mal wie ein Kung-Fu-Kämpfer mit offener Sohle in einen Zuschauer hineinsprang, der ihn beleidigt hatte. Aber er war schon ein großartiger Stürmer. An einem perfekten Abend im Neckarstadion schlugen wir Leeds dennoch mit 3:0 und reisten mit breitem Brustring zum Rückspiel nach England. Dort wurden wir erdrückt. Die Stimmung im Stadion kochte über, Leeds drohte uns zu überrollen. Nach 33 Minuten gelang Andi Buck zwar der Treffer zum zwischenzeitlichen 1:1, Gott sei Dank, aber danach drehten die »Whites« auf: Sie machten das 2:1, 3:1, 4:1, wir taumelten am Abgrund, und es fehlte nur noch ein Treffer, dann wären wir ausgeschieden. Es war ein Hexenkessel, die 26 000 Zuschauer peitschten ihr Team nach vorne, das ganze Stadion bebte, und ich suchte händeringend nach einem Gegenmittel. Die Engländer flankten nur noch hohe Bälle in unseren Strafraum, und ich brauchte einen Turm in der Abwehrschlacht. Mir fiel Jovo Simanic ein, der mit seinen fast zwei Metern Körpergröße perfekt dafür geeignet war. In der 83. Minute wechselte ich ihn für Gaudino ein. Meine Rechnung ging auf, Leeds schoss kein Tor mehr. Dank des Auswärtstreffers von Andi standen wir in der nächsten Qualifikationsrunde, der letzten Hürde auf dem Weg in die Gruppenphase. Ich ballte die Faust vor Freude und nahm die Glückwünsche der Journalisten auf der Pressekonferenz dankend an.

Als ich danach zur Mannschaft zurückkam, herrschte eine merkwürdige Stimmung, es war nicht die einer Siegerkabine. Ich kann nicht mehr genau sagen, wer damit anfing, aber irgendwer erzählte was von einem Fehler. Es wurde über Jovo geredet. Dass nach seiner Einwechslung ein vierter Ausländer in unserer Mannschaft auf dem Platz gewesen sei. Dass es eine neue Regel gäbe, nach der nur noch drei Ausländer pro Team in den europäischen Wettbewerben erlaubt waren. Dass also ein Wechselfehler vorlag. Ich verstand nicht, was alle plötzlich wollten. Ein heilloses Durcheinander, eine Mischung aus Betroffenheit, Verwirrung und Panik brach aus. Jemand aus der Verwaltung fragte mich, ob ich denn nicht das entsprechende Schriftstück in der Ablage meiner Trainerkabine gesehen hätte? Aber wer liest schon dieses ganze Zeug? Da lag immer so viel Fanpost, dass ich nur gelegentlich etwas davon durchblätterte. Was zur Hölle soll dieses ganze Theater, fragte ich mich.

Auf dem Rückflug sagte niemand ein Wort. Es war durchgesickert, dass die UEFA ermitteln würde. Es herrschte eine Stimmung wie auf einer Beerdigung. Ich wäre am liebsten aus dem Flugzeug gesprungen. Mein ganzes Koordinatensystem geriet aus den Fugen. Ich versuchte doch immer, alles so perfekt wie möglich vorzubereiten, wie hatte mir nur ein solcher Fehler passieren können? Und warum hatte mich keiner gewarnt, wieso hatte niemand darauf hingewiesen? Ich war total niedergeschlagen. Die Schuldgefühle breiteten sich wie ein Gift in meinem Körper aus.

»Christoph Dumm«, titelte die *Bild* wenig später, als auch dem Letzten klar wurde, was in Leeds passiert war. Mein Sohn Marcel kam weinend nach Hause, weil die Kinder in der Schule ihn ausgelacht hatten. Es war niederschmetternd, ich war nicht mehr der

Meistermacher, sondern der größte Volltrottel. Dennoch schmiss die UEFA uns nicht direkt aus dem Wettbewerb, sondern setzte ein Entscheidungsspiel gegen Leeds an. Es war völlig skurril. Wir spielten vor fast leeren Rängen im riesigen Camp Nou in Barcelona, es war eine Atmosphäre wie bei einem Trainingsspiel, dabei ging es um so viel mehr als Fußball, zumindest für mich. Wir verloren 1:2, und das war der Anfang meines Endes beim VfB Stuttgart.

Wenn ich heute daran zurückdenke, ist das eigentlich Verblüffende an der ganzen Sache, dass ich noch über ein Jahr Trainer in Stuttgart blieb. Normalerweise wird in solchen Momenten der Trainer gefeuert. Nicht bei MV, er stand unerschütterlich zu mir. Ich flüchtete mich in die Arbeit, merkte aber schnell, dass ich nicht mehr die rückhaltlose Unterstützung der Mannschaft hatte. Ich versuchte, sie von Neuem zu überzeugen, indem ich andere Wege einschlug. Ich stellte das Training um, führte zahlreiche Einzelgespräche und ließ nichts unversucht, um einen Neuanfang zu starten. Aber die Jungs schauten mich seit Leeds anders an. Einmal machte ich Thomas Strunz, den ich als Nachfolger für Sammer zum VfB geholt hatte, auf einen Fehler aufmerksam. Thomas reagierte äußerst forsch auf meine Kritik: »Wenn *wir* einen Fehler machen, werden wir an die Wand genagelt! Und über Wechselfehler wird hinweggeschaut?!« Rums – das saß.

Solche Attacken sind für einen Trainer tödlich, meine Glaubwürdigkeit war schwer beschädigt. Und wenn einige der Jungs mir nicht mehr glauben wollten, was konnte ich ihnen dann noch erzählen? Gleichzeitig kühlte das Verhältnis zu Dieter Hoeneß ab. Plötzlich beschwerte er sich über meine flotten Sprüche und dass ich an keinem Mikrofon vorbeigehen könne. Das freundschaftliche Verhältnis zwischen uns löste sich auf wie eine Brausetablette im Wasserglas. Ich fühlte mich alleingelassen und versuchte, den Ärger auszublenden, indem ich noch mehr schuftete und länger dablieb. Es wurde nicht besser. Hoeneß und ich erreichten den Punkt, an dem wir uns nichts mehr zu sagen hatten. Auch die Ergebnisse waren enttäuschend. Ich fuhr nicht nur einmal zu MV und bot ihm meinen Rücktritt an, jedes Mal lehnte er energisch ab. Im November 1993 ließ ich mich nicht mehr umstimmen. Ich kündigte meinen Rücktritt zur Winterpause an. Diesmal zog ich es durch, und das war eine enorme Erleichterung, dieser Schritt war überfällig gewesen. Trotzdem rührten die VfB-Fans mich noch einmal zu Tränen. In meinem letzten Spiel schlugen wir den MSV Duisburg mit 4:0. Es hat sich tief in mir eingeprägt, wie nach dem Spiel plötzlich das Flutlicht ausging und Tausende Fans im strömenden Regen meinen Namen sangen: »Olé Super Christoph Daum, olé Super Christoph Daum!« Sie machten immer weiter. Noch lange nach dem Abpfiff schwenkten einige von ihnen ihre aufgeweichten weißen Taschentücher. Das berührt dein Herz, da schießt dir das Wasser in die Augen. Dieser Moment besaß eine unheimliche Intensität und Tiefgang, ich spürte ihren Gesang unter der Haut kribbeln, es war ein unbeschreibliches Gefühl der Verbundenheit.

Ich dachte an den traurigen Haufen, den ich übernommen hatte, unsere gemeinsamen Abende, die Meisterschale und an die Einwechslung von Jovo. Das war einer der emotionalsten Momente in meiner Trainerkarriere, und das werde ich den VfB-Fans nie vergessen.

Das Spiel gegen Duisburg blieb mir noch aus einem anderen Grund in Erinnerung. Nach der Partie verfolgte mich jemand, den ich zunächst für einen türkischen Fußballfan hielt, von der Pressekonferenz bis zu meinem Parkplatz. Anschließend setzte er sich einfach zu mir auf den Beifahrersitz meines Mercedes SL. »Beşiktaş Istanbul will Sie als Trainer haben«, sagte er. »Der Beşiktaş-Präsident schickt mich. Er will Sie treffen.«

Viel mehr erfuhr ich zunächst nicht. Die Sache war ein wenig seltsam. Es stellte sich jedoch schnell heraus, dass Beşiktaş tatsächlich großes Interesse an meiner Verpflichtung hatte. Ich flog mit Roland Koch nach Istanbul, um mit der Clubführung zu verhandeln. Zumindest dachte ich das. Für die Beşiktaş-Fans war aber offenbar längst alles klar. Als Roland und ich am Flughafen aus der Empfangshalle traten, fragte ich mich: In welchem Film bin ich denn hier gelandet? Wir wurden fast erdrückt. Es war unvorstellbar, was dort abging. Eine Menschenmasse in den schwarz-weißen Vereinsfarben wartete nur darauf, uns zu begrüßen. Die Sicherheitskräfte wirkten überfordert. Jeder wollte mich anfassen oder mir etwas zurufen, einige küssten mir sogar die Hand oder Stirn.

Die Leute rückten so eng an uns heran, dass sie mir teilweise auf die Füße traten, in meinen Ohren dröhnten ihre Gesänge. Ich versuchte, hinter den Polizisten Richtung Ausgang zu gelangen, alles war voller Menschen. Einige von ihnen schenkten mir Gebetsketten oder andere Glücksbringer, ich hätte einen Souvenirshop aufmachen können. Was geht hier erst ab, wenn Beşiktaş Meister wird? Ich war erleichtert, als wir endlich den schwarzen Range Rover erreichten, der uns zum Vereinsgelände bringen sollte. Selbst auf dem Weg dorthin herrschte Ausnahmezustand. Rechts und links vom Wagen eskortierten uns Fans in ihren Autos; sie hupten, winkten und schrien Dinge, die ich nicht verstand. Es ging zu wie auf dem Oktoberfest, nur ohne Bierkrüge. Und dann waren da auch noch zwei, drei Motorräder mit Kamerateams, die das Ganze filmten. Es war lebensgefährlich. Ich bin – zugegebenermaßen – ein ziemlich emotionaler Typ, aber das hier war selbst für mich eine neue Kategorie.

Beşiktaş war einer der größten Clubs der Türkei, das wurde mir spätestens am Flughafen bewusst. Aber das Team war in der Tabelle nur Fünfter, zehn Punkte hinter Spitzenreiter und Erzrivale Galatasaray, und schon als Zweiter bist du nur der erste Verlierer, so sehen sie die Sache am Bosporus. Den englischen Trainer Gordon Milne hatten sie gerade in die Wüste geschickt, obwohl er zwischen 1990 und 1992 dreimal nacheinander die Meisterschaft gewonnen hatte. Hier lebte man offenbar nur im Hier und Heute, und jetzt war ich als Heilsbringer auserwählt worden. Ich sollte den Club zu neuem Ruhm führen. Ich vermutete, dass ich vom Präsidenten Süleyman Seba – ein zurückhaltender Anzugträger mit ernstem Gesicht, grauen Haaren und Schnäuzer – niemals eine solche Rückendeckung wie von MV erfahren würde. Die Verhandlungen überließ er dem Generalsekretär Serdar Bilgili und einem der zahlreichen Vizepräsidenten. Während wir über mein Gehalt sprachen, fasste sich dieser plötzlich wie ein Schauspieler an den eigenen Hals und machte ein Riesendrama, so als würde er an meinen Forderungen ersticken. Trotz des hollywoodreifen Auftritts einigten wir uns auf einen ordentlichen Vertrag. Das Abenteuer zog mich an, es war ja ohnehin nicht so, dass ich Nervenkitzel verabscheute.

In Istanbul war alles laut: die Menschen, der Verkehr, einfach alles. Das Leben lief in einem rasenden Tempo ab, was der perfekte Rhythmus für mich war, Stillstand ist Rückschritt. Ich war sofort mittendrin und verstand schnell, dass hier um fast jedes Thema ein großes Bohei gemacht wurde. Wir spielten am 30. Januar im Pokal-Viertelfinale gegen Fenerbahçe, den anderen Stadtrivalen, und das war noch mal eine Nummer heftiger als alle Derbys, die ich bisher erlebt hatte. Die Ausschreitungen damals vor unserem Spiel mit dem FC gegen die Bayern waren ein Kindergeburtstag dagegen. In der Türkei war alles viel intensiver. Die Fans beider Clubs drehten völlig durch, und schon als ich zum ersten Mal unser Inönü-Stadion betrat, hätte mich die Kulisse fast erschlagen. Einen solchen Lärm kannte ich nicht, es war ohrenbetäubend, die Fans sangen nicht, sie schrien, als wollten sie sich gegenseitig mit ihren Stimmen vernichten. Jahre später sollte hier der Weltrekord im Fanlärm mit 141 Dezibel aufgestellt werden. Nur zum Vergleich: Die meisten Passagierflugzeuge sind bei Start und Landung deutlich leiser. Es herrschte Ausnahmezustand, und als ich diese Leidenschaft erlebte, kam mir unmittelbar vor dem Anpfiff eine spontane Idee.

Ich ging zurück in die Katakomben, um mit meinem Übersetzer Bülent Albayrak zu reden. »Hör zu«, sagte ich ihm. »Ich brauche einen Rollstuhlfahrer, der Beşiktaş-Fan ist!« Meine Idee war grenzwertig, und ich hatte Bedenken, ob ich nicht zu weit gehen würde. Andererseits war ich überzeugt, dass ich der Mannschaft damit einen besonderen Schub geben konnte. Ich hatte die aufgeheizte Stimmung im Stadion ja gerade erlebt, und ich wollte meine Spieler mit etwas Außergewöhnlichem überraschen. Wenig später kam Bülent tatsächlich mit einem Rollstuhlfahrer zurück. Es war ein junger Mann, und ich erinnere mich noch heute an das Strahlen in seinem Gesicht, so nah war er seinen Idolen noch nie gewesen. »Ich finde es klasse, wie sehr du unsere Mannschaft unterstützt. Ich möchte, dass du den Jungs gleich zwei Sätze zur Motivation mitgibst«, sagte ich zu ihm. Er starrte mich mit riesigen Augen an und wurde ganz aufgeregt. Als er sich etwas beruhigt hatte, brachte ich ihn in unsere Kabine. Meine Spieler schauten überrascht auf, einige tuschelten. Ich schob den Jungen in die Mitte des Raumes, die Mannschaft saß in U-Form um ihn herum, alle blickten ihn an. Es war plötzlich totenstill. Dann erhob er seine Stimme und seine Faust. »Ich bin bereit, alles für Beşiktaş zu geben!«, rief er. »Aber ich kann nicht auf dem Spielfeld kämpfen, darum müsst ihr das für mich tun!«

Wir legten danach in einem irren Tempo los. Fenerbahçe bekam kaum Luft, und schon nach zwölf Minuten machten wir das 1:0. Acht Minuten später erhöhten wir auf 2:0. Es lief auf einen perfekten Einstand für mich hinaus. Allerdings hatten wir im ersten Durchgang so viel Aufwand betrieben, dass wir danach einbrachen. Fener wurde immer stärker. In der 55. Minute verkürzten sie auf 1:2 und erhöhten den Druck. Es war nur noch eine Frage der Zeit, bis der Ausgleich fallen würde. Am Spielfeldrand fühlte ich mich, als würde ich ersticken, die Rauchschwaden der

Bengalos nahmen mir die Luft. Fener startete den nächsten Angriff. Ich sehnte nur noch den Abpfiff herbei. Auf einmal – wie aus dem Nichts – wurde es stockfinster. Ich sah nichts mehr, nur die Stimmen der Fans hörte ich noch. Was zum Teufel war hier los?! Ich brauchte ein paar Sekunden, um zu verstehen, dass das Flutlicht ausgefallen war. Ungefähr zehn Minuten blieb es dunkel, dann war der Strom wieder da. Die Unterbrechung genügte, um den Rhythmus des Spiels zu brechen, der Stromausfall kam uns zugute. Wir brachten das Spiel mit viel Glück über die Zeit. Manchmal frage ich mich, ob der Stromausfall genau zum richtigen Zeitpunkt kein Zufall war, auch wenn so etwas in Istanbul nichts Ungewöhnliches darstellte.

Nach einem Sieg im Derby wirst du für ein paar Tage wie ein König behandelt. »Daums großer Sieg!«, titelte das Massenblatt *Sabah* am Tag danach. Und die *Hürriyet* schrieb, ich hätte die erste Prüfung bestanden. Dennoch erwies sich das Verhältnis zu den Medien als sehr schwierig. Schon vor meinem Debüt gegen Fener hatten einige Sportjournalisten von »Daums letzter Chance im ersten Spiel« geschrieben. Das sollte wohl scherzhaft rüberkommen, aber es steckte viel Wahrheit dahinter. Die mediale Darstellung in der Türkei ist brutal. Erst Ende der Achtziger und Anfang der Neunziger waren unter dem damaligen Präsidenten Turgut Özal die Mediengesetze liberalisiert worden, und mit dieser relativ jungen Freiheit wussten einige Journalisten noch nicht so richtig umzugehen. Im Vergleich zu einigen dieser Texte waren Münchhausens Märchen empirische Untersuchungen.

Ich musste am Trainingsplatz eine Leine spannen, damit die Journalisten nicht ständig zu mir oder den Spielern rannten. Das machte sie stinksauer, und kurz darauf druckte eine Zeitung ein Bild von mir in einer Gestapo-Uniform, in der ich hinter der Leine wie an einer Grenzlinie patrouillierte. Als ich später mal ein paar Urlaubstage in Marrakesch verbrachte, erschien in einer Zeitung die Überschrift, dass ich Nationaltrainer Marokkos werden wollte. Der Bericht über angebliche Vertragsgespräche wurde durch eine Fotomontage belegt. Ein Bild meines Gesichts war auf das eines Marokkaners in landesüblicher Tracht montiert worden, meinen Kopf zierte ein Turban. Am Anfang regte ich mich tierisch über solche Sachen auf und ließ meinen Frust bei Bülent ab. Meistens zuckte er nur mit den Schultern und zeigte mir ein mildes Lächeln: »Trainer, das ist die Türkei.«

Tatsächlich war ich in die Türkei gegangen, um Neues zu erleben und mich darauf einzulassen. Ich hatte genau diese Erfahrungen machen wollen. Natürlich erschlägt dich das erst mal in einer gewissen Art und Weise, die Emotionen der Menschen, die überdrehte Presselandschaft, die ganze Hektik. Im Nachhinein waren diese Erlebnisse jedoch unheimlich wertvoll für mich. Ich hatte auch davor schon etliche Länder der Welt bereist, um genau das mitzubekommen. Entweder du besitzt diese Offenheit, diese Bereitschaft, neue Sitten und Mentalitäten kennenzulernen, oder nicht. Außerdem hatte der rassistische Brandanschlag auf ein Zweifamilienhaus in Solingen im Mai 1993 für meinen Wechsel in die Türkei eine wesentliche Rolle gespielt. Fünf Menschen türkischer Abstammung waren dabei ums Leben gekommen, darunter drei Kinder, und wie viele andere Deutsche schockte mich diese rechtsextreme Tat zutiefst. Ich schämte mich für den feigen Anschlag und wollte den Türken zeigen, dass wir Deutsche nicht so sind, wie sie es möglicherweise vermuteten. Als prominenter Trainer von Beşiktaş hatte ich nun ganz andere Möglichkeiten, ein Bild von »den Deutschen« zu vermitteln. Ich versuchte relativ bald, die ersten Brocken Türkisch zu lernen, und schaffte mir ein Buch mit türkischen Sprichwörtern an. Ich glaube, dass man sich der Mentalität eines Landes am besten mithilfe von Sprichwörtern nähern kann. Und ich fand schnell einen Spruch, der mir besonders gut gefiel: »Dil kılıçtan keskindir – Die Zunge ist schärfer als das Schwert.« Wer wusste das besser als ich?

Die verbale Demonstration der eigenen Stärke wird in der

Türkei von einem Trainer erwartet. Du musst dort einen grenzenlosen Optimismus an den Tag legen. Dass ich mit drastischen Sprüchen meine Mannschaften pushte, galt bereits als eines meiner Markenzeichen. Nur wurde es mir in Deutschland oft anders ausgelegt. In der Bundesliga werden Siegesgewissheit oder Selbstbewusstsein gerne vorschnell als Arroganz oder Überheblichkeit interpretiert. In einer Umfrage würde ganz sicher der meist höfliche Ottmar Hitzfeld deutlich besser als der ruppige José Mourinho abschneiden, obwohl beide ähnlich viele Titel gewonnen haben. In der Türkei dagegen musst du eher ein Mourinho als ein Hitzfeld sein.

Die Erwartungshaltung bei Beşiktaş war absolut überzogen, aber Realitätssinn wurde als Schwäche ausgelegt. Egal, wo wir mit der Mannschaft hinkamen, zeigten uns die Fans ihre offene Hand und schrien: »Beş, Beş, Beş!« Zunächst kapierte ich überhaupt nicht, was es damit auf sich hatte, und tat es als wildes Gebrüll ab. Bis Bülent mir erklärte, dass Beş das türkische Wort für fünf ist. Die erwarteten also, dass wir nicht bloß gewinnen, sondern auch deutlich, am liebsten mit 5:0. Ich fing an, »on, on, on!« zurückzurufen, »zehn, zehn, zehn!« Meistens gaben sie dann Ruhe und schauten mich lachend an. Ein 10:0 war dann selbst für die Türken eine zu optimistische Prognose.

Die Türken und ich, wir passten prima zueinander, und die Fans erklärten mich zum Volkshelden, als wir 1994 gleich den Pokal und den Supercup gewannen. Nun erwartete Präsident Seba nichts weniger als den Gewinn der Meisterschaft von uns. Was die Qualität der Mannschaft anging, war das Niveau nicht mit der Bundesliga zu vergleichen. Das Tempo in der Türkei war geringer, auch die taktische Disziplin und das Fitnesslevel hatten mich am Anfang erschreckt. Solche Probleme sprach man aber besser nicht öffentlich an. In der Türkei musste ich lernen, kritische Dinge nur unter vier Augen mit meinen Spielern zu besprechen, zumindest mit meinen türkischen Spielern. Ältere

Spieler vor der Mannschaft zu kritisieren, kam einer Herabsetzung gleich, das ging in deren Augen an die Ehre und war unverzeihlich. Ganz am Anfang war mir das mit unserem Verteidiger Recep Çetin passiert. Ich hatte ihn vor versammelter Truppe auf einen Fehler angesprochen, woraufhin er sich, völlig aufgelöst von der Kritik, plötzlich krankmeldete. In der Bundesliga hätte er dafür direkt eine Abmahnung vom Verein bekommen. In der Türkei tickten die Uhren anders, und daran musste ich mich gewöhnen. Zum einen verringerte ich den Anteil an Mannschaftssitzungen und erhöhte dafür die Zahl der Vieraugengespräche mit meinen Spielern. Zum anderen übertrug ich das sogenannte Pareto-Prinzip auf diese Besprechungen, indem immer achtzig Prozent des Gesprächs positive Dinge betrafen und nur zwanzig Prozent kritische. Es gab also immer mehr Lob als Kritik.

Wir starteten mit fünf Siegen in die Saison 1994/95, doch die Medien lauerten auf jeden Fehltritt. Es war brutal. Als wir im Achtelfinal-Hinspiel des Europapokals der Pokalsieger im Oktober nur 2:2 gegen AJ Auxerre spielten, fielen sie direkt über mich her und bezeichneten mich als »Hauptschuldigen«. Dabei hatte ich eigentlich gedacht, dass es eine ziemlich clevere Idee von mir gewesen sei, sie nun regelmäßig zum Fischessen einzuladen. Alle paar Wochen ging ich mit den Journalisten in ein Restaurant in Fulya, der Heimat von Beşiktaş. Doch selbst meine Großzügigkeit bewahrte mich nicht davor, dass in den Zeitungen immer wieder einer gegen mich rausgehauen wurde. Nur ein Sieg in Auxerre würde zumindest für ein paar Tage Ruhe sorgen.

Das Rückspiel ließ sich jedoch nicht gut an. Am Abend vor dem Spiel überfielen mich Übelkeit und Schwindel. Ich kannte das Gefühl. Einige Monate zuvor hatte ich schon einmal drei Nächte in einem Istanbuler Krankenhaus verbracht. Damals hatte ich ein paar Einkäufe erledigt und eine Kleinigkeit gegessen, anschließend fühlten sich meine Beine ganz wackelig an, so als würden sie mir nicht mehr gehorchen. Ich wollte mich setzen, dabei klappte ich zusammen. Das Nächste, was ich mitbekam, war, dass ich wie ein Maikäfer auf dem Boden lag. Ich blickte in besorgte Gesichter, neben mir kniete ein Arzt, der mir eine Spritze gab. Im Tropeninstitut fand man in meinem Blut Antikörper, aber eine Ursache fand man nicht. Gott sei Dank ging es mir bald besser.

Aber jetzt kehrte es zurück. Meine Beine fühlten sich wieder wie Pudding an. Es machte die Sache nicht besser, dass diesmal noch ein Beschleuniger hinzukam, den du nicht kontrollieren kannst, und dieser Beschleuniger nennt sich Panikattacke. Von meinem Hotelzimmer aus rief ich Roland an, der mich ins Krankenhaus von Auxerre fuhr. Ich hatte keine Kontrolle mehr über meine Muskeln, zwei Ärzte mussten mich stützen, als sie mich in ein Behandlungszimmer führten. Mir wurden Infusionen gelegt, und ich musste die Nacht im Krankenhaus verbringen. Am nächsten Morgen war es wie weggeblasen, so als wäre nichts passiert. Es ist mir bis heute ein Rätsel. Einige Jahre danach traten die Symptome in Leverkusen noch einmal auf, danach nie wieder. Die Ärzte fanden nie etwas. Damals in Frankreich musste ich ein Dokument unterschreiben, wonach ich das Krankenhaus gegen den ausdrücklichen Rat der Ärzte wieder verlassen wollte, wir hatten ja schließlich am Abend ein Spiel.

Wir verloren 0:2 und flogen aus dem Europapokal. Das Urteil der *Hürriyet* fiel vernichtend aus: »Diese große Gemeinschaft hat dich geholt, damit du diese Mannschaft, die auch ohne dich in der Türkei erfolgreich sein kann, in Europa zu Erfolgen führst. Wenn du gehen willst, dann geh. Wenn du bleiben willst, dann gib Beşiktaş etwas.« Klar, solche Kommentare belasteten mich extrem, und manchmal dachte ich spontan darüber nach, meine Koffer zu packen und die Türkei wieder zu verlassen. Anfragen gab es mehr als genug. Ein Agent meldete sich bei mir und wollte mich in Spanien beim FC Valencia unterbringen. In Köln forderten einige Fans meine Rückkehr, weil sie begriffen, was für einen Riesenfehler die Vereinsführung mit meinem Rauswurf gemacht hatte. Sogar Franz Beckenbauer rief an und wollte mich als Trainer nach Japan vermitteln. Die Japaner investierten mittlerweile groß ins Fußballgeschäft, und Franz arbeitete als Berater eines japanischen Automobilkonzerns. Andererseits fühlte ich mich noch nicht bereit, die Türkei wieder zu verlassen. Es waren doch diese Erfahrungen, die ich hatte machen wollen! Ich erinnerte mich daran, dass ich ursprünglich auch deswegen gekommen war, um den Menschen dort ein anderes Bild von den Deutschen zu vermitteln. Wie hätte es ausgesehen, wenn ich mitten in der Saison beleidigt abgehauen wäre? Außerdem stachelte mich die übertriebene Berichterstattung an. Ich hatte noch lange nicht fertig.

Nach dem Ausscheiden in Auxerre verloren wir in der Liga nur noch ein Spiel. Es war großartig. Nur für die Medien waren es harte Zeiten, denn es gab nicht mehr viel zu kritisieren, wir eilten unaufhaltsam in Richtung Meisterschaft. Ich nutzte die Gunst der Stunde, um mich zu revanchieren. Kurz vor Saisonende erteilte ich meinen Spielern ein Interviewverbot, um die Konzentration auf die Meisterschaft nicht zu stören. Die Zeitungen ätzten, dass ich den Spielern einen »Maulkorb« verpasst hätte. Mehr konnten sie nicht tun, denn wir gewannen, ganz so, wie es die *Hürriyet* gefordert hatte, die Meisterschaft.

Danach herrschte für einige Zeit Frieden. Aber der Schein trog. Das Problem war, dass es eigentlich nicht mehr besser werden konnte. Wir hatten den Pokal und die Meisterschaft gewonnen – und jetzt? Fans, Medien und Vereinsführung träumten vom Gewinn der Champions League, was natürlich ein völlig unrealistisches Ziel war. Die Türken lechzten nach internationaler Anerkennung und sahen die dicken Geldtöpfe dieses boomenden Wettbewerbs. Als Meister durften wir automatisch an der Qualifikation teilnehmen. Natürlich wollte ich nach dem dämlichen Wechselfehler beim VfB endlich in die Gruppenphase. Aber schon wieder wurde mir dieser verflixte Wettbewerb zum Verhängnis. Im Hinspiel in Norwegen fertigte uns Rosenborg Trondheim mit 3:0 ab, danach wurde es schmutzig.

»Jetzt reicht's. Du hast diese wunderbare Mannschaft regelrecht ermordet. Wenn du nicht freiwillig gehst, werden wir dich wegschicken«, schrieb zum Beispiel die *Sabah*. Die Kritik war hart. Ich kannte diese Abläufe: Am einen Tag kannst du über Wasser gehen, am nächsten halten sie dich für zu blöd zum Schwimmen. Das erneute Scheitern in der Champions League schmerzte mich, Beşiktaş und seine Fans demütigte es. Die Identifikation und Leidenschaft der Fans in der Türkei ist noch intensiver als in Deutschland, und diese Emotionen können faszinierend sein. Allerdings können sie auch sehr schnell in Ablehnung umschlagen. In Stuttgart war ich nach meinem Wechselfehler noch relativ langsam von ganz oben nach unten gewandert, bei Beşiktaş wollten sie mich nach dem Königsklassen-K. o. am liebsten sofort von der Klippe stoßen.

Die Vereinsführung erhöhte nun den Druck auf mich. Es lief nicht mehr, die Spieler wurden unruhig. Sie bekamen natürlich mit, was geschrieben wurde, und es schien alles nur noch eine Frage der Zeit, bis man mich vor die Tür setzen würde. Sie hatten diesen Zirkus ja schon bei etlichen Trainern vor mir erlebt. Es war nicht so, dass mich das kaltließ, aber ich fand mich damit ab. Ich hatte mich daran gewöhnt, dass hier alles etwas sprunghaft vonstattenging. Es war kompliziert für Beşiktaş. Ein Rücktritt kam für mich nicht infrage, andererseits wollte der Verein nicht die hohe Abfindung bezahlen. Sie konnten mich also nicht einfach mal feuern. Ich arbeitete professionell weiter, kam als Erster und ging als Letzter, und meine Freizeit verbrachte ich meistens mit Bülent.

An einem Tag Ende April 1996 ging ich mit ihm auf den Großen Basar, ein riesiges Gewölbe-Labyrinth mit allen möglichen bunten Läden. Dort herrschte wie immer ein kunterbuntes Treiben, es war laut und duftete nach Gewürzen. Die verschiedenen

Händler priesen wild gestikulierend ihre Waren an, und ich wollte mit Bülent zügig zu unserem Ziel. Immer wieder hielten mich Beşiktaş-Fans auf und forderten Autogramme oder gemeinsame Fotos. Ich musste eine Kette abholen, die repariert worden war. Selbst im Schmuckladen bildeten sich Menschentrauben, als ich mit Bülent an der Theke wartete. Ein Fan quatschte mich aufgeregt an: »Ah, Daum, Daum! Istifa!« Istifa? In meinem Kopf ratterte es. Hieß das nicht Rücktritt? Wie bitte?! »Wie Istifa?«, antwortete ich. Von meinem Rücktritt hatte ich noch nichts mitbekommen. »Das kommt doch überall im Fernsehen!«, sagte er. Ich lief mit Bülent zum nächsten Fernseher, und es brauchte tatsächlich nicht lange, bis wir einen Sender gefunden hatten, der die Nachricht brachte. Bülent übersetzte die Worte des Nachrichtensprechers für mich. »Der Vorstand von Beşiktaş hat in seiner heutigen Sitzung beschlossen, den Trainer Daum mit sofortiger Wirkung zu beurlauben.«

Gut zu wissen, dachte ich.

Als Reiner Calmund (fast) auf meinem Schoß saß

Bayer 04 Leverkusen, 1996–98

Eigentlich wollte ich ein Jahr Pause machen. Heute nennt man so was Sabbatical, ein grauenvolles Wort. Pause trifft es eigentlich auch nicht richtig, weil ich immer eine Aufgabe im Leben brauche. Als ich viel später, vom Frühjahr 2014 bis zum Sommer 2016, über zwei Jahre ohne Trainerjob war, sah der Garten unseres Hauses in Köln so gut aus wie nie zuvor. Ich schnitt die meterhohen Hecken, mähte und vertikutierte den Rasen, reinigte den Teich und jede einzelne Fuge unserer mehr als fünfzig Quadratmeter großen, gepflasterten Einfahrt. Das war eine Drecksarbeit, aber es lenkte mich ab, und die Bewegung an der frischen Luft tat mir gut. Außerdem sah das Ergebnis super aus. Ohne Fleiß kein Preis!

Im Sommer 1996 benötigte ich Abstand und Urlaub. Eine Trainertätigkeit kam für mich erst mal nicht infrage. Die Zeit in der Türkei hatte viel Kraft gekostet, und die beiden Schwächeanfälle schwirrten noch in meinem Kopf herum. Ich blockte alle Anfragen ab und flog stattdessen zur Europameisterschaft nach England, um Spieler zu beobachten und wieder als Kolumnist zu arbeiten, diesmal für den *Kicker.* Ich wohnte gemeinsam mit den Redakteuren in einem schlichten Hotel in Manchester. Wenn ich nicht im Stadion war, arbeitete ich an meinen Texten. Manchmal konnte es ganz schön unangenehm werden, weil man sich mit kritischen Analysen keine Freunde bei der Nationalmannschaft machte. Aber der *Kicker* hatte mich ja nicht geholt, damit ich weichgespültes Zeug von mir gab.

Eines Tages stand plötzlich Reiner Calmund in unserem provisorischen Redaktionsraum im Hotel. »Habt ihr auch wat zu futtern? Wollte mal sehen, wat hier so los ist«, sagte er und schleppte seinen »federleichten« Körper durch den Raum, um jedem die Hand zu schütteln. Typisch Reiner. Er machte auf locker und laberte jeden schwindelig. So ist er halt. Verwundert war ich erst, als er ein paar Tage später wieder in unserem Quartier auftauchte. Diesmal kam er direkt zu mir. »Wat macht deine Spielersichtung? Lass uns doch mal unter Freunden essen gehen und auf deine Notizen schauen.« Reiner war als Manager knallhart, sozusagen mit allen Abwassern gewaschen. Mit seiner kumpelhaften Art schaffte er es jedoch, Menschen für sich zu gewinnen und selbst die unangenehmsten Dinge so darzustellen, als wäre alles gar nicht so schlimm. Alle mochten Calli. Also trafen wir uns ein paar Tage später in einem Restaurant, das Reiner wie immer exzellent ausgewählt hatte. Da war Verlass auf ihn.

»Du kannst dir doch den wahren Grund denken, warum wir hier sind«, meinte er in aller Seelenruhe, als ich gerade anfangen wollte, mit ihm über meine ersten Scouting-Erkenntnisse zu sprechen. Meine Notizen interessierten ihn überhaupt nicht. »Ich will dich als Trainer zu Bayer Leverkusen holen.«

Man kann mich im Nachhinein für völlig naiv halten, aber damit hatte ich nicht im Entferntesten gerechnet. Es war nicht das erste Mal, dass Reiner es probierte, er hatte ja damals schon in Stuttgart vor meiner Haustür gestanden. Ein weiteres Mal hatte er es 1993 versucht, wir saßen sogar schon zu Verhandlungen im Düsseldorfer Flughafenhotel. Ich blieb dann beim VfB, weil MV mich wieder mal überredete. Danach war Bayer ziemlich sauer auf mich. Deshalb wunderte ich mich umso mehr, dass er jetzt wieder auf mich zukam. Andererseits musste er schon ganz schön angetan von mir sein, wenn er es ein drittes Mal versuchte. Er versprach mir alle möglichen Kompetenzen und jede Unterstützung. Es klang verlockend. Aber eigentlich wollte ich doch jetzt erst mal ein bisschen Abstand vom Trainergeschäft haben.

»Reiner …«, setzte ich zu einer Antwort an. Weiter kam ich nicht, denn er stand plötzlich auf und bewegte sich gefährlich nah an mich heran. Sein riesiger Körper verdeckte die Lichter des Restaurants, und innerhalb kürzester Zeit befand ich mich in seinem Schatten. Er kam mir so nah, dass ich das Gefühl hatte, er würde sich gleich auf meinen Schoß setzen. Nur ein Schritt fehlte. Er beugte sich zu mir herunter, ich konnte seinen Atem spüren. »Hör mal zu: Wir brauchen dich in Leverkusen, und du kommst nach Leverkusen!«, flüsterte er mir mit seiner rauen Stimme ins Ohr. Es klang wie eine Drohung. Ich befürchtete, dass er sich tatsächlich auf meinen Schoß setzen könnte. Reiner hatte es als Manager faustdick hinter den Ohren, und ich traute ihm vieles zu, um seine Ziele zu erreichen. Ich stellte mir vor, wie meine Oberschenkel unter seiner Last zusammenbrechen würden, obwohl er immer noch neben mir stand. Plötzlich setzte er sich wieder in Bewegung, er kam noch etwas näher, ich registrierte es sofort – würde er es jetzt wirklich tun? Ich verdrängte die Frage, und ich weiß nicht mehr, was genau ich sagte, jedenfalls gab ich ihm schnell meine Zusage. Es war wie ein Überlebensreflex.

Als er endlich wieder auf seinem Stuhl saß, versprach er mir erneut volle Rückendeckung von ihm und Rudi Völler, der seit Kurzem als Sportdirektor für den Verein arbeitete. Ich würde neue Spieler holen können, außerdem durfte ich das Trainerteam nach meinem Geschmack zusammenstellen und, falls gewünscht, die Infrastruktur des Trainingsgeländes verändern. Reiner quasselte mir nicht nur ein Kotelett, sondern eine ganze Fleischtheke an die Backe. Dass er mir so viele Freiheiten zugestand, war ungewöhnlich. Ein solches Angebot hatte ich noch nie bekommen. Später erzählte ich gerne scherzhaft, dass sich Reiner tatsächlich auf meinen Schoß gesetzt hatte. Denn in diesem Moment fühlte ich mich, als wäre ich unter der Last seiner Argumente zusammengebrochen.

Es gab noch ein Problem. Ich musste noch meine Kolumnen schreiben, und nach der EM wollte ich eigentlich mit der Familie in den Urlaub. »Keine Kolumnen mehr«, meinte Reiner. »Du packst sofort deine Sachen!« Und während ich immer noch versuchte, meine Gedanken zu ordnen, verließ er den Tisch, um zu telefonieren. Schon nach ein paar Minuten kam er zurück. »Biste einverstanden mit Mallorca? Robinson Club Cala Serena? Ihr könnt übermorgen fliegen.« Ich pustete einmal tief durch. Dann nickte ich.

Bayer 04 Leverkusen galt damals nicht gerade als die attraktivste Adresse in Europa. Der Verein hatte zwar tolle Spieler wie Ulf Kirsten oder Paulo Sérgio, viele Fans zählte er dagegen nicht. Als Gegner hatte ich immer gerne im Ulrich-Haberland-Stadion gespielt, weil es wie ein gefühltes Heimspiel war. Fußball-Deutschland zeigte kaum Interesse an Leverkusen, und in der letzten Saison hatten sich vermutlich nicht wenige Fans geärgert, dass Bayer dem Abstieg gerade noch entgangen war. Bayer 04 Leverkusen galt als Pillen-Club, der den Traditionalisten als Feindbild diente, ähnlich wie RB Leipzig oder die TSG Hoffenheim heute. Er war 1904 als Sportverein des Bayer-Konzerns gegründet worden und wäre ohne dessen weitreichende Unterstützung nie im Profifußball gelandet.

Um mir einen Überblick über den Zustand der Mannschaft zu verschaffen, redete ich zunächst mit Torhüter Rüdiger Vollborn, einem Urgestein des Clubs. Rüdiger war damals 33 und hatte seine gesamte Profilaufbahn in Leverkusen verbracht, wenn also einer den Verein kannte, dann er. Ich habe nie vergessen, was er mir gesagt hat: »Das Problem hier ist: Wenn du gewinnst, ist es gut. Und wenn du verlierst, ist es auch nicht schlimm.« Es war Rüdiger in dem Moment wahrscheinlich gar nicht bewusst, was er damit in mir auslöste, aber er entfachte einen Ehrgeiz in mir, der alles andere überlagerte. Spieler wie Kirsten, Sérgio, Christian Wörns oder Markus Feldhoff waren viel zu gut für den Abstiegskampf, und nun ahnte ich, warum sie trotzdem fast abgestiegen wären. Bayer Leverkusen war wie ein Schlaraffenland: gute Bezahlung, geringe Erwartungshaltung, kaum kritische Fans. Einige Spieler wussten gar nicht, wie gut sie es dort hatten.

Meine größten Hoffnungen für die Saison 1996/97 ruhten auf Ulf Kirsten, einem Torjäger alter Schule, der völlig außer Form war. Ich wusste, dass er der Schlüssel sein konnte, so wie Morten damals beim FC. Ulf hatte in der Vorsaison jämmerliche acht Tore geschossen. Als ich ihn kurz vor Saisonstart in mein Trainerbüro bat, war er nicht besonders gut drauf. Eigentlich wollte er den Verein verlassen, mit Benfica Lissabon war auch schon alles klar gewesen. Aber ich hatte mein Veto eingelegt, kurz nachdem Reiner fast auf meinem Schoß gesessen hätte. Es war eine meiner ersten Amtshandlungen gewesen. Mit 1,75 Metern Körpergröße war Ulf relativ klein für einen Stürmer. Als er nun vor mir saß mit seiner dunklen Haarmähne, wirkte er noch kleiner. Ich erkannte den eiskalten Torjäger in ihm nicht wieder. Ich hatte mir vorher viele Gedanken über das Gespräch gemacht und mich gefragt, was wohl eine gute Trefferquote für einen Stürmer ist. Ich kam relativ schnell auf 35 Prozent, denn das würde bedeuten, dass man im Schnitt etwa drei Chancen brauchte, um zu knipsen, was ziemlich gut war, wie ich fand. Ich überlegte mir, ob sich daraus eine Erzählung machen ließe.

Ulf schaute schüchtern zu Boden. »Kennst du diese Staubsaugervertreter, die immer von Tür zu Tür laufen, um ihre Ware zu verkaufen?«, fragte ich ihn. Er blickte mich verdutzt an, und ich spürte, wie es in ihm arbeitete. Ulf war damals schon dreißig, er hatte viele Trainer erlebt, aber eine solche Frage war ihm noch nie gestellt worden. »Jetzt stell dir mal vor, du wärst einer von denen und müsstest an zehn Haustüren klingeln. Wie viele Staubsauger würdest du verkaufen können?« Obwohl ihn auch diese Frage irritierte, merkte ich, dass die Geschichte in seinem Kopf angekommen war. Der Fisch hing am Haken.

»Mindestens drei würde ich sicher verkaufen«, sagte er. Ich ging ans Flipchart hinter meinem Schreibtisch und malte mit dem Edding zehn Haustüren auf. »Von den ersten sechs Haushalten will aber keiner deinen Staubsauger haben«, sagte ich und strich sechs Türen durch. »Jetzt klingelst du an der siebten Tür. Wie fühlst du dich?« – »Scheiße, das wird eng«, meinte er. »Wird wohl nichts.« Ich drehte mich wieder zum Flipchart und malte zehn Fußballtore unter die Haustüren. Die ersten sieben strich ich direkt durch. »Natürlich wird das was«, sagte ich dann. »Jetzt musst du zuversichtlich sein, denn du kannst jetzt nur noch eine Absage bekommen! Auch wenn du sieben Mal neben das Tor schießt, beim achten Mal triffst du! Der Staubsaugervertreter klingelt zwar etliche Male vergebens, aber irgendwann wird er erfolgreich sein – genau wie ein Torjäger!« Ich erklärte ihm noch, dass er nie den Glauben an sich und seine Qualitäten verlieren dürfe. Fehlversuche gehören genauso zum Fußball wie Treffer, so ist das halt.

Wenig später besiegten wir den amtierenden Deutschen Meister Borussia Dortmund in meinem ersten Bundesligaspiel als Bayer-Trainer mit 4:2. Vier Tage danach gewannen wir auch unser zweites Saisonspiel beim MSV Duisburg mit 3:1. Ulf schoss vier Tore in diesen zwei Partien. Damit fing es an.

Zu dieser Zeit fragte mich mein Freund Rolf Lövenich, ob wir uns nicht zusammen ein Ferienhaus auf Mallorca kaufen sollten. Er stellte sich ein Haus mit Meerblick vor, eine Hälfte sollte mir gehören, die andere ihm, und ich hielt das für eine gute Sache. Eine solche Immobilie wäre ein Rückzugsort und zugleich eine sichere Geldanlage, fand ich, schließlich stand ich damals noch am Anfang meiner Trainerkarriere, da konnte es nicht schaden, ein bisschen Kohle sinnvoll zu investieren. Also begaben Rolf und ich uns auf die Suche. Wenn ich trainingsfrei hatte, flog ich mit ihm nach Mallorca. Die ersten Male fuhren wir mit einem Mietwagen ziellos über die Insel und schauten uns um. Mit der Suche nach unserem Ferienhaus kamen wir auf diese Weise nicht besonders voran. Eines Tages schleppte Rolf einen Immobilienmakler an. Er war ein klassischer Verkäufer-Typ und hätte vermutlich Eskimos einen Kühlschrank andrehen können. Er war eloquent und machte einen sympathischen Eindruck. Auf der Insel kannte er sich bestens aus, er zeigte uns mehrere interessante Objekte. Im Spätsommer 1996 wollte er uns schließlich eine zum Verkauf stehende Hotelanlage anbieten. »Hotelanlage?«, rutschte es mir heraus. Wir suchten doch nur ein Ferienhaus für uns beide und kein Hotel. »Schaut es euch wenigstens an«, meinte er. »Es wird euch gefallen und ist finanzierbar.«

Gefallen war untertrieben, ich verliebte mich auf Anhieb in diese Anlage. Wir standen neben Springbrunnen, Zitronenbäumen und Palmen in einem weitläufigen Innenhof, der von sandsteinfarbenen Apartments in den verschiedensten Formen und Größen umgeben war. Dieses Anwesen war wie ein Dornröschenschloss, ein wenig verwildert, weil es seit einiger Zeit leer stand. Man brauchte nicht viel Fantasie, um sich vorzustellen, wie toll das alles mal aussehen könnte, wenn wir es nur wach küssten. Das grünlich schimmernde Meer lag direkt vor der Anlage, es gab keinen Touristenrummel, dafür Traumstrände in unmittelbarer Nähe, Golfplätze, Jachthäfen und eine herrliche Landschaft. Wenn das hier renoviert und verkauft wäre, glaubte ich, würde ich bis an mein Lebensende finanziell ausgesorgt haben.

Ich würde lügen, wenn ich behaupten würde, dass ich damals schon Zweifel hatte. Hätte ich ahnen können, was kommen würde? Möglicherweise. Aber für all das, was später passierte, gab es an diesem Tag überhaupt keine Anzeichen. Ich sah einzig und allein das lukrative Investment. Heute bin ich schlauer.

Was ich aus dieser Episode lernen konnte? Ich hätte mich auf meinen Job als Trainer fokussieren und nicht auf anderen Feldern ausprobieren sollen. Das Problem ist nur: Als erfolgreicher Trainer wirst du von vielen Leuten umgarnt. Das war mir damals schon bewusst, nur dass meine Alarmglocken beim Anblick dieses imposanten Anwesens stumm blieben.

Nach der Besichtigung der Hotelanlage saßen wir mit dem Makler auf der Terrasse eines Restaurants am Jachthafen. Im Hintergrund schaukelten Luxusjachten im Hafenbecken. Wir tranken Wein, und die Stimmung war gelöst, und obwohl wir gar nicht so viel über die alte Hotelanlage redeten, muss der Makler gespürt haben, dass Rolf und ich großes Interesse hatten. Er war ein guter Erzähler, vielleicht gehört das zu einem guten Verkäufer dazu. Aber irgendwann konnte ich ihm nicht mehr folgen. Mein Blick blieb nämlich an einer rothaarigen Frau kleben, die sich im Hintergrund mit einigen Spaniern unterhielt. Ich war sofort von ihr fasziniert, diese Frau hatte eine unfassbare Ausstrahlung, ich fühlte mich wie vom Blitz getroffen. Als der Makler für einen Moment abgelenkt war, flüsterte ich Rolf ins Ohr: »Siehst du diese Frau da drüben? Die muss ich kennenlernen!« Rolf schaute sich heimlich nach dem Makler um, dann stieß er mir seinen Ellbogen in die Seite und beugte sich zu mir: »Nicht so laut!«, flüsterte er mir zu. »Das ist Angelica, die Frau vom Makler!«

Doch ich konnte den Blick nicht von ihr lassen. Es war seltsam, so etwas hatte ich noch nie erlebt. Beim Anblick von Angelica schlug mein Herz höher. Ich vergaß alles um mich herum und kam mir beschwingt vor. Meine Gefühle machten mich blind für meine Umgebung. Ich musste sie unbedingt kennenlernen.

Doch nicht an diesem Abend. Ich ließ sie zwar nicht mehr aus den Augen, ins Gespräch kamen wir aber zunächst nicht. Das machte nichts, weil ich wusste, dass ich schon bald nach Mallorca zurückkehren würde. Wegen der alten Hotelanlage, die das Geschäft meines Lebens werden sollte. Dann würde ich den Makler wiedersehen, und das bedeutete, dass ich auch Angelica wiedersehen würde. Wie ich wenig später erfuhr, hatten sich die beiden ohnehin vor geraumer Zeit auseinandergelebt.

Wir eroberten die Bundesliga im Sturm. In der Winterpause hatte Ulf schon elf Tore auf seinem Konto, drei mehr als in der gesamten Vorsaison. Er war einer der Garanten dafür, dass wir mittlerweile Dritter waren, nur zwei Punkte fehlten uns auf die Bayern an der Tabellenspitze. Bayer Leverkusen hatte sich vom Abstiegskandidaten in einen Titelanwärter verwandelt. Ähnlich wie beim VfB muss die Mannschaft in den ersten Monaten geschockt von mir gewesen sein. So wie einige von ihnen es heute beschreiben, raste ich jeden Tag wie ein Duracell-Häschen über das Trainingsgelände. Was hätte ich sonst tun sollen? Bayer Leverkusen war wie ein riesiger, fruchtbarer Acker, der dringend umgepflügt werden musste. Der Verein hatte die allerbesten Voraussetzungen, es wurde nur Zeit, dass jemand den Pflug in die Hand nahm. Ich gab Vollgas, und wahrscheinlich dachten die Spieler und Mitarbeiter: Ach, der wird sich schon noch beruhigen. Aber ich wurde nicht ruhiger.

Leverkusen war für die Spieler eine Wohlfühloase gewesen. Die meisten verhielten sich am Anfang genau so, wie Rüdiger es angedeutet hatte: Macht ja nix, wenn man mal verliert. Mit einer professionellen Einstellung und Siegermentalität hatte das wenig zu tun. Deshalb riegelte ich den Lizenzspielerbereich hermetisch ab. Weil sich in diesem Trakt auch die Amateurmannschaft aufhielt, herrschte am Anfang ein Kommen und Gehen wie auf einem Bahnhof. Das passte mir nicht. Die Spieler sollten diesen Ort als heiligen Bereich, als etwas Besonderes ansehen. Nur wer hier reindurfte, gehörte zum Bundesligakader und war Teil dieser Gemeinschaft. »Wenn ich hier drin einen sehe, der nicht auf meiner Liste steht, dann sind Sie entlassen!«, warnte ich die Sheriffs vom Sicherheitsdienst, die ich vor dem Gebäude aufstellen ließ. Die Mannschaft musste außerdem lernen, das Verlieren zu hassen, ich redete gebetsmühlenartig auf meine Spieler ein. Mit Sicherheit übertrieb ich dabei am Anfang, aber ich musste hier einen kompletten Neustart hinlegen. Ich drehte jeden Stein zweimal um und stellte alles auf den Prüfstand. Mein Motto lautete: Altes nicht durch Neues, sondern durch Besseres ersetzen. Als wir im März 1997 die Bayern mit 5:2 aus unserem Stadion fegten, sah ich uns endgültig auf dem richtigen Weg.

Das Tolle an Leverkusen war, dass meine Ideen und Maßnahmen nie im Grundsatz infrage gestellt wurden. Ich drehte den ganzen Verein auf links, aber egal, was ich auch vorhatte, ich musste es meinen Chefs nur logisch erklären. Ich nannte Reiner, Rudi oder Kurt Vossen, dem Fußballchef des Bayer-Konzerns, die Beweggründe für ein Vorhaben. Wenn sie überzeugt waren, wurde es umgesetzt. Und meistens überzeugte ich sie. Bei meinen vorherigen Clubs hatte immer die Kostenfrage im Vordergrund gestanden, bei Bayer dagegen wollte man den Sinn dahinter verstehen. Ich fühlte mich wie ein Elektriker, der einen Wackelkontakt behob, denn viel mehr war in Leverkusen gar nicht defekt gewesen. Die Voraussetzungen waren traumhaft, also fügte ich ein paar Stecker zusammen, und der ganze Laden stand unter Hochspannung.

Ich setzte auch die Mitarbeiter unter Strom. Ich weiß noch, wie ich am Anfang zu unserem Platzwart Dieter Prahl sagte: »So, ab jetzt bist du der Greenkeeper, nicht mehr der Platzwart!« Greenkeeper hörte sich aus meiner Sicht nach deutlich mehr Anerkennung an. Dieter starrte mich mit offenem Mund an. Ich legte noch mal nach: »Unser Erfolg beginnt auf deinem Rasen!« Danach hat Dieter auf dem Rasen geschlafen. Ähnliche Gespräche führte ich mit dem Zeugwart, dem Physiotherapeuten Dieter Trzolek und anderen Mitarbeitern. Sie alle hatten schon vorher gute Arbeit geleistet, aber jetzt bekamen sie eine Wertschätzung und Bedeutung, die sie vorher in dieser Form nicht erfahren hatten. Ich bin noch heute überzeugt davon, dass sie alle maßgeblich dazu beitrugen, dass wir uns zu einem Spitzenverein entwickelten.

Es gab nur ein Problem, zumindest aus Sicht der Chefetage. Unser Erfolg war auch anderen Clubs nicht verborgen geblieben. Dass Uli Hoeneß mal wieder Gefahr witterte und die Abteilung Attacke aktivierte, war das eine, dass in den Medien plötzlich Gerüchte auftauchten, wonach Real Madrid und der FC Everton an mir interessiert seien, das andere. Dabei wusste ich zu dem Zeitpunkt nur, dass mein Name tatsächlich in der Chefetage von Real vorgeschlagen worden war, nicht mehr und nicht weniger. Es gab keinen direkten Kontakt nach Madrid, aber natürlich wehrte ich mich nicht gegen die Gerüchte in der Presse, es ging immerhin um Real Madrid! Das alarmierte die Konzernspitze von Bayer. Der Vorstandschef wollte mich sprechen.

Dr. Manfred Schneider war einer der mächtigsten Manager Deutschlands und hatte sich bei Bayer vom Abteilungsleiter bis an die Spitze hochgearbeitet. Die Chefrolle im Fußball überließ er zwar Reiner, doch jeder wusste, dass Schneider die Karrieren von Sportdirektoren oder Trainern in Leverkusen jederzeit beenden konnte, wenn er seinen Daumen senkte. Schneider sah mit seinen gut sitzenden Anzügen und dem Seitenscheitel wie ein typischer Wirtschaftsführer aus. Er kam ursprünglich aus Bremerhaven und wirkte oft nordisch unterkühlt. Er empfing mich freundlich lächelnd in seinem noblen Vorstandsbüro. »Herr Daum, Sie haben es geschafft, um einen Chemiekonzern, der eine Fußballmannschaft unterhält, eine Sympathieklammer zu schlagen! Ihre Arbeit ist für uns als Konzern unbezahlbar. Ich sag Ihnen hier eins: Sie werden diesen Verein nie wegen des Geldes verlassen! Egal, welcher Club auf Sie zukommt, Sie werden Bayer 04 Leverkusen niemals aus finanziellen Gründen verlassen!«

Was soll man dazu noch sagen? Das schmeichelte mir natürlich gewaltig, vor allem, als Schneider mir kurz darauf eine großzügige Gehaltserhöhung in Aussicht stellte. Er zog sein Angebot auch nicht zurück, als wir am vorletzten Spieltag mit 0:4 in Köln untergingen und damit die letzte Chance auf die Meisterschaft verspielten. Ausgerechnet vom FC waren wir auseinandergenommen worden, und ich weiß noch, dass einige meiner Spieler weinten. Ich setzte mich allein in eine Ecke der Kabine des Müngersdorfer Stadions und fühlte eine große Leere, bis Reiner mir irgendwann beide Hände auf die Schultern legte und an mir rüttelte. »Bist du eigentlich bekloppt?«, sagte er. »Wat bist du denn so grantig? Wir sind in der Champions League!« Das interessierte mich in diesem Augenblick nicht, ich hatte Meister werden wollen. Reiner schüttelte verständnislos den Kopf und ließ mich sitzen. Für ihn und die anderen war die Rechnung einfach: Der Fast-Absteiger der Saison 1995/96 war zum Fast-Meister 1996/97 geworden, eine sensationelle Entwicklung, die mit der Teilnahme an der Champions League und damit verbundenen Millionen-Einnahmen gekrönt wurde. Ganz nebenbei war Ulf mit 22 Treffern auch noch Torschützenkönig. Davon wollte ich nach dem Abpfiff in Köln nichts wissen. Für mich war nur eins klar: Das war noch nicht das Ende.

Ich flog in dieser Zeit immer häufiger nach Mallorca. Einerseits war ich mit dem Kauf der Hotelanlage beschäftigt, auf der anderen Seite hatte es den schönen Nebeneffekt, dass ich Angelica nun regelmäßig traf. Ich sprach sie an, nachdem ich sie das zweite Mal gesehen hatte. Zunächst wirkte sie etwas zurückhaltend, doch es dauerte nicht lange, bis wir redeten und redeten. Wenn sie lachte, blieb die Zeit stehen. Ihr Anblick verzauberte mich, und wieder vergaß ich alles um mich herum. Es dauerte nicht lange, bis wir regelmäßig miteinander ausgingen. Dass ihre Ehe seit längerer Zeit nur noch auf dem Papier existierte, hatte sie mir früh signalisiert.

Der Makler war inzwischen im Knast gelandet. Wegen des Verdachts der Steuerhinterziehung hatte man ihn, wie in einem schlechten Film, mitten auf dem Marktplatz von Sineu festgenommen. Angelica wickelte nun einen Teil der Geschäfte für ihn ab.

Ob ich spätestens jetzt hätte gewarnt sein sollen? Weil ich mit jemandem Geschäfte gemacht hatte, der im Gefängnis saß? Wahrscheinlich. Aber meine Alarmglocken schliefen weiter, wenn Angelica bei mir war. Stattdessen traf es mich jedes Mal wieder aufs Neue wie ein Blitz, wenn ich sie sah. Angelica war eigentlich Musicalsängerin, und ihr Anblick war umwerfend, da stimmte alles, ich hatte mich unerwartet schnell in sie verliebt.

Auch mit dem Kauf der Hotelanlage lief alles rund. Die Deutsche Bank legte Rolf und mir einen Finanzierungsplan vor, unabhängig davon gaben Wirtschaftsprüfer grünes Licht für den Erwerb des Objekts, das wir »Sea Green« nannten. Unser Plan war einfach: Wir wollten diese heruntergekommene Anlage ordentlich aufpolieren und die dazugehörigen Apartments anschließend für gutes Geld verkaufen. Es war nicht so, dass wir blauäugig in irgendeine verlotterte Immobilie auf Mallorca investierten. Nach Renovierung und Umbau waren die Gewinnaussichten glänzend, und es meldeten sich schon die ersten Interessenten, als der Kaufvertrag noch gar nicht unterschrieben war. Es gab überhaupt nichts, was dagegensprach, zumindest sah ich nichts außer der Aussicht auf sichere Einnahmen. Ich ließ mich sogar von der *Bild* vor der Anlage ablichten. Auf dem größten der drei Fotos des Artikels sitze ich im Anzug wie ein abgezockter Manager auf einem Rimowa-Alukoffer, man sieht mich in die Kamera lächeln, so als hätte ich gerade das Geschäft meines Lebens getätigt. »Daum: So legt er seine Millionen an«, lautete die Schlagzeile. Alle Welt erfuhr davon, und das war ein schwerer Fehler.

Es gab immer wieder Leute, und es gibt sie noch heute, die mir einen übertriebenen Geltungsdrang unterstellen. Nach ihrer Überzeugung habe ich mich schon immer vor jede Kamera gedrängt und keine Gelegenheit ausgelassen, um im Rampenlicht zu stehen. Ließen mich diese Vorwürfe kalt? Konnte ich sie leichtfertig als Schwachsinn abtun? Leider nicht, obwohl sie oft übertrieben waren. Irgendwann hatte ich einfach dieses Image. So wie Felix Magath noch heute als der Medizinball-Schleifer angesehen wird, bekam Christoph Daum den Selbstdarsteller-Stempel. Mein größtes Problem war, dass ich mich in meinen Rollen verlor – und alle daran teilhaben ließ. Ich investierte in eine lukrative Immobilie, na schön, aber musste jeder davon wissen? Wieso habe ich nicht alles über Rolf laufen lassen, ich hätte mich doch einfach im Hintergrund halten können? Stattdessen wollte ich als erfolgreicher Trainer und erfolgreicher Geschäftsmann dastehen. Und ganz nebenbei hatte ich auch noch angefangen, Vorträge vor Unternehmen zu halten. Ich *konnte* nicht Nein sagen. Ich *wollte* nicht Nein sagen.

Es muss Anfang 1998 gewesen sein, als meine Frau mich spätabends in unserer Küche in Efferen misstrauisch anschaute. Ich war wie meistens gegen halb acht zu Hause gewesen, hatte mit ihr und den Kindern zu Abend gegessen und Marcel und Janine anschließend ins Bett gebracht. Die beiden schliefen schon, als ich zurück in die Küche ging. Ich merkte sofort, dass sie etwas belastete. Das Bemerkenswerte ist, dass sie und Angelica sich in vielerlei Hinsicht ähnlich sind. Beide sind sehr kommunikativ, hilfsbereit, herzlich und fast immer guter Laune. Aber an diesem Abend in der Küche lag kein Lächeln auf ihrem Gesicht. »Ich habe das Gefühl, dass es da eine andere Frau in deinem Leben gibt«, sagte sie. »Spinnst du?«, fragte ich ohne zu zögern. »Wie kommst du denn darauf? Da ist nichts!«

Etwa zur selben Zeit traf ich zum ersten Mal seit Langem wieder auf Jupp Heynckes. Wir standen im Viertelfinale der Champions League und damit vor dem größten Spiel meiner bisherigen Karriere. Wir empfingen Real Madrid. Real Madrid – allein wie das schon klang! Zweimal hatte ich die Gruppenphase mit dem

VfB und Beşiktaş verpasst, jetzt konnten wir sogar ins Halbfinale einziehen! Während die Medien das Duell Daum vs. Heynckes in den Mittelpunkt rücken wollten, spielte die bevorstehende Begegnung mit ihm für mich keine große Rolle. Ich konzentrierte mich auf das Spiel. Ich hatte mich bei Heynckes bereits im Rahmen eines Testspiels Anfang der Neunziger in einem fensterlosen Raum des Ulmer Donaustadions entschuldigt. Trotzdem merkte ich jetzt, im März 1998, dass bei ihm etwas hängen geblieben war. Das sind keine Dinge, die man als Außenstehender erkennen kann, ich fühlte es nur wegen der Art und Weise, *wie* er mir die Hand gab oder *wie* er mich ansah. Ich beschwere mich nicht darüber, er hatte schließlich allen Grund, mich nicht zu mögen.

Wir erreichten ein 1:1, was uns für das Rückspiel im Bernabéu-Stadion theoretisch noch alle Chancen ließ, ich gab mich aber keinen großen Illusionen hin. Real Madrid war spanischer Rekordmeister, außerdem hatte kein Verein öfter die Champions League gewonnen. Schon ihre Startelf im Hinspiel war die personifizierte Weltklasse mit Profis wie Raul, Fernando Hierro, Clarence Seedorf oder Roberto Carlos. Trotzdem wusste ich, dass wir sie beeindruckt hatten. Nicht nur wegen der Kampfkraft von Jens Nowotny, Christian Wörns oder Carsten Ramelow, solche Terrier kannten sie ja schon von anderen deutschen Mannschaften. Darauf konnte man sich einstellen. Was für Real aber unberechenbar blieb, waren die Bewegungsabläufe unseres brasilianischen Mittelfeldgehirns. Emerson war das jüngste Juwel, das wir in Brasilien entdeckt hatten, einige Jahre später sollte er selbst zu Real wechseln. Jetzt standen die Königlichen vor dem Problem, dass man ihn nicht entschlüsseln konnte, weil er mit dem Ball Dinge anstellte, die sie von deutschen Mannschaften nicht gewohnt waren. Wegen solcher Spieler hatte sich Bayer Leverkusen längst in ganz Europa einen Namen gemacht. Es war nur eine Detektivarbeit, sie zu entdecken.

Bayers Mann in Brasilien war Chefscout Norbert Ziegler. Nobby war ein Glücksfall für Bayer und für mich. Jedes Jahr verbrachte er sechs Monate dort unten, und immer, wenn er einen interessanten Spieler entdeckte, meldete er sich zuerst bei mir. Ich flog während einer Saison mehrfach nach Brasilien. Oft lief es so ab: Wenn wir am Samstag um 15.30 Uhr spielten, musste ich gegen 17.45 Uhr zur Pressekonferenz, anschließend zog ich mich um und aß eine Kleinigkeit, und um 19.45 Uhr wartete ein Fahrer, der mich zum Frankfurter Flughafen brachte. Der Flieger nach São Paulo hob immer um 22.05 Uhr ab, sodass ich gegen 5.00 Uhr morgens in Brasilien landete, etwa 6.30 Uhr im Hotel war, um 7.30 Uhr kurz ins Fitnessstudio ging und danach im Frühstücksraum meistens schon Nobby zum ersten Gespräch traf. Manchmal flogen wir direkt weiter nach Rio de Janeiro, Porto Alegre oder Curitiba, je nachdem, wo interessante Spiele anstanden. Es war unglaublich kräftezehrend, weil ich montags um 14.25 Uhr schon wieder zurückfliegen musste, um am Dienstagmorgen pünktlich um 10.00 Uhr beim Training in Leverkusen zu sein. Ich machte das vier- oder fünfmal pro Saison, obwohl es mich körperlich ans Limit brachte. Spätestens mit der Verpflichtung von Emerson hatte ich jedoch erkannt, was für eine Schatztruhe dort wartete. Ich musste nur hinfliegen, um sie zu öffnen.

Mit Reiner und Rudi stand ich im engen Austausch. Sie kamen oft erst dann ins Spiel, wenn wir von einem Spieler überzeugt waren und der Deal eingetütet werden konnte. Und wenn ein Spieler leichte Zweifel hatte, räumte Reiner sie mit einem Goldkettchen für die Ehefrau oder Spielzeug für die Kinder aus. Er beherrschte die Klaviatur des Transfergeschäfts wie kein Zweiter. Trotz seiner Abgebrühtheit erlebte ich einmal, wie er mächtig ins Schwitzen geriet.

Wir wollten den Linksverteidiger Serginho vom FC São Paulo verpflichten und trafen uns mit ihm vorsichtshalber im Meridien-Hotel in Rio direkt an der Copacabana, damit wir nicht in

São Paulo mit ihm gesehen wurden. Die Sache war heikel, weil er begehrt war. Wir saßen in einem Besprechungszimmer, und Reiner wollte alles so schnell wie möglich über die Bühne bringen. Es folgte das übliche Spiel. Serginhos Frau, die mit ihm ins Hotel gekommen war, bekam ein paar Kleinigkeiten. Serginho selbst sollte 100 000 Dollar für seine Unterschrift erhalten. Damit hatten wir den Spieler optioniert, was bedeutete, dass Serginho uns praktisch einen Wechsel nach Leverkusen zusicherte, es war nur noch nicht klar, wann genau. Der Haken an der Sache: Der FC São Paulo wusste noch nichts davon. In diesem Geschäft ging es darum, schnell zu sein. Das Wichtigste war, sich mit dem Spieler zu einigen, meistens stiegen wir erst danach in die Ablöseverhandlungen mit seinem Club ein.

Als wir wieder in São Paulo ankamen, wartete ein Typ auf uns, der nicht nach Spaß aussah. »Wir wissen von eurem Deal mit Serginho«, sagte er. »Ihr habt sechs Stunden Zeit, uns die unterschriebenen Verträge zurückzugeben. Ansonsten werdet ihr Brasilien nicht mehr verlassen!« Dann ging er einfach. Neben mir war Reiner zusammengezuckt. Dem ansonsten so redseligen Calli rutschte das Herz in die Hose. Er sah mich fragend an, es bildeten sich bereits erste Schweißperlen auf seiner Stirn. Hätte das Muskelpaket noch kurz gewartet, hätte Reiner ihm die Papiere vor lauter Schreck wahrscheinlich direkt gegeben. Indem er uns einfach stehen ließ, entfaltete sich nun jedoch die volle Wucht seiner Drohung.

Reiner schaute sich leichenblass um. Er entdeckte jetzt in der Lobby permanent irgendwelche Typen mit schwarzen Anzügen und Sonnenbrillen, die er für unsere Beschatter hielt. Obwohl ich Serginho gerne verpflichtet hätte, war die Situation so brenzlig, dass ich Reiner vorschlug, sich mit dem FC São Paulo zusammenzusetzen. »Reiner, wir haben keine Wahl«, sagte ich. »Oder willst du mit Betonschuhen im Atlantik versenkt werden?«

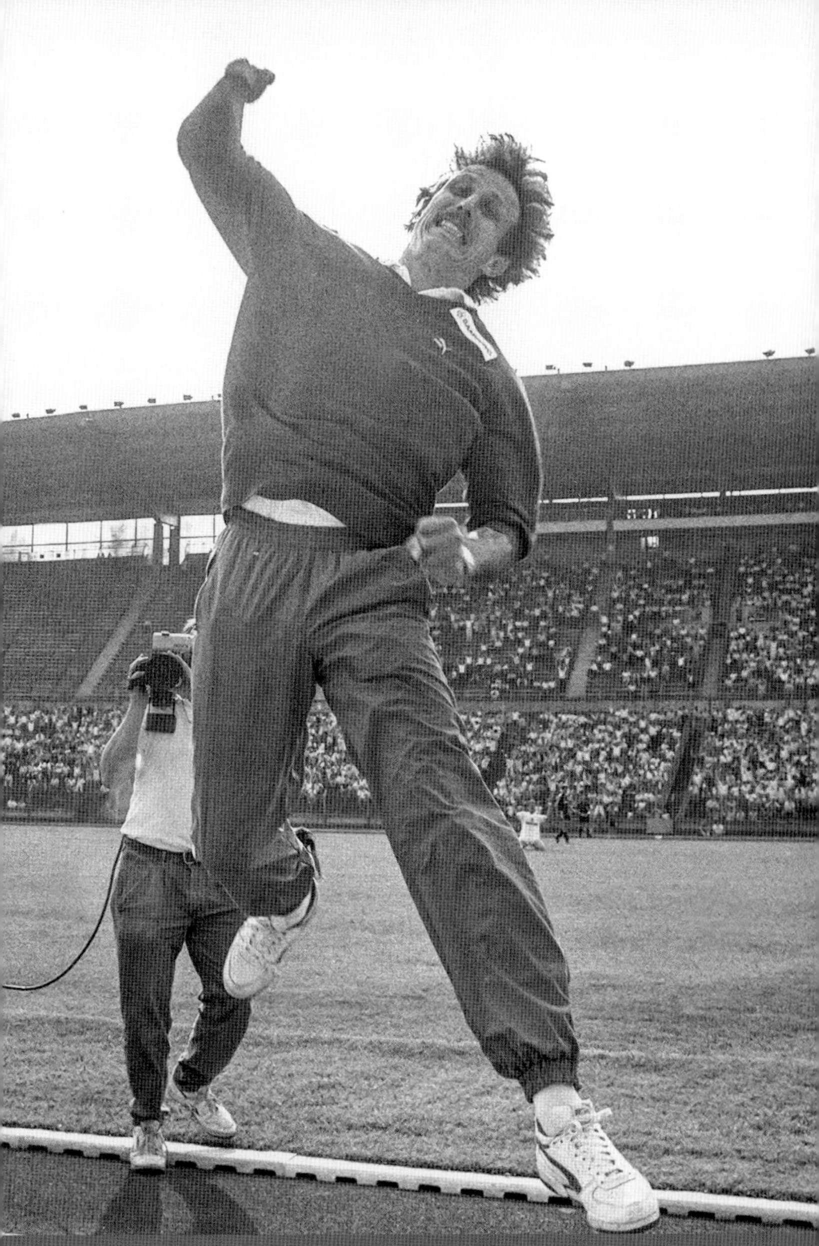

Ich in meinem Element: Die ganze Energie entlädt sich wie bei einem explodierenden Vulkan.
Beim Bundesligaspiel Hannover 96 gegen den 1. FC Köln, 1989. *(1)*

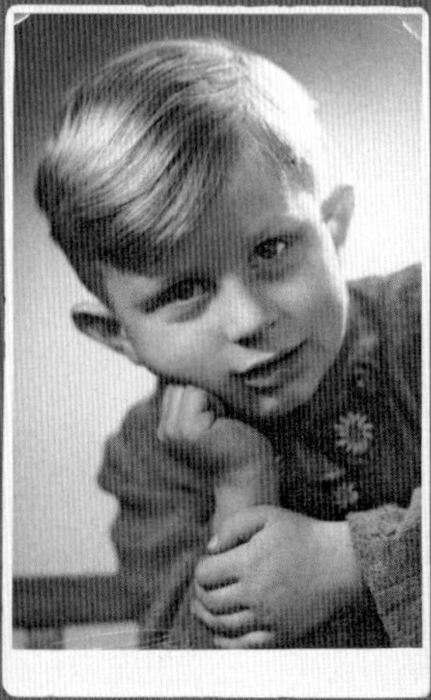

Als Kleinkind wurde ich Herzi genannt, weil ich herzallerliebst aussah (links). Mit Vater Herbert, Mutter Christa und meinem großen Bruder Eberhard in Oelsnitz/Erzgebirge (unten). Später kam in Duisburg noch mein Halbbruder Ralf dazu (Mitte). *(2, 3, 4)*

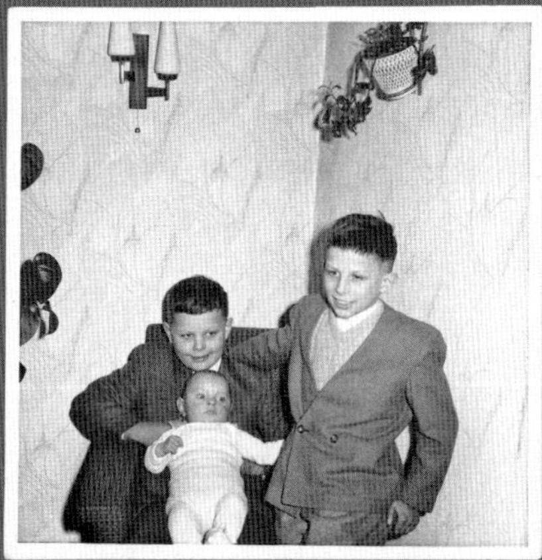

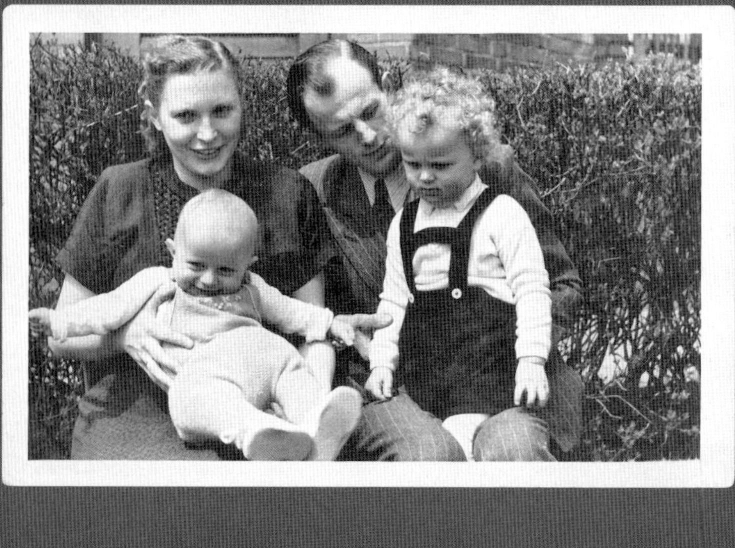

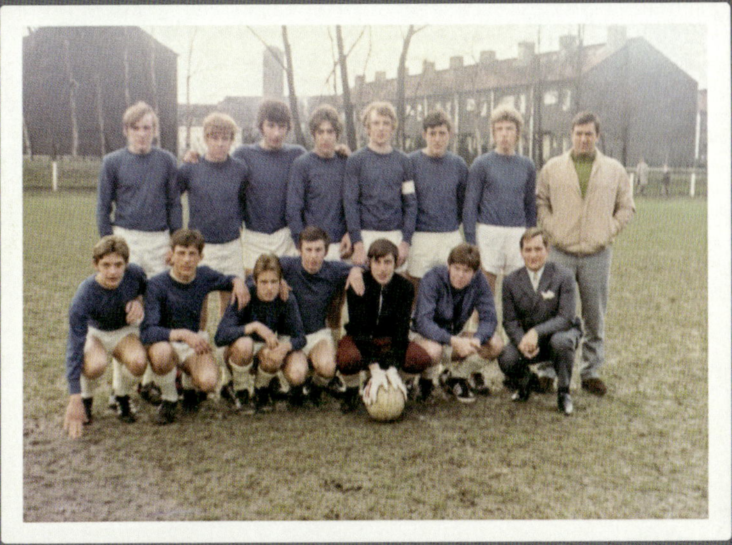

Meine Jugend im Ruhrpott:
Als 13-Jähriger beim VfvB Ruhrort/Laar (oben) spielte ich noch als Stürmer. Wenn ich nicht beim Training war (unten), baute ich Motoren aus oder arbeitete im Walzwerk in Duisburg-Wanheimerort am Fließband (unten rechts). *(5, 6, 7, 8)*

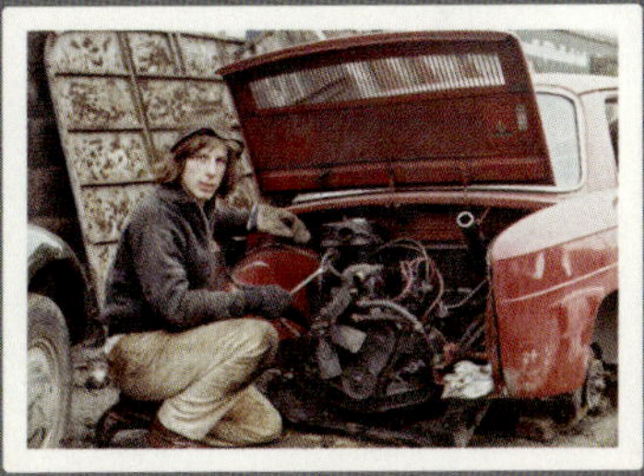

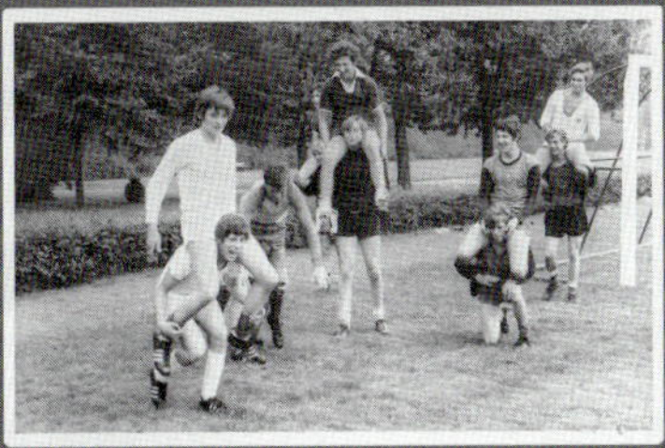

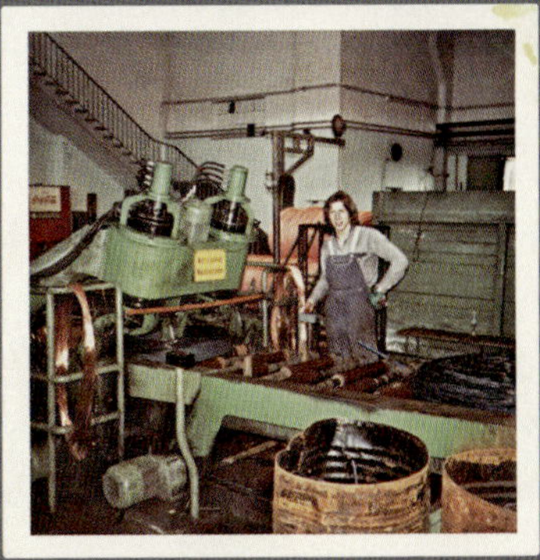

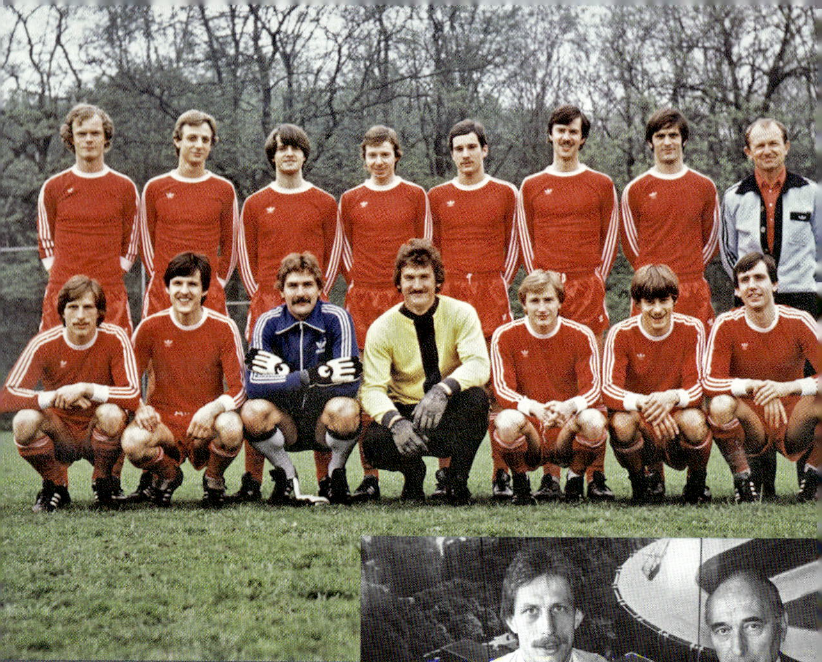

Gero Bisanz (oben rechts) war mein Übungsleiter bei den Amateuren des 1. FC Köln. Er entdeckte mein Talent als Trainer. *(9)*

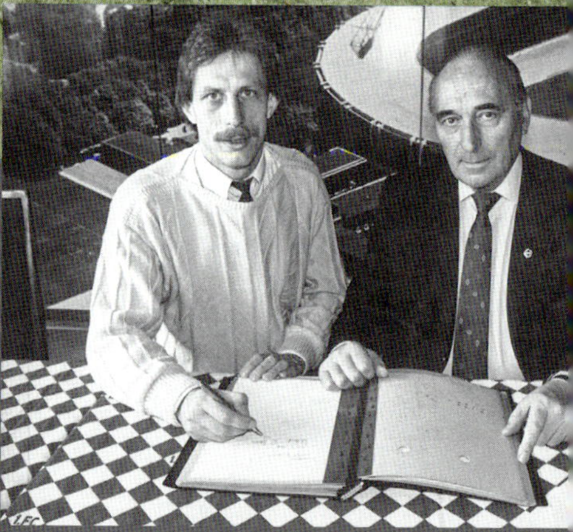

Endlich! Neben FC-Präsident Peter Weiand unterschreibe ich im Frühjahr 1987 meinen ersten Profitrainer-Vertrag *(10)*.

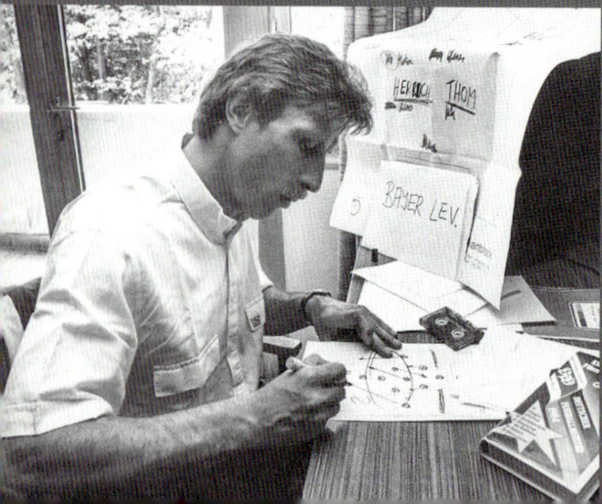

Ich bereitete jedes Spiel akribisch vor. Manchmal hockte ich bis spätnachts am Schreibtisch. *(11)*

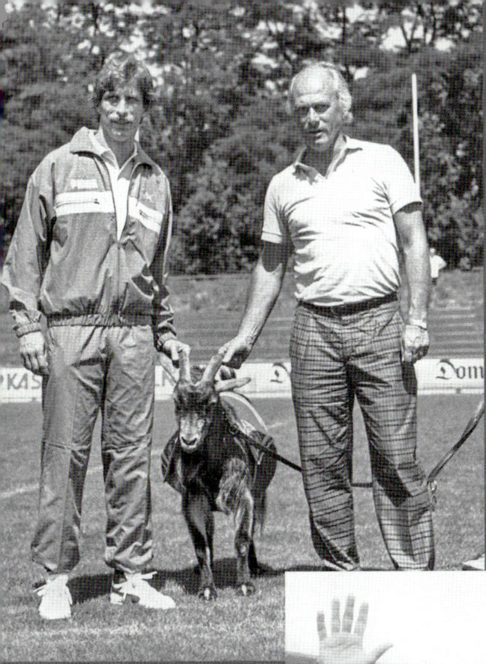

1987: Mein Vorbild und Lehrmeister Udo Lattek führte mit mir den Geißbock in die Erfolgsspur. *(12)*

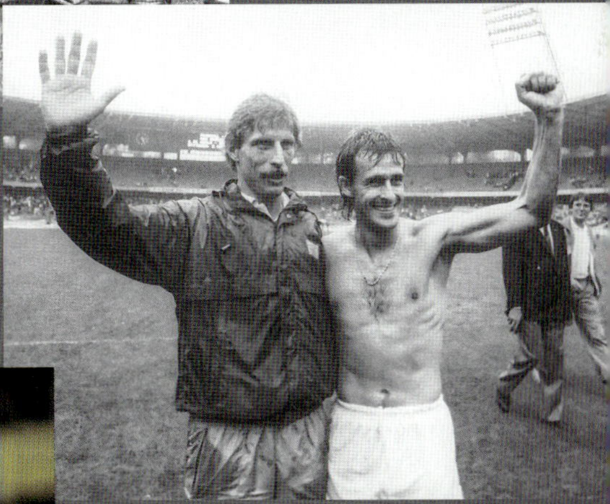

Zwei wichtige Spieler zu Beginn meiner Karriere: Pierre Littbarski (rechts) und Morten Olsen. *(13, 14)*

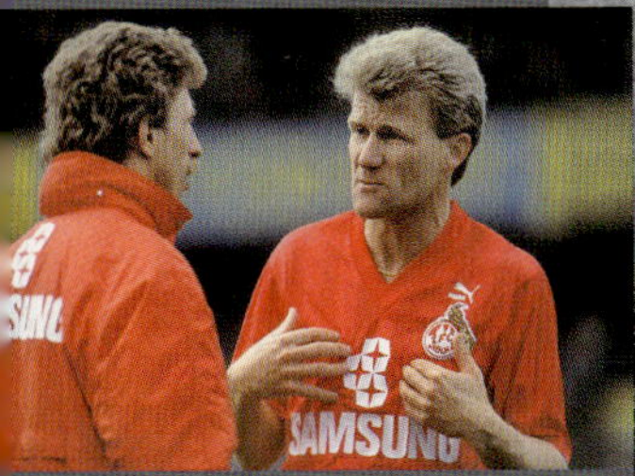

Hier bin ich noch Assistent, kurz darauf beerbte ich Sir Keßler (ganz rechts) als Cheftrainer des 1. FC Köln. *(15)*

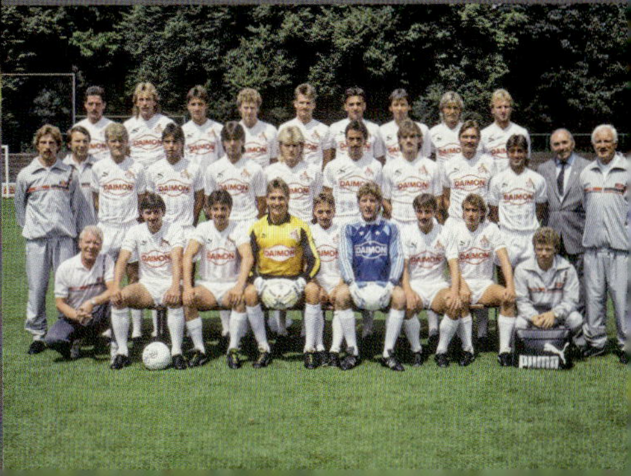

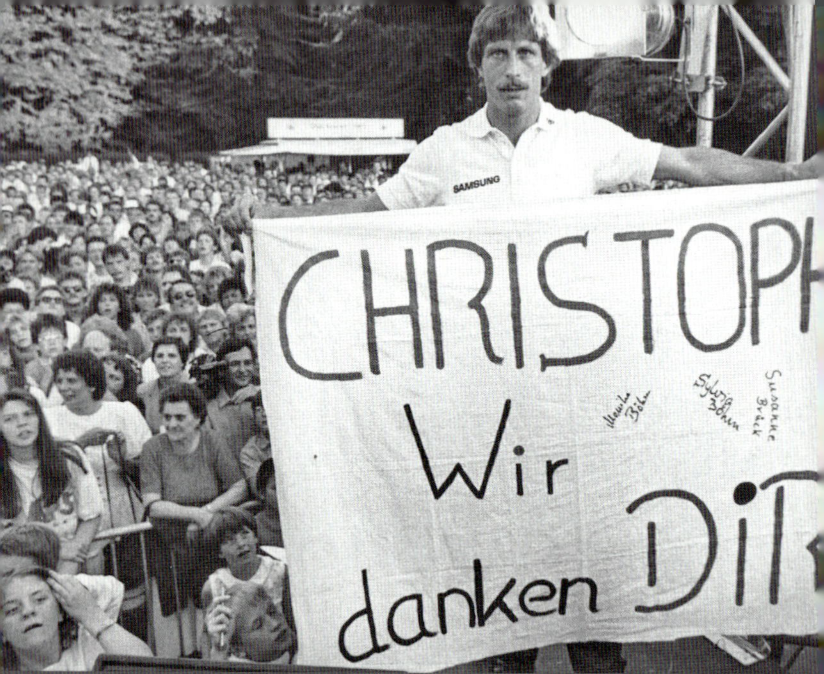

Abschlussfeier der Saison 1987/88, bei der wir mit dem 1. FC Köln Platz 3 belegten. *(16)*

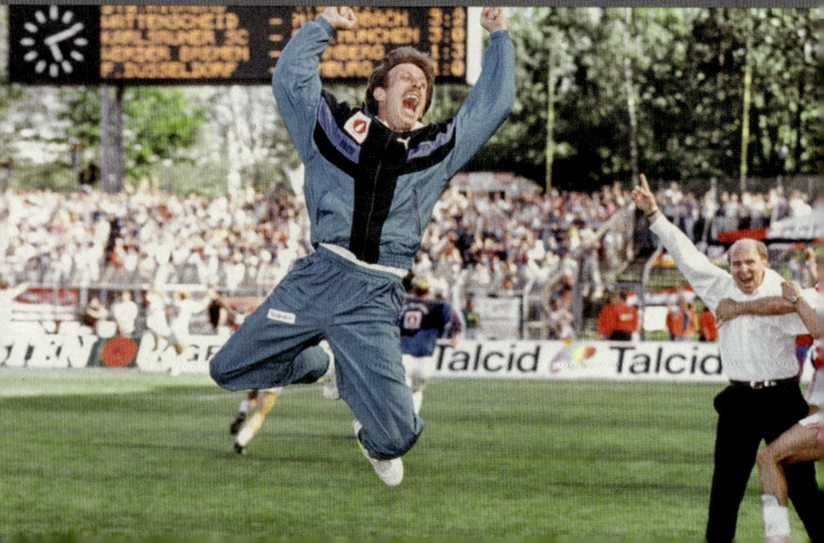

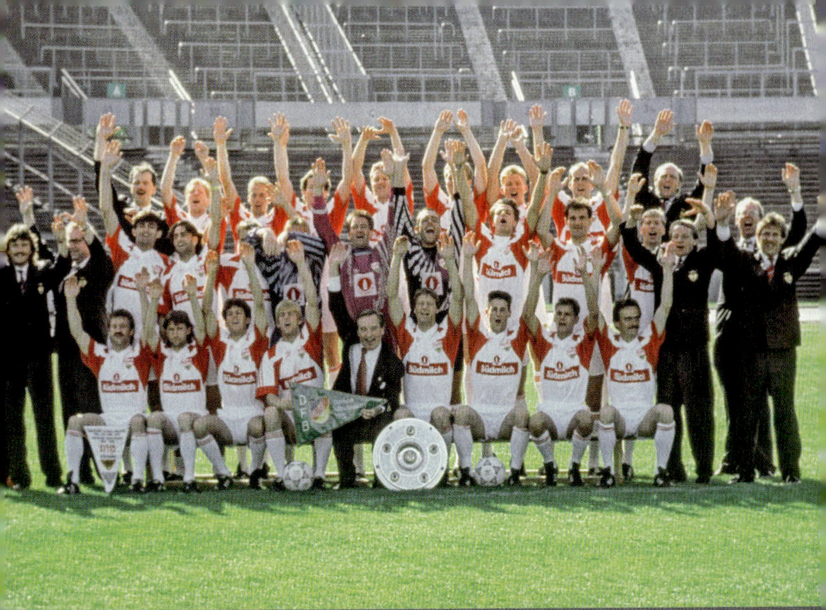

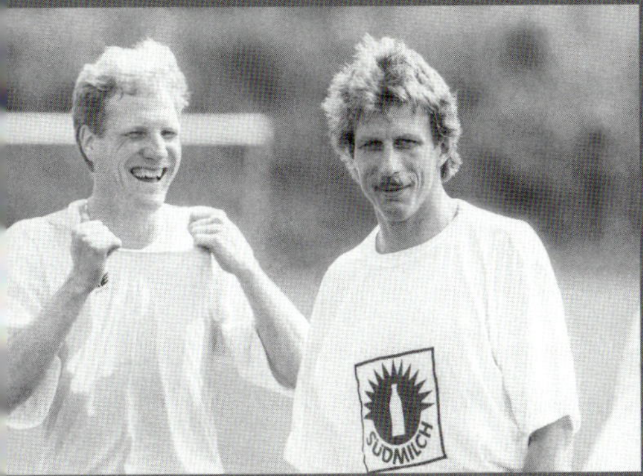

Meine erste deutsche Meisterschaft 1992 mit dem VfB Stuttgart *(18)*. Nach dem Abpfiff in Leverkusen stellte ich einen Weltrekord im Standhochsprung *(links unten, 17)* auf.

1992: Matthias Sammer war als Spieler nie ganz einfach, wir führten einige hitzige Diskussionen. *(19)*

Im Garten ruhte ich mich auf der Schale aus (rechts). Kurz danach war sie verschwunden. *(20)*

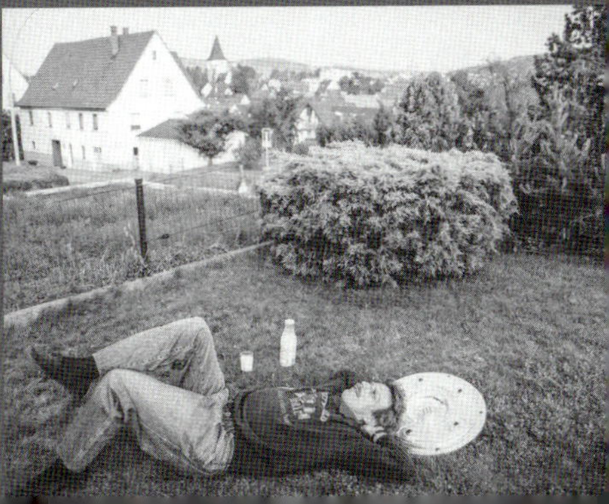

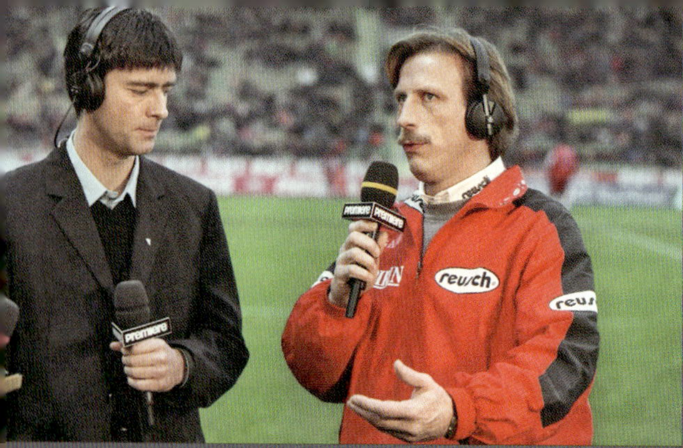

Mit Joachim Löw verbindet mich eine tiefe Freundschaft. Hier treffen wir Ende 1997 in der Bundesliga aufeinander. *(21)*

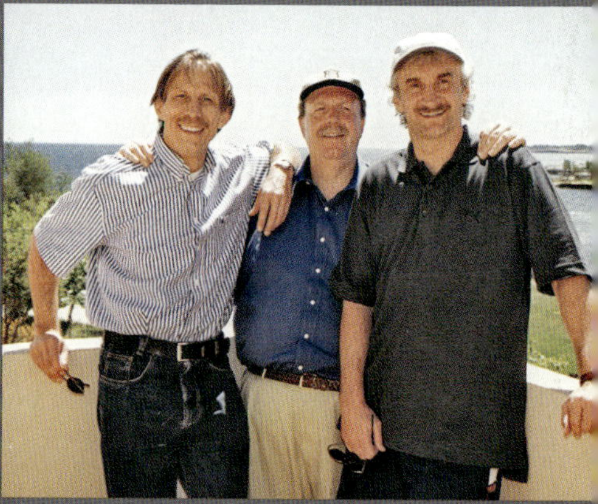

Reiner Calmund (Mitte) und Rudi Völler statteten mir 1997 auf Mallorca einen Besuch in der Wohnanlage Sea Green ab. *(22)*

Mit Carsten Ramelow, Paulo Rink und Michael Ballack. *(23)*

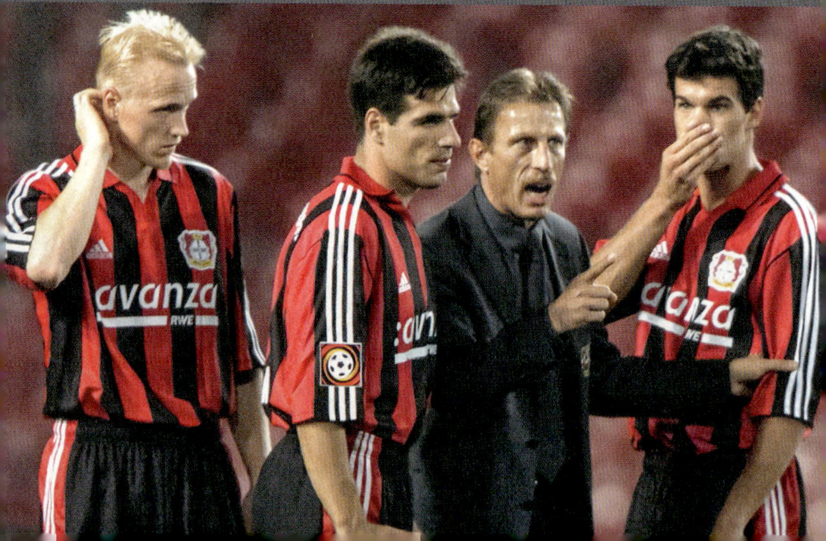

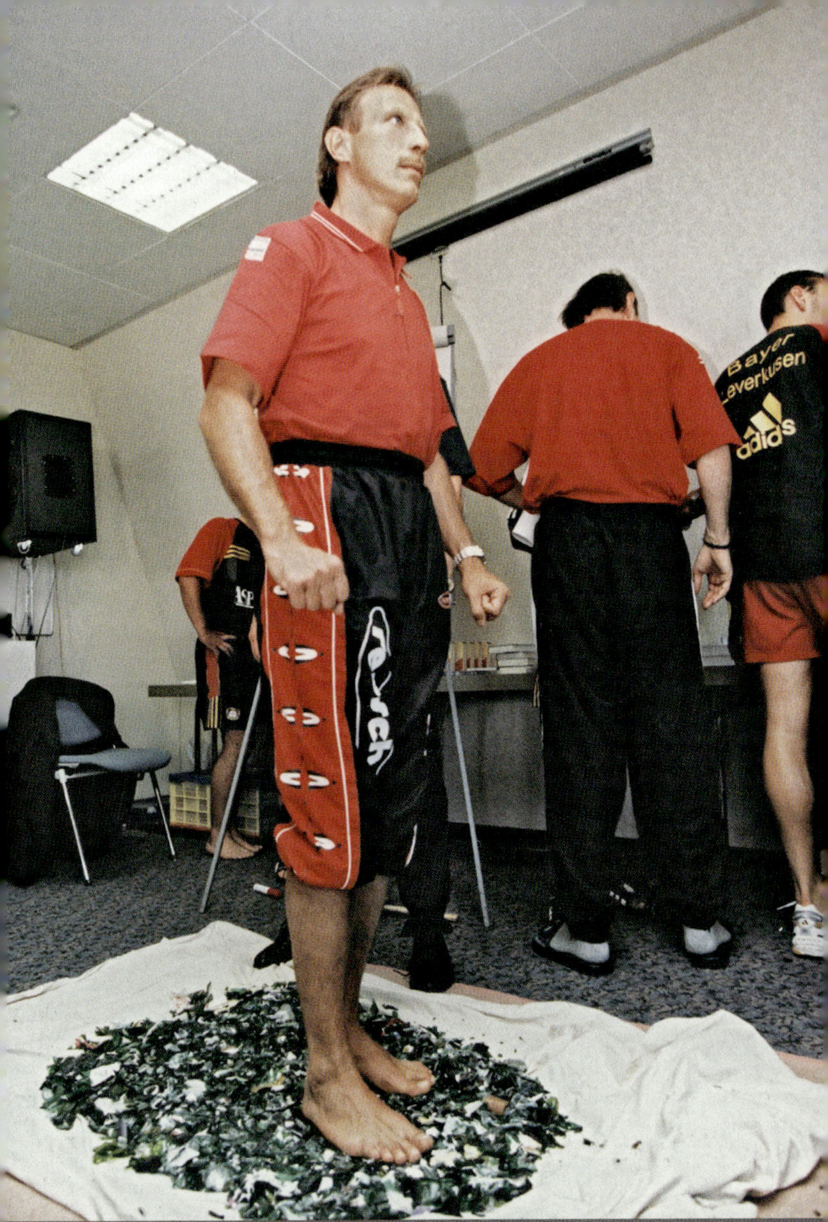

Ich habe von meinen Spielern immer nur das verlangt, wozu ich selbst bereit war. Wären sie ohne Anleitung über Scherben gelaufen, hätte es ein Blutbad gegeben. *(24)*

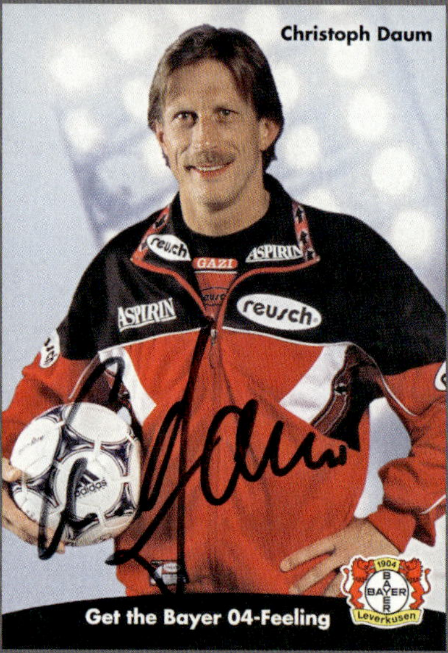

(25)

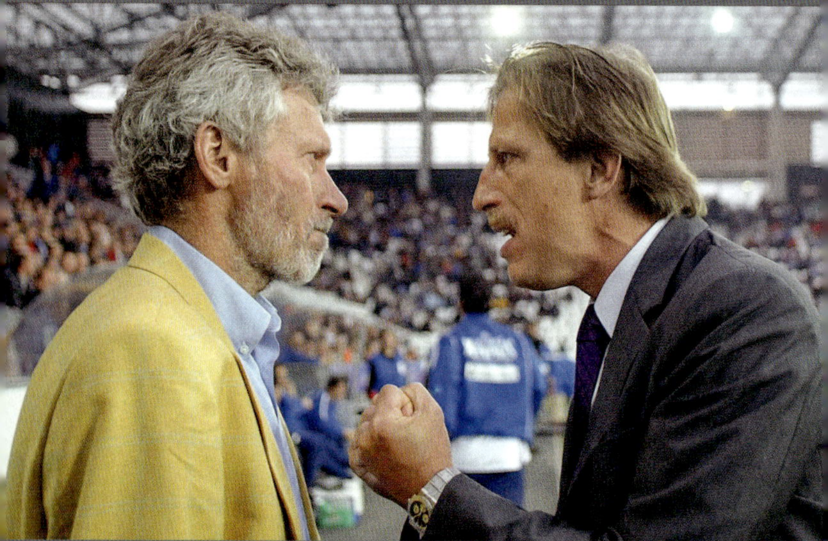

Paul Breitner hätte ich gerne mal trainiert. So blieb mir nur übrig, ihn als Austria-Trainer vor einem Pokalspiel für seine Kommentatoren-Tätigkeit zu motivieren. Danach lieferte er als TV-Experte großartig ab. *(26)*

2015 mit Gerhard Delling beim Freundschaftsspiel des FC Bundestag gegen den FC Diabetologie. *(27)*

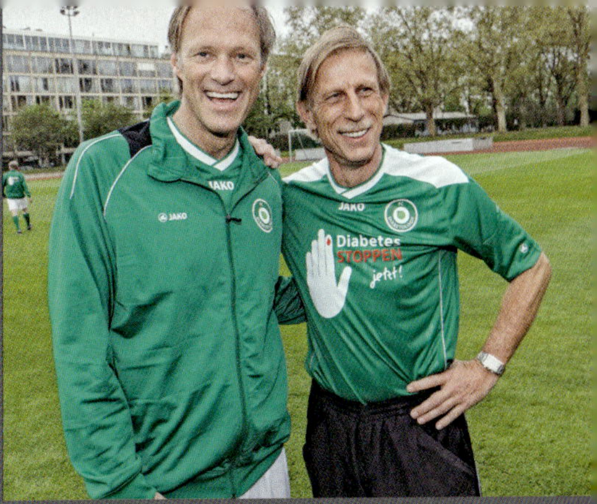

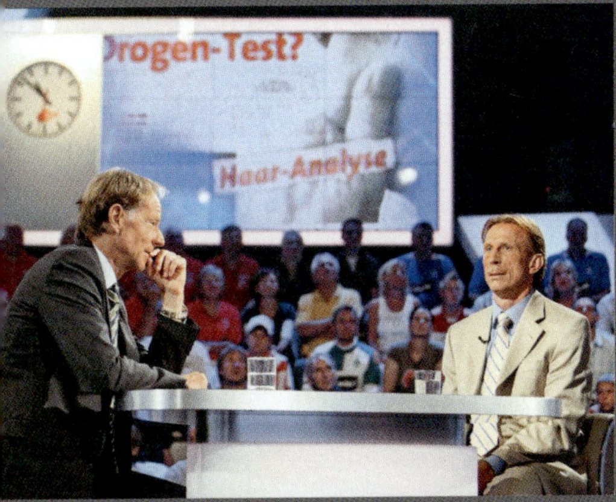

Mein schwerstes Kapitel verfolgt mich zum Teil bis heute, die Haarprobe war auch Thema im ZDF-Sportstudio. *(28)*

(29)

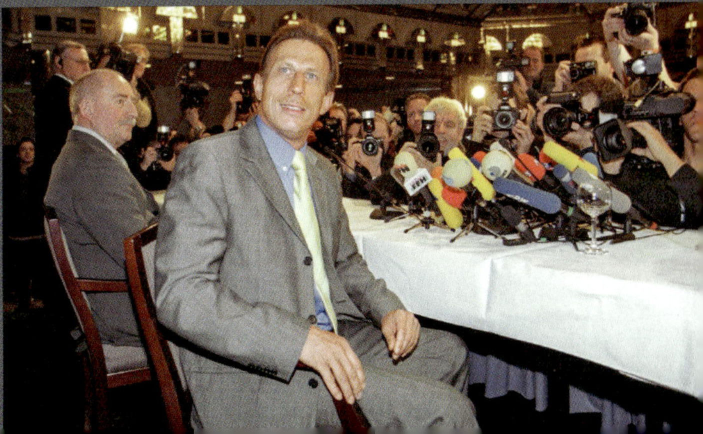

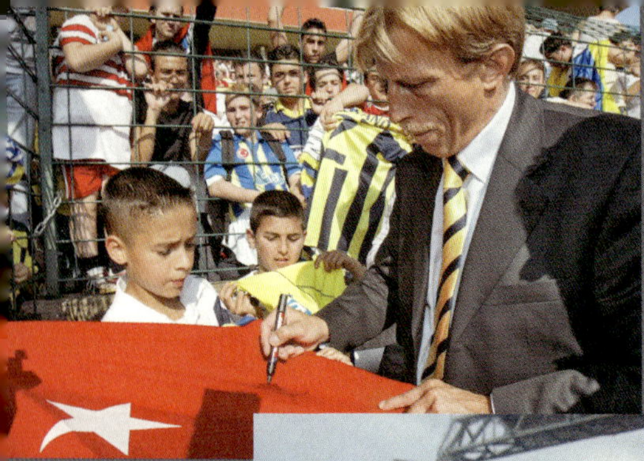

Die türkischen Fans sind noch fanatischer als die deutschen. Durch die Herzlichkeit der Türken ist das Land zu meiner zweiten Heimat geworden. *(30)*

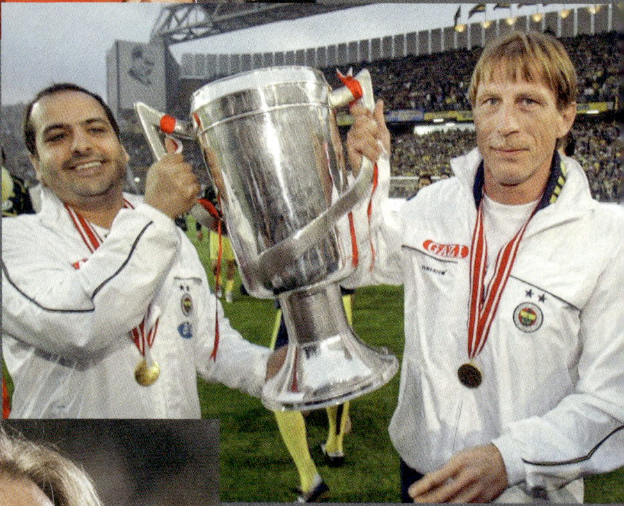

Sieht fast aus wie die Champions-League-Trophäe, ist aber der türkische Meisterpokal, den ich 2004 stolz mit meinem Assistenten Murat Kuş präsentiere. *(31)*

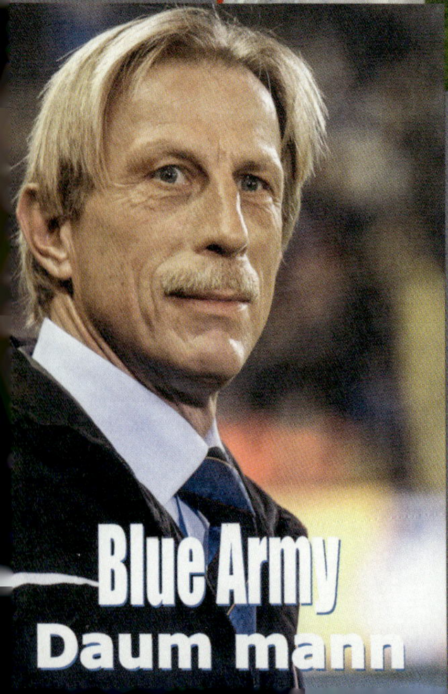

Die Blue Army ist die größte Fan-Gruppe vom FC Brügge, sie bastelte mir sogar ein eigenes Plakat (links). Ich wurde auf allen Stationen von den Fans rückhaltlos unterstützt. *(32)*

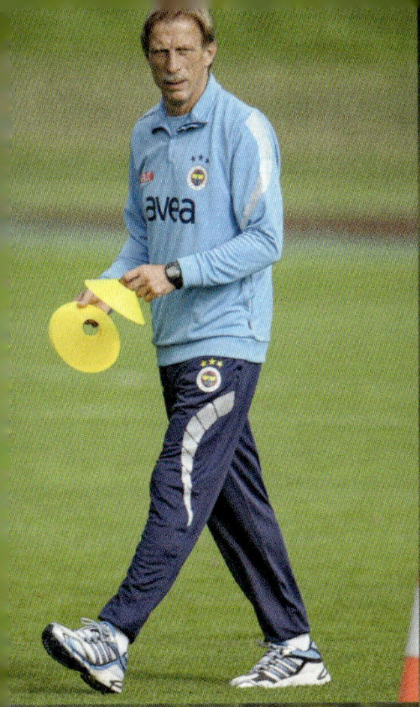

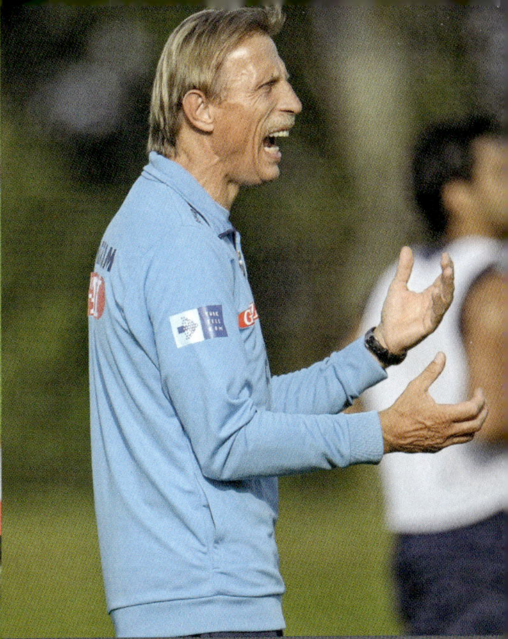

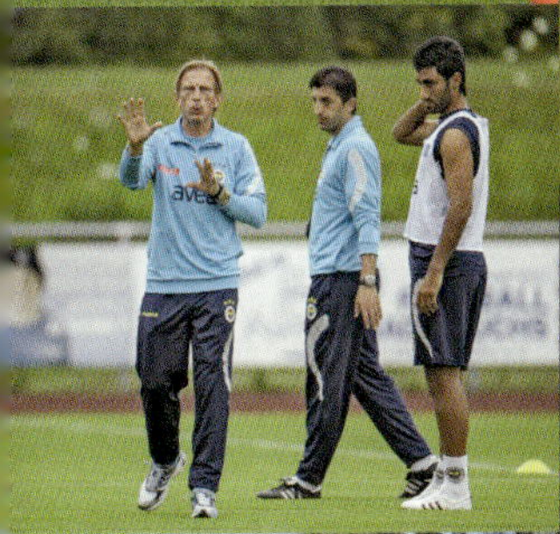

Wenn ich auf dem Platz stand, blendete ich alles andere aus – auch als Fener-Trainer. *(33a+b, 34, 35)*

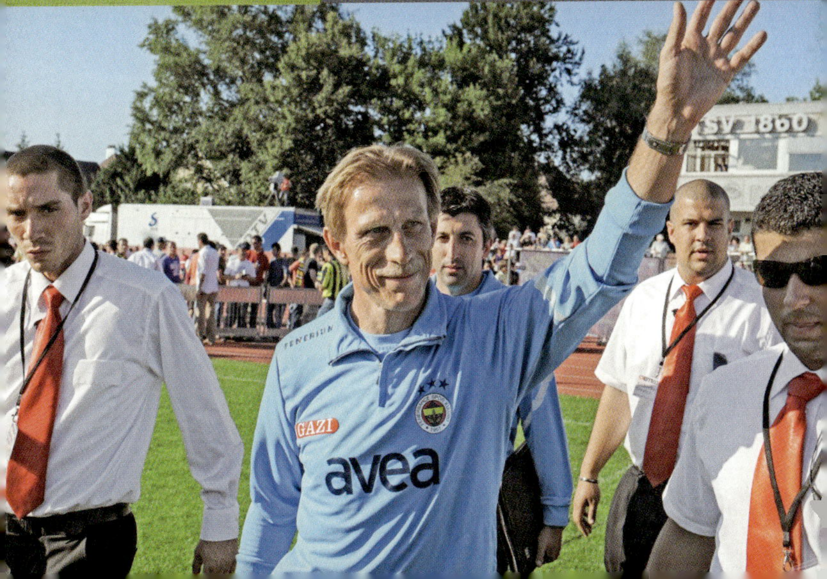

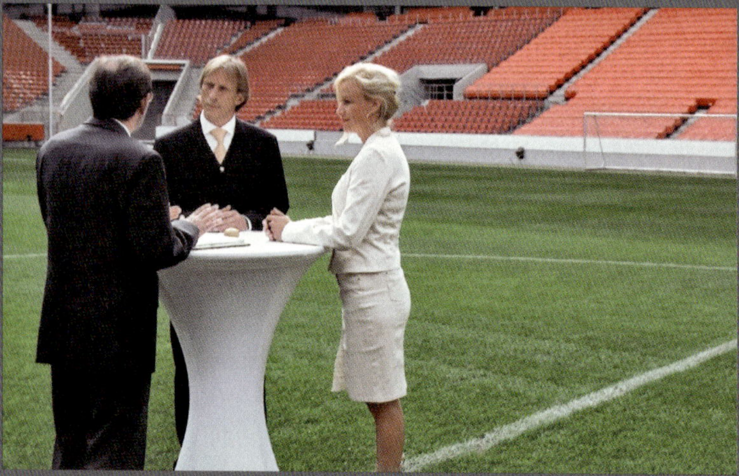

Im Mittelkreis des RheinEnergie-Stadions haben Angelica und ich uns das Ja-Wort gegeben. Wir brauchten keinen Schiedsrichter, sondern nur einen Standesbeamten. Die Kleinsten des FC standen Spalier und ließen rot-weiße Rosen regnen. *(36, 37)*

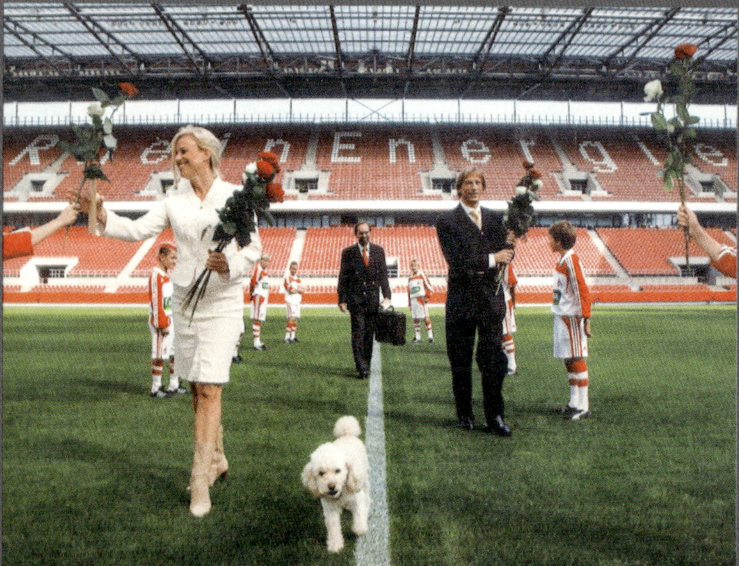

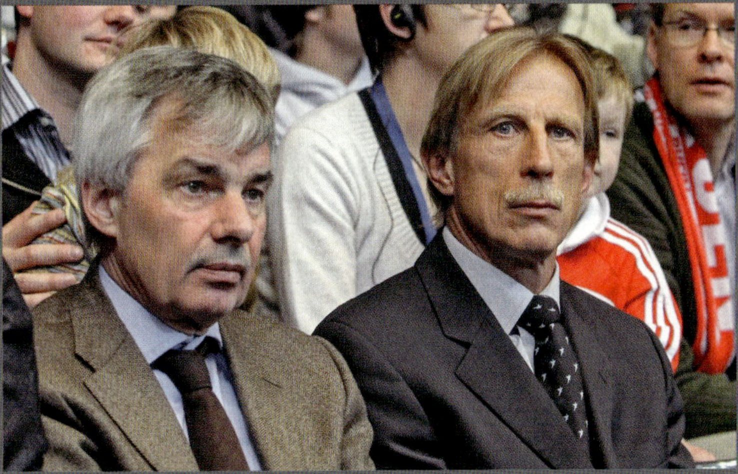

Michael Meier begleitete mich von der Jugend bis zu den Profis über Jahrzehnte. Heute sind wir enge Freunde. Hier sieht er aus wie sein Lieblingswort: stringent. *(38)*

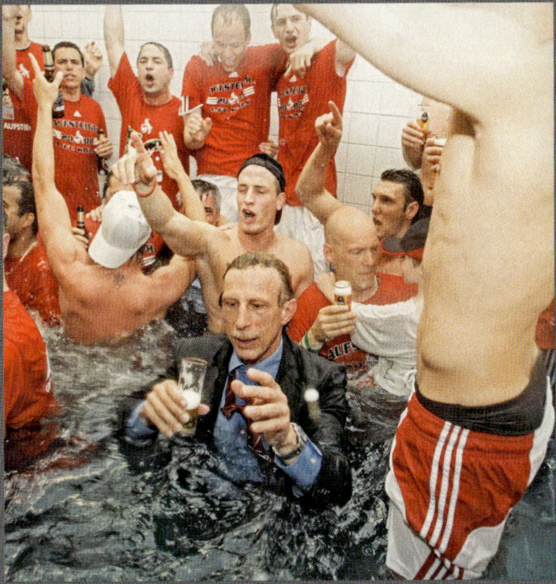

2008: Der Aufstieg mit dem Effzeh kostete mich viel Kraft. Umso besser schmeckte mir das Kölsch danach. *(39)*

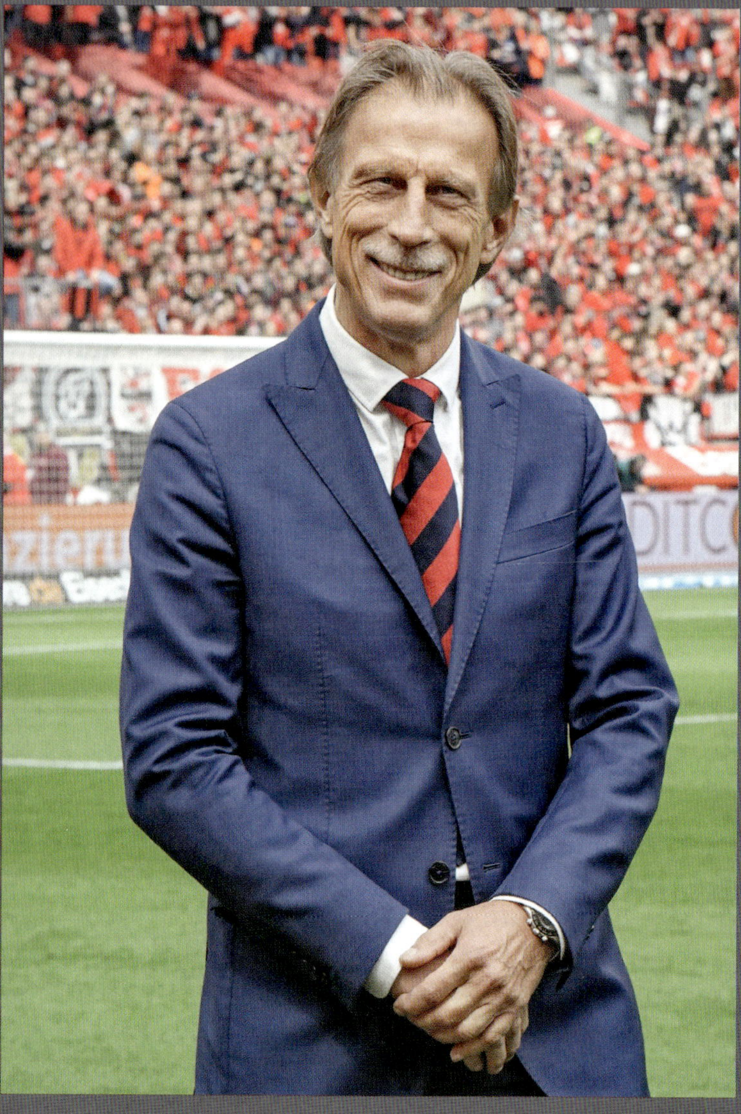

Die Fans von Bayer 04 Leverkusen haben mich 2019 zum beliebtesten Trainer der Vereinsgeschichte gewählt. Ich bin dankbar für alle Erlebnisse, die mir der Fußball gegeben hat. Für viele ist es ein Spiel, für mich ist es mein Leben. *(40)*

Kurz darauf händigten wir den Vertretern des FC São Paulo die Verträge aus. Anschließend düsten wir zum Flughafen. Ich habe Reiner nie wieder so schnell laufen gesehen wie auf dem Weg von der Geschäftsstelle des Clubs bis zum Taxi. Wir erfuhren später, dass der FC São Paulo Serginho schon dem AC Mailand für eine Ablöse von fast zehn Millionen Mark versprochen hatte. Auch wenn der Spieler zu diesem Zeitpunkt noch nichts von seinem Glück ahnte. Manchmal kann das Fußballgeschäft ganz schön krank sein. Ich will mich nicht darüber beklagen, denn wir spielten selbst in diesem Zirkus mit.

Einen Tag vor dem Rückspiel gegen Real im Bernabeu-Stadion nahm ich kurz vor Beginn der Pressekonferenz zwei Journalisten zur Seite. Ich kannte die beiden schon länger. »Könnt ihr mich gleich auf der Pressekonferenz fragen, wie ich die Ausgangslage vor diesem Spiel beschreiben würde?« Das war keine ungewöhnliche Frage, sie wurde mir während meiner Laufbahn wahrscheinlich tausendmal gestellt. Trotzdem wollte ich auf Nummer sicher gehen, denn ich hatte mir eine Antwort ausgedacht, die ich für besonders passend hielt. »Ich komme mir vor, als würde ich mit einem Fiat Uno gegen einen Ferrari antreten«, entgegnete ich nach Drehbuch. Da war das Gelächter im Pressesaal natürlich groß. Es kam mir also nicht immer alles spontan über die Lippen. Ich war längst bekannt für flotte Sprüche, und dieses Klischee bediente ich gern. Es hätte mir natürlich völlig egal sein können, aber mir gefiel, was die Leute in mir sahen: der junge, leicht verrückte Trainer, der gegen den Strom schwimmt und immer für einen markanten Spruch gut ist. Positive Schlagzeilen waren gut in diesem Geschäft. Außerdem half es, den Fokus von der Mannschaft zu nehmen.

Es brachte in diesem Fall nur nichts, weil Real uns auseinandernahm. Christian Karembeu, Fernando Morientes und Hierro erzielten die Treffer, und wenn mein Torhüter Dirk Heinen nicht so überragend gehalten hätte, wäre die Niederlage noch höher ausgefallen. Nach dem Spiel reichte ich Heynckes in den Katakomben des Bernabéu die Hand, wir verabschiedeten uns, er zeigte dabei keine große Regung.

Ein paar Monate später waren meine Frau und ich wieder alleine in unserer Küche in Efferen. In einigen Klatschblättern waren Gerüchte um Angelica und mich aufgetaucht, weil man uns gemeinsam auf Mallorca gesehen hatte. »Wer ist die schöne Rothaarige an seiner Seite?«, so ungefähr lauteten dann die Schlagzeilen.

Ich wusste, dass sie es wusste, obwohl wir immer weniger miteinander redeten. Wir lebten eher nebeneinanderher, ohne große Konflikte in einer friedlichen Koexistenz. Jetzt war es ihr ernst, ich merkte schnell, dass ihr etwas auf dem Herzen lag. Sie stellte mich vor die Wahl: Entweder ich und die Kinder oder die andere. Seit unserem ersten Gespräch hatte ich geahnt, dass es irgendwann zu dieser Situation kommen musste. Darum überraschte oder schockte es mich nicht. Für mich war es eher eine Erleichterung, dass jetzt das Versteckspiel zu einem Ende kam. Ich konnte dieses Leben so nicht weiterführen. Ich sah, wie sich Tränen in ihren Augen bildeten, wie ihr Körper mit jeder Faser eine Antwort von mir herbeisehnte. Die richtige Antwort. Nach all den Lügen, dem Ausweichen und dem Schweigen war das nun endlich die Chance, ehrlich zu sein.

»Ich will mit Angelica zusammen sein«, gestand ich ihr. Bei Angelica fühlte ich mich aufgehoben. Sie konnte mich beruhigen, mich zum Lachen bringen, mich alles vergessen lassen. Ich fühlte mich federleicht, allein wenn sie ihr Lächeln zeigte. Ich wollte sie nicht mehr loslassen.

Ursula machte kein großes Theater oder eine Szene, sie blieb äußerlich gefasst. Ich packte leise ein paar Sachen zusammen, weil die Kinder schon schliefen, dann fuhr ich ins Kölner Bonotel. Wo hätte ich sonst hinfahren können? Es sollte ja nur vorübergehend sein, dachte ich. Ich hatte keine Ahnung, wie sehr ich mich täuschte. Aus ein paar Tagen wurden Monate, und sie wurden zum Anfang vom Ende.

Mein schwerstes Kapitel

Bayer 04 Leverkusen, 1998/99

Zur Beruhigung redete ich mit mir selbst. Ich hatte ein ganz ordentliches Zimmer im Bonotel bezogen, eine Art Suite mit Wohn- und Schlafzimmer sowie einer kleinen Küchenzeile. Es war elegant und funktionell eingerichtet, blieb aber ein austauschbares Hotelzimmer. Ich verbrachte hier kaum Zeit, weil ich erst spätabends vom Trainingsgelände zurückkam. Ich hockte noch länger als sonst in meinem Büro. Es war nicht so, dass es bei Bayer Leverkusen plötzlich mehr Arbeit gab, doch auf diese Weise konnte ich die Gedanken an die Trennung von meiner Familie verdrängen. Die Selbstgespräche begannen erst, wenn ich alleine auf meinem Zimmer war. Dann saß ich auf dem Bett oder dem Sofa und malte mir folgendes Szenario aus: Wenn das alles nichts wird mit Angelica, dann kannst du bestimmt zurück zu Ursula und den Kindern.

Natürlich war das illusorisch, heute weiß ich das. Damals beruhigte mich dieser Gedanke, weil er meinem Handeln die Endgültigkeit nahm. In meiner Fantasie hielt ich mir ein Türchen offen, weil es mich etwas besser schlafen ließ. Die Wahrheit war, dass ich keine Ahnung hatte, wie es weitergehen sollte.

Angelica wohnte immer noch auf Mallorca. Ich nutzte meine wenigen freien Tage, um zu ihr zu fliegen, die gemeinsamen Stunden mit ihr gaben mir Kraft. Außerdem musste ich die Sache mit ihr nun nicht mehr geheim halten. Aber was würde aus uns werden? Aus beruflichen Gründen musste sie zunächst auf Mallorca bleiben. Sie wollte sich von ihrem Mann scheiden lassen. Fast alle meiner sogenannten Freunde redeten auf mich ein, die Beziehung zu ihr sofort zu beenden. Nicht weil sie Angelica nicht mochten, sie kannten sie ja größtenteils nicht mal, aber sie waren der Ansicht, dass ich zu meiner Ehefrau und meinen Kindern gehörte. Sie verstanden einfach nicht, wie es so weit hatte kommen können. Es hatte nie irgendwelche Anhaltspunkte gegeben, dass es zwischen mir und Ursula nicht mehr stimmte. Mein Co-Trainer Roland Koch war einer der wenigen, der keinen Druck aufbaute. Roland ist ein ähnlich impulsiver Typ wie ich. Wir lernten uns beim FC kennen, und er begleitete mich auf fast jeder meiner Trainerstationen. Wir ergänzten uns wie ein altes Ehepaar, und je nach Notwendigkeit war der eine oder der andere die bessere Hälfte. Nachdem ich von zu Hause ausgezogen war, fand Roland genau die Worte, die ich hören wollte. Er schenkte mir Geduld. Die Fragen, die ich mir abends auf meinem Zimmer stellte, konnte aber auch er nicht beantworten.

Alles wegschieben konnte ich nur, wenn ich bei der Mannschaft war. Trotzdem müssen meine Spieler gemerkt haben, dass etwas nicht stimmte. Wie nie zuvor ließ ich meinen Launen freien Lauf. Wir starteten schlecht in die Saison 1998/99, und den Frust darüber lud ich ungewöhnlich deutlich bei meinen Jungs ab. Schon nach dem vierten Spieltag hatte ich Dirk Lottner, Markus Happe, Emerson oder unseren Neuzugang, den 24-jährigen Zé Roberto, wegen ihrer schlechten Leistungen erstmals öffentlich angegriffen und meine Kritik mit den Worten verteidigt: »Wenn ich jemanden beleidigt habe, dann war das Absicht.«

Ich weiß nicht mehr, was mich da geritten hat, denn normalerweise müssen solche Dinge intern bleiben. Klar, manchmal kann man einen Spieler mit öffentlicher Kritik kitzeln. Doch in meiner Deutlichkeit schoss ich über das Ziel hinaus. Mein extremes Anspruchsdenken, gepaart mit einem fast selbstzerstörerischen Ehrgeiz, machte mich blind. Morgens um 8.45 Uhr war ich einer der Ersten am Trainingsgelände und frühestens abends um zehn wieder im Hotel, und wenn ich schon so viel schuftete, dann sollten das auch meine Spieler tun! Oder zumindest sollten sie vernünftige Ergebnisse liefern! Ich merkte erst viel später, was für einen Mist ich teilweise von mir gab. Die Spieler müssen ihrem Trainer vertrauen können, und ich ging mit der Abrissbirne auf dieses Vertrauensverhältnis los. Als wir im Oktober 1998 gegen die Glasgow Rangers mit 1:2 verloren und damit schon in der zweiten Runde des UEFA-Cups vor dem Aus standen, legte ich nach. Unsere Brasilianer im Team bezeichnete ich als »zu sensibel«, dabei waren es doch meine eigenen Nerven, die blank lagen. Ich spürte, dass einige Spieler mich bereits anders anschauten. Es gab zwar keinen Aufstand, doch du merkst als Trainer sofort, wenn es Vorbehalte gibt. Die Situation war gefährlich.

Vielleicht war es Reiner, der mich rettete. Er wusste nicht viel von meinen persönlichen Problemen, dennoch stand er mit all seinem Gewicht hinter mir. Ich weiß, dass es immer mal wieder Spieler gab, die sich bei ihm über mich beschwerten. Reiner schmiss sie direkt wieder aus seinem Büro. »Wenn der Trainer dich nicht mehr aufstellt, dann setzt du dich auf die Tribüne, bis der Stachel durch den Arsch in dein Gehirn dringt! Vielleicht siehst du dann klarer!«, gab er ihnen mit auf den Weg. So war Reiner, er duldete keine Klagen über den Trainer. Er servierte sie einfach ab. Seine Rückendeckung bedeutete mir enorm viel. Unsere Zusammenarbeit war von einem großen Vertrauen geprägt. Wenn du als Manager einem Spieler das Gefühl gibst, dass er in ihm einen Verbündeten hat, kann es für den Trainer sehr schwierig werden. Ich weiß das, weil ich es auf anderen Stationen erlebt habe. In Leverkusen war das nicht so. Selbst als wir im November 1998 im Rückspiel bei den Rangers endgültig aus dem UEFA-Cup flogen, ließ Reiner keine Zweifel an mir aufkommen.

Das tat gut, und es brachte Ruhe in den Laden. Wir waren zwar nicht mehr im UEFA-Cup und auch im DFB-Pokal schon raus, aber so konnten wir uns ganz auf die Bundesliga konzentrieren. Es sollte nicht lange dauern, bis ich wieder auf dem Radar von Uli Hoeneß auftauchte. Und das war ja eigentlich nie ein schlechtes Zeichen.

Mein neues Zuhause galt damals als absolutes In-Hotel, im Süden von Köln gelegen. Ich kannte das Bonotel aus meiner Zeit beim FC. Damals hatte Udo gewollt, dass wir vor den Heimspielen dort übernachten, weil er natürlich wusste, dass hier immer was los war. Ihm gefielen nicht nur der feine Marmorboden im Eingangsbereich oder die mit goldenen Buchstaben verzierten Beschilderungen, sondern vor allem die Lounge mit ihrer Bar. Dort sorgten regelmäßig sensationelle Saxofonisten für Stimmung. Die Lounge war damals ein Treffpunkt der Kölner High Society, hier konnte man sehen und gesehen werden. Es sprach sich schnell herum, dass ich ins Bonotel gezogen war, und am Anfang mied ich die Bar. Wenn ich spätabends zurückkam, ging ich direkt auf mein Zimmer. Ich hatte keine Lust, dass einer von denen mich anquatschte.

Kontakt hatte ich zunächst nur mit einem der Hausmeister des Hotels. Schon ein paar Tage nach meinem Einzug sprach er mich an: »Falls ich irgendetwas für Sie erledigen kann, melden Sie sich einfach.« Dann verzog er sich wieder. Er machte einen angenehmen, sympathischen Eindruck auf mich. Natürlich wusste er, wer ich war, trotzdem lauerte er mir nicht permanent auf, er fragte auch nicht immer wieder nach, ob er was für mich erledigen könne. Er hatte sein Angebot gemacht, jetzt wartete er ab. Es dauerte tatsächlich nicht lange, bis ich seine Hilfe brauchte. Er unterstützte mich bei alltäglichen Dingen, um die ich mich vorher nie hatte kümmern müssen, weil Ursula alles erledigt hatte. Jetzt fragte ich den Hausmeister, ob er meine Klamotten zur Reinigung bringen oder mir ein paar Kleinigkeiten aus dem Supermarkt besorgen könnte. Später brachte er auch mal mein Auto in die Werkstatt oder fuhr mich zum Flughafen, und weil er sich für Fußball interessierte, besorgte ich ihm ab und an Karten für die Spiele von Bayer Leverkusen. Nach meiner Trennung stellte sich fast unser gesamter Freundeskreis mehr auf die Seite von Ursula und ging auf Distanz zu mir. Der Hausmeister war in dieser Zeit immer da, gewissermaßen wurde er zu einem Lückenfüller in meinem Leben. Ich wusste nur noch nicht genau, welche Lücke er füllte.

Es muss im Spätherbst 1998 gewesen sein, als ich mal wieder spätabends zurück ins Hotel kam. Ich hatte einen langen Tag hinter mir und wollte einfach schnell ins Bett, als der Hausmeister mir kurz vor meinem Zimmer begegnete. Er erzählte mir von einer exklusiven Party in der großen Suite am Ende des Flurs. Ich schaute den Gang hinunter und hörte gedämpfte Musik und Gesprächsfetzen durch die Tür der Suite. Dort schien tatsächlich einiges los zu sein. Aber ich fühlte mich platt und wollte nur schlafen, darum lehnte ich ab. »Vielleicht beim nächsten Mal«, sagte ich.

In der Bundesliga lief Uli Hoeneß inzwischen wieder zu verbaler Höchstform auf, weil es bei den Bayern nicht wie gewünscht lief. Nach anfänglichen Schwierigkeiten hatten wir uns eindrucksvoll gefangen, und das konnte er nicht unkommentiert lassen. Ich kannte ihn und seine Attacken längst. Es war Anfang Dezember, und wir hatten die Bayern an der Tabellenspitze überholt, zwar nur wegen des besseren Torverhältnisses und mit einem Spiel mehr, aber wen juckte das schon, wir standen vor ihnen. Das Beste war, dass wir am nächsten Spieltag bei ihnen antreten mussten, die ganze Liga fieberte diesem Spitzenspiel entgegen. Der *Kicker* machte sogar eine Umfrage unter sechzehn Kapitänen der Bundesliga, wer dieses Topspiel gewinnen würde. Obwohl neun von ihnen auf die Bayern tippten, blieb Uli nicht ruhig. Er erzählte der Presse, dass ich hundert Jahre warten müsse, um am Saisonende mal vor den Bayern zu stehen. Ich dagegen hielt mich zurück, und das irritierte ihn. Er hielt das für Show. »Wenn er am Schluss vor uns stünde, dann würde er richtig loslegen, weil er zu lange das Wasser nämlich nicht halten kann«, meinte er, womit er vielleicht sogar recht hatte. Nichts hätte mir mehr gefallen, als vor den Bayern deutscher Meister zu werden. Aber diesmal ging ich auf seine Provokationen nicht ein. Ich fühlte mich nicht danach, außerdem hatte das den schönen Nebeneffekt, dass ich dadurch souverän wirkte, während sich Uli in den zehn Jahren seit unseren ersten Giftpfeilen kaum verändert hatte. Wir werden die Antwort auf dem Platz geben, lautete meine kurze und knappe Antwort.

Es kam anders. Die Bayern dominierten das Spitzenspiel. Wir verloren zwar nur mit 0:2, phasenweise hatten sie uns jedoch vorgeführt. Es war bereits mein neuntes Spiel als Trainer in München, und schon wieder hatte ich nicht gewinnen können. Die Bayern waren Herbstmeister, und wir hechelten hinterher.

Ich lenkte mich an der Hotelbar von der Niederlage ab. Ich kam nun häufiger hierher, hinten in der Ecke hatte der Barkeeper extra einen Platz für mich reserviert. Da stand kein Schild mit meinem Namen drauf, allerdings räumte man ihn für mich frei, wenn er besetzt war. Meistens hockte ich mich spätabends nach unseren Spielen noch in die Ecke, und wenn ich dann Kölsch oder Wodka Lemon trank, fiel für kurze Zeit vieles von mir ab. Ich genoss die Musik und beobachtete die anderen Gäste, die meisten von ihnen waren in Gespräche vertieft. Seit einiger Zeit kannte ich ein paar von ihnen, und manchmal unterhielten wir uns über Bayer Leverkusen, den FC oder den neuen Bundestrainer Erich Ribbeck, der nach dem überraschenden Rücktritt von Berti Vogts kurz nach der enttäuschenden WM in Frankreich übernommen hatte. Es gab also genug Gesprächsthemen an der Bar. Obwohl ich es am Anfang bewusst vermieden hatte, mich mit wildfremden Leuten zu unterhalten, tat mir diese Ablenkung gut. Auch der Hausmeister kam hin und wieder vorbei. Irgendwann redete er wieder von dieser Party in der großen Suite. Warum nicht, dachte ich. Der

Alkohol in meinem Blut machte mir die Entscheidung leicht. Ich fühlte mich beschwingt und euphorisch, eine kleine Feier konnte da nicht schaden.

Der Hausmeister klopfte an die Tür, kurz darauf wurden wir reingelassen. Als ich den Raum das erste Mal betrat, merkte ich sofort, wie sich alle Blicke für einen kurzen Moment auf mich richteten, aber nicht so lange, dass es unangenehm wurde. Es waren so um die fünfzehn, zwanzig Leute im Raum, Männer in Anzügen und Frauen in schicken Kleidern, einige von ihnen tanzten, andere unterhielten sich. Die Suite bestand aus zwei Schlafräumen rechts und links, und in der Mitte war ein großer Wohn- und Essbereich, über dem ein gewaltiger Kronleuchter hing. Das Licht war gedimmt, es lief gute Musik, ich weiß nicht mehr genau was, jedenfalls hörte es sich angenehm an. Ich ging mit dem Hausmeister an einen Ecktisch, wo in einem großen Eiskübel Champagner- und Kölsch-Flaschen standen. Er gab mir ein Bier, und wir quatschten über belangloses Zeug. »Christoph, ich weiß ja, dass es dir gerade nicht so gut geht«, meinte er. Bislang hatte er mich noch nie auf meine privaten Probleme angesprochen. Er war ein liebenswerter Mensch und erledigte dies und jenes, doch worauf wollte er jetzt hinaus?

»Ich hab da was, das den Kopf frei macht«, meinte er. »Komm doch mal mit.« Wir gingen an ein paar Tanzenden vorbei in Richtung des kleinen Badezimmers, eine Art Gäste-WC. Er schloss die Tür, trotzdem drangen leichte Musik- und Gesprächsfetzen bis hier hinein. Auf der Ablage neben dem Waschbecken lag ein Stapel mit kleinen Handtüchern, er legte sie beiseite. Darunter befand sich ein rundes, silbernes Döschen, das einer Bonbonschachtel ähnelte. Als er das Döschen öffnete, waren keine Süßigkeiten drin. Stattdessen sah ich ein weißes Pulver, und ich brauchte vielleicht zwei, drei Sekunden, um zu realisieren, was hier vor sich ging. Dann war auch mir klar, dass er mir kein Brausepulver anbot. »Probier's mal«, sagte er, »es wird dich auf andere

Gedanken bringen.« Ich kam mir vor wie im falschen Film, mir wurde eiskalt, damit hatte ich nie gerechnet! »Spinnst du?!«, antwortete ich. »Nie im Leben!« Dann ließ ich ihn mit dem Döschen stehen und eilte aus der Suite zurück nach unten in die Lounge.

Im deutschen Fußball gab es zu dieser Zeit eigentlich nur ein richtig großes Talent: Michael Ballack. Im April 1999 machte er als 22-Jähriger unter Ribbeck sein erstes Länderspiel. Michael war jung, torgefährlich, dynamisch, athletisch – und damit in einer Nationalmannschaft, in welcher noch immer auf den fast vierzig Jahre alten Lothar Matthäus als Libero gesetzt wurde, eines der wenigen Versprechen auf eine bessere Zukunft. Er spielte beim 1. FC Kaiserslautern, und die Pfälzer hatten ein Problem. Michaels Vertrag lief im Sommer 2000 aus, und weil es nicht nach einer Verlängerung aussah, konnte Kaiserslautern nur noch Kasse machen, wenn sie ihn ein Jahr vorher verkaufen würden. Ich kriegte früh mit, dass die Bayern ihn haben wollten, was die Sache für mich zusätzlich interessant machte.

Wir hatten längst keine Chance mehr auf die Meisterschaft, weil die Bayern unter Ottmar Hitzfeld schon zehn Punkte weg waren. Sie spielten eine außergewöhnliche Saison und erreichten sogar das Finale der Champions League gegen Manchester United. Wenigstens auf dem Transfermarkt wollte ich sie besiegen. Und ich hatte da so eine Ahnung: Wenn Michael erst mit Hitzfeld und danach mit mir sprechen würde, dann hätten wir ihn. Ich halte Ottmar für einen sensationellen Trainer, und er hat viele Eigenschaften, die ich nicht habe. Aber ich war überzeugt, dass ich eine andere Emotionalität mitbringen würde, und das könnte bei diesem Transfer entscheidend sein. Die Bayern konnten Michael mehr Geld und Titel garantieren, die ganzen Pokale im Schrank würden ihn sicher beeindrucken, bei uns konnte er sich dagegen nur an einer fast leeren Vitrine die Nase platt drücken. Was aber seine Karriereplanung anging, war Leverkusen in meinen Augen die eindeutig bessere Wahl für ihn. Es ging darum, ihn emotional zu packen. So viele Spieler konnten sich bei den Bayern vermutlich gar nicht verletzen, dass er dort regelmäßig spielen würde. Ihn davon zu überzeugen, war nun mein Job. Dafür musste genau diese Reihenfolge eingehalten werden: Erst das Gespräch mit dem seriösen Ottmar Hitzfeld, danach der leidenschaftliche Christoph Daum, das musste funktionieren!

Im Frühjahr 1999 gab es nicht nur den emotionalen Daum. Es war, als würde ich aus zwei Persönlichkeiten bestehen, zumindest muss es anderen so vorgekommen sein. Manchmal wirkte ich wie eine Art zerstreuter Professor. Es kam vor, dass ich zu spät auf den Trainingsplatz kam, Roland hatte da schon mit der Einheit begonnen. Andere Male lief ich am Morgen vor einem Spiel wie paralysiert durch die Frühstücksräume unserer Hotels und wünschte meinen Spielern nicht mal einen guten Morgen. Ich tat das nicht absichtlich, sondern weil ich völlig in Gedanken versunken war. Meine Wirkung war mir nicht einmal bewusst. So kann ich teilweise heute noch sein, dann bekomme ich gar nicht mit, was um mich herum passiert. Wer mich nicht kennt, findet das ziemlich befremdlich, weil ich dann unnahbar oder abweisend wirke. Und wenn es in meinem Gehirn arbeitet, sehe ich nicht gerade freundlich aus.

Ich war und bin ein Perfektionist, daher bereitete ich das Gespräch mit Michael bis ins kleinste Detail vor. Genauso akribisch, wie ich in meinem Trainerbüro vor jedem Spiel stundenlang Videokassetten von unserem nächsten Gegner analysierte. Das ließ mich dann so lange nicht los, bis das Spiel gespielt oder das Gespräch geführt war. Ohne Fleiß kein Preis, und in diesen Momenten konnte ich normalerweise alles um mich herum vergessen. Aber jetzt gab es Störfeuer.

Auf Mallorca entwickelte sich »Sea Green« inzwischen zu einer mittelschweren Katastrophe. Auf den ersten Blick schien alles super zu laufen. Einige Apartments waren bereits verkauft, und für die anderen lagen Rolf und mir etliche Angebote vor. »Sea Green« sah aus, wie ich es mir vorgestellt hatte: wie ein vom ganzen Touristenrummel abgeschottetes Paradies direkt am Meer. Es war traumhaft – und genau das war das Problem. Denn es gab einige Leute, die mitbekamen, wie groß die Gewinnaussichten waren. Und wo Geld zu verdienen ist, da kommen zwielichtige Gestalten von rechts und links, die was vom Kuchen abhaben wollen. Zumal ich Idiot ja selbst dazu beigetragen hatte, dass alle Welt wusste, wer der Investor war. Der Ärger hatte bereits angefangen, kurz nachdem der Kaufvertrag unterschrieben war. Rolf und ich hatten die Anlage von einer spanischen Großbank gekauft, und plötzlich behauptete ein mallorquinischer Makler, dass er uns die Immobilie vermittelt habe. Er wollte Provision im sechsstelligen Bereich. Es war ein Witz, weil dieser Schwindler nichts für uns geleistet hatte, außerdem war es in Spanien üblich, dass der Verkäufer die Provisionen zahlt. Aber er setzte noch einen drauf, er erzählte seinem Anwalt von einer angeblichen mündlichen Absprache zwischen uns. Ich hatte mir eigentlich nur ein Ferienhaus mit einem Freund kaufen wollen, und jetzt drohte mir ein Rechtsstreit vor spanischen Gerichten. Zu den Medien drang noch nichts davon durch, und ich war der festen Überzeugung, dass aus rechtlicher Sicht alles einwandfrei abgelaufen war. Doch was wusste ich schon von juristischen Streitereien? Mein Anwalt versuchte, mich zu beruhigen. Es half nicht viel. Die Sache würde jetzt erst mal dauern, und sie belastete mich wie ein Tinnitus im Ohr.

Zudem ließen die Fragen der Kinder nicht nach. »Papa, wann kommst du denn wieder nach Hause?«, jedes Mal wollten sie das wissen. Ich wohnte jetzt schon monatelang im Hotel, doch für sie war es immer noch schwer zu verstehen. Ich sah Janine und Marcel fast jede Woche, und dann gingen wir Kart fahren, bowlen, in den Zoo oder den Forstbotanischen Garten in Köln. Das waren schöne Stunden. Wenn sich unsere gemeinsame Zeit dem Ende entgegenneigte, stellten sie jedes Mal aufs Neue ihre Fragen. In diesen Momenten fragte ich mich selbst: Hast du wirklich das Richtige getan?

Ablenkung fand ich an der Hotelbar oder in der Suite. Die Partys dort fanden alle paar Monate statt, und trotz der Geschichte mit dem Döschen ging ich wieder hin. Hier drehte sich nicht alles um Fußball, man unterhielt sich über den neuen Bundeskanzler Gerhard Schröder oder andere Dinge. Ich war zwar nie ein durch und durch politischer Mensch, aber ich interessierte mich für alles Mögliche. Es ist noch heute so, dass ich neben Fußball am liebsten Dokumentationen im Fernsehen schaue. Natürlich wussten die Leute in der Suite, wer ich war. Doch es ging diskret zu. Es kamen nur geladene Gäste rein, nicht wenige von ihnen waren in der Stadt durchaus bekannte Leute. Man war unter sich. Manche zogen sich etwas rein, das bekam ich schnell mit, alles lief jedoch nach dem alten Motto: Was hier passiert, bleibt hier. Es war eine geschlossene Gesellschaft von im Berufsleben gestressten Menschen, hier konnten sie loslassen. Dennoch hielt ich mich vom kleinen Badezimmer fern.

Die Sache mit Michael Ballack funktionierte einfacher als gedacht. Weil Michael keine Anstalten machte, seinen Vertrag in Lautern zu verlängern, setzte sein Trainer Otto Rehhagel ihn in den letzten Saisonspielen auf die Bank. Das erleichterte Michael die Entscheidung, den Verein vorzeitig zu verlassen. Außerdem vergrößerte es seinen Wunsch, regelmäßig zu spielen. Unser Gespräch lief gut. Wir trafen uns ein paar Tage, nachdem er bei Hitzfeld gewesen war. Ich hatte mir etwas ausgedacht und kam direkt zur Sache. »Willst du viel Geld verdienen oder ein besserer Fußballer werden?«, fragte ich und ließ ihn nicht mal Luft holen. »Bist du bereit, dir für einen Titel den Arsch aufzureißen? Falls nicht, musst du zu den Bayern gehen, da gewinnst du ihn auch als Ersatzspieler!«

Er saß auf seinem Stuhl und schaute mich verunsichert an. Ich stellte noch vier, fünf solcher Fragen, um ihn zu provozieren, um ihm zu verdeutlichen, was wir ihm bieten konnten. In diesen Momenten war ich in meinem Element, da konnte ich mich voll und ganz auf mein Gegenüber fokussieren und meine Energie in seine Richtung lenken. Es gelang mir, Michaels Ehrgeiz zu wecken. Als er endlich zu Wort kam, gab er mir seine Zusage. Gott sei Dank, dachte ich, ich hab's noch drauf! Als Michael weg war, beruhigte sich meine innere Drehzahl. Für einen kurzen Moment breitete sich eine angenehme Entspannung in meinem Körper aus. Endlich hatte ich die Bayern besiegt, zumindest auf dem Transfermarkt! Genugtuung legte sich wie eine warme Decke über meine Seele. Nächste Saison greifen wir die Bayern wieder an! Aber jetzt freute ich mich erst mal, dass schon bald die nächste Party in der Suite anstand.

Ich stützte meine Hände auf das Waschbecken und dachte: Scheiße! Das hast du nicht getan! Hast du es wirklich getan? Ich schüttelte mich und fühlte Euphorie und Schwindel, vor allem fühlte ich mich schuldig. Ich schaute mich im Spiegel an, noch immer klammerten meine Finger sich an das Waschbecken: Volles Haar, Mittelscheitel, Schnäuzer, das sah aus wie ich, aber war das wirklich ich? Mein Herz hämmerte, und meine Gedanken überschlugen sich. Durch die Badezimmertür hörte ich ihre Stimmen, sie lachten und tanzten, es lief wieder irgendwas Jazziges, die Musik war eigentlich …

Ich könnte jetzt noch so viel mehr darüber schreiben, über meine Gedanken und Gefühle in diesem Moment, ich erinnere mich an viele Details. Aber das werde ich nicht tun. Ich kann es nicht. Ich will es nicht. Es fiel mir schon unglaublich schwer, überhaupt diese wenigen Zeilen zu schreiben. Wenn ich heute an damals denke, wühlt es mich immer noch auf, obwohl es über zwanzig Jahre her ist. Für dieses Buch musste ich die Erinnerungen nochmals wachrufen. An einigen Tagen setzten sie mir derart zu, dass ich stundenlang in meinem Garten auf und ab lief. Das Thema wühlt mich auf und zieht mich runter. Ich bin niemand, der in Selbstmitleid versinkt, im Gegenteil, wenn ich etwas hasse, dann Selbstmitleid! Doch diese Sache lässt mich nicht los. Wie konnte mir das nur passieren? Wie konnte ich in diesen verdammten Scheiß reingeraten?!

Ich mochte es, unter den Leuten in der Suite zu sein. Die Gespräche, die Vertraulichkeit, die ausgelassene Stimmung: In einer Zeit, in der ich mit einem Rucksack voller Probleme durch die Gegend rannte, war die Suite ein Auffangbecken, eine andere Welt. Eine Welt ohne Probleme.

Wenn ich abends nach Spielen oder dem Training ins Hotel kam, wenn die Anspannung langsam aus meinem Körper wich, dann gaben mir die Suite oder die Lounge etwas, was mich runterbrachte. Die meisten meiner Spieler hatten Familie oder zumindest eine Freundin, andere gingen mit ihren Freunden essen. Ich hatte Angelica, aber sie lebte auf Mallorca, und wir sahen uns nicht oft. Wenn ich ins Hotel kam, war niemand da, der auf mich wartete. Auf den Partys konnte ich verdrängen, zumindest für ein paar Stunden. Hier fragte mich keiner: Hey, Christoph, wie läuft es denn so privat? Mein Leben drohte aus den Fugen zu geraten, doch hier konnte ich mir eine Auszeit nehmen. Immer mal wieder ging einer ins kleine Badezimmer, und je öfter ich es mitbekam, desto geringer wurden meine Hemmungen. Bis irgendwann mein Warnsystem aussetzte. Ich ließ mich von einer Stimmung treiben.

Mitten in den größten Fehler meines Lebens.

Am Ende aller Träume

Wohnung von Roland Koch, Leverkusen, 21. Oktober 2000

Ich schließe die Augen und atme einmal tief durch. Als ich sie wieder öffne, rase ich immer noch auf den Abgrund zu. Was zur Hölle geht hier vor sich? Mein Blick wandert durch den Raum. Es ist schon nach Mitternacht, trotzdem sind sie alle hier: Reiner, Roland, seine Frau Gabi, Bayers Geschäftsführer Wolfgang Holzhäuser, Pressesprecher Uli Dost und unser Physiotherapeut Dieter Trzolek, die treue Seele. Sie sitzen vor mir auf der Couch oder am Esstisch, nur eine Stehlampe in der Ecke spendet etwas Licht. Wir sind in Rolands Wohnzimmer, er wohnt direkt neben dem Stadion. Warum weckt mich denn niemand auf? Ich spüre Wut und Panik in mir aufsteigen, ich kann nichts dagegen tun. Ich schließe noch mal die Augen, als Reiner wieder anfängt zu reden.

»Christoph, du musst aus Deutschland verschwinden!«

Er sagt das jetzt zum was-weiß-ich-wievielten Mal heute Nacht. Ich verstehe es immer noch nicht. Ich weiß nicht, was hier gerade passiert. Reiner redet wie ein Wasserfall, eigentlich nichts Ungewöhnliches, aber diesmal klingt es überhaupt nicht lustig. Er hat Schweißperlen auf der Stirn und ist total aufgewühlt, die anderen sitzen die meiste Zeit nur schweigend herum. Mir ist heiß, ich nehme nur einzelne Fetzen von Reiners Wortschwall wahr. Kann er damit wirklich mich meinen? Ich weiß nicht, wer ich gerade bin. Zumindest hatte ich geglaubt, ein anderer zu sein.

Ich bin Christoph Daum, in drei Tagen werde ich 47 Jahre jung, und in nicht mal einem Jahr werde ich Bundestrainer. Ich wurde auserkoren, die Nationalmannschaft aus der Versenkung zu holen, weil ich das auch mit Bayer Leverkusen geschafft habe. Sogar Uli Hoeneß hat für mich als Bundestrainer gestimmt! Hoeneß, Beckenbauer, Rummenigge, alle waren für mich! Und jetzt sind plötzlich alle gegen mich? Ich begreife es einfach nicht. Mein Kopf ist eine Geisterbahn, Erinnerungen blitzen auf und verschwinden wieder. Reiner reißt mich aus meinen Gedanken.

»Die Haarprobe ist positiv! Dein Wert ist so hoch, dat du täglich gekokst haben musst!«

Und wieder: »Wir müssen dich aus Deutschland rausbringen!«

Jetzt werde ich noch wütender, weil niemand von den anderen mir hilft. Ich soll ein Junkie sein? Warum sagt denn keiner was? Hätte ich mit Leverkusen fast Meister werden können, wenn ich drogenkrank wäre? Ich kann nicht fassen, was hier passiert.

Klar, ich habe Mist gebaut. Ja, ich habe gekokst. Aber doch nicht täglich! Noch nicht mal wöchentlich! In den letzten Monaten sowieso nicht! Und dann kommt da so ein absurder Wert raus? Ich spüre Tränen in mir aufsteigen, nur meine Wut hält sie zurück. Ich beiße die Zähne zusammen, um meinen Zorn zu unterdrücken. Ich hatte doch extra Vorkehrungen getroffen! Es konnte doch gar kein positiver Wert herauskommen! Wie kann das alles sein?

Eigentlich fing alles gut an. Bei der Arbeit funktionierte ich wie ein Aufziehauto. Ich brachte Leistung und forderte mir und meinen Spielern das Maximum ab. Schon am zweiten Spieltag der Saison 1999/2000 besiegten wir die Bayern mit 2:0, und danach kamen wir richtig in Fahrt. Michael Ballack wurde von Spiel zu Spiel besser, Emerson, Zé Roberto und Robson Ponte zauberten vom Feinsten, und in Leverkusen hatten einige Fans Sticker mit der Aufschrift »Daum-Town« auf Straßenschilder geklebt. Die Fans schlossen mich in dieser Zeit so sehr in ihre Herzen, dass sie mich 2019 zum beliebtesten Trainer der Vereinsgeschichte wählten. Mich erfüllt das mit Stolz und Dankbarkeit, weil so viele hochdekorierte Trainer für den Verein gearbeitet haben. Wir begeisterten die Bundesliga mit unserem erfrischenden Offensivfußball, und je länger die Saison dauerte, desto größer wurde der Glaube an den Gewinn der ersten Meisterschaft in der Geschichte des Vereins. Dass mir privat das Wasser bis zum Hals stand, merkte mir im Trainingsanzug niemand an. Vor der Mannschaft blieb ich stark, weil ich Kraft aus ihr zog – und weil sie mir das Gefühl zurückgab, gebraucht zu werden. Sie bot mir ein Zuhause.

Wir spielten eine nahezu perfekte Saison. Vor dem letzten Spieltag hatten wir schon eine Hand an der Meisterschale. Wir führten die Tabelle mit drei Punkten vor den Bayern an. Die hatten zwar das etwas bessere Torverhältnis, doch im letzten Spiel in Unterhaching würde uns schon ein Unentschieden reichen, um endlich den Titel zu holen. Und mal ernsthaft: Wer war schon Unterhaching? So dachten nicht wenige. Der Titel war zum Greifen nah. Alles sprach für uns.

Jetzt spricht alles gegen mich. Reiner redet und redet, sonst herrscht Totenstille. Jedes seiner Worte entsetzt mich nur noch mehr. Rudi und Roland sollen die Mannschaft morgen gegen Borussia Dortmund betreuen. Er will mich einfach in einen Flieger setzen! So plötzlich. So unerwartet. Ich gehe hin und her wie ein zorniger Tiger im Käfig, ich finde keinen Ausweg. Reiner spricht davon, dass ich ein bis drei Gramm täglich konsumiert haben müsse. Er hat das wahnwitzige Ergebnis meiner Haarprobe am Nachmittag abgeholt. Ich kann sein Gerede nicht mehr ertragen. Seine Sätze sind wie Fäuste, die ich nicht habe kommen sehen. Jeder einzelne Treffer macht mich noch wütender. Ich schreie sie alle an: »Bin ich euch in den letzten Monaten etwa wie ein Junkie vorgekommen?! Verdammte Scheiße, sehe ich aus wie ein elender Junkie?!«

Mein Gesicht glüht vor Wut, es muss völlig rot sein. Wieder schauen die anderen nur zu Boden. Warum lassen sie mich allein? Ich will schon wieder meinen Zorn herausschreien, doch es ist Reiner, der mich stoppt. Er kommt auf mich zu und packt mich sanft am Arm.

»Beruhig dich, Christoph!«

Beruhigen? Wie zum Teufel soll ich mich jetzt beruhigen? »Reiner, das kann doch alles nicht wahr sein!« Ich bitte ihn darum, dass wir nach nebenan gehen, um alles in Ruhe zu besprechen. Roland und Tscholli, unser Physio, folgen uns in die Küche. Sie sind auf meiner Seite, das spüre ich. Sie würden mich nie im Stich lassen. Ich brauche sie jetzt.

Ich frage mich, wie es so weit kommen konnte. Auf dem Weg in die Küche flimmern die Bilder in meinem Kopf, es ist, als wäre ich Teil eines schlechten Films. Mit Uli Hoeneß hatte alles angefangen. Ich erinnere mich daran, wie wir in der Villa Himmelseher waren, ein paar Wochen ist das erst her. Ich sehe den ausgestopften Eisbären im Flur und all die anderen toten Tiere an der Wand. Ich weiß noch, wie wir an diesem riesigen Tisch saßen, wie der Zigarettenqualm von MV bleischwer in der Luft lag, wie Hoeneß und Rummenigge mit ihren nachdenklichen Mienen den Ton angaben. Sogar sie stimmten für Christoph Daum als neuen Bundestrainer! Alle an diesem Tisch hatten es getan! Wenig später war das alles hinfällig. Die Geschichte mit »Sea Green« zog sich immer länger hin, irgendwann meldete sich der Makler aus dem Knast und erzählte den Zeitungen, dass ich ihm noch Geld schulden würde. Es erschien eine Geschichte, dass man bei mir Wohnungen mit Schwarzgeld kaufen könne. Die Vorwürfe überschlugen sich, und in den Medien tauchten dann auch noch Gerüchte über angebliche Drogenpartys mit Prostituierten auf. Es war Wahnsinn. Sepp Maier und Uli Hoeneß waren plötzlich der Ansicht, dass Rudi Bundestrainer bleiben sollte. Auch ich begann zu zweifeln, weil ich mich fragte, wie es erst als Bundestrainer werden sollte, wenn die Widerstände gegen mich jetzt schon so massiv waren? Musste ich mir das antun? Am 2. Oktober erschien schließlich ein Interview mit Uli Hoeneß in der Münchner *Abendzeitung*: »Wenn das alles Fakt ist, worüber geschrieben wurde, auch unwidersprochen über den verschnupften Daum, dann kann er nicht Bundestrainer werden.«

Danach betraten Uli und ich die Hölle. Uli, weil er keinerlei Beweise hatte und dafür heftig angegriffen wurde. Sogar Bundesjustizministerin Herta Däubler-Gmelin kritisierte ihn scharf. Ich selbst betrat die Hölle im Stillen. Es gab kaum noch Nächte, in denen ich durchschlafen konnte. Wenn ich nicht bei meinen Spielern war, saß ich bei meinen Anwälten, und zeitgleich musste ich irgendwie die Fassade wahren. Erst wenn ich spätabends zu Hause bei Angelica war, brach alles zusammen. Dann fühlte ich mich wie ein Luftballon, in den ein Loch gestochen wurde, all der Stress verschwand in Sekundenschnelle aus meinem Körper. Manchmal weinte ich. Dann richtete Angelica mich wieder auf. Bis spät in die Nacht suchten wir nach einem Ausweg. Irgendwann dachte ich sogar, ihn gefunden zu haben …

Reiner reißt mich aus meinen Gedanken. Wir sind in der Küche. Er schaut mich todernst an. Reiner lässt keine meiner Erklärungen zu, er schmettert sie alle ab. Für ihn steht unwiderruflich fest, dass ich schnellstmöglich Deutschland verlassen muss. Er zieht einen Umschlag aus der Tasche und hält ihn mir vor die Nase. Er redet ungewöhnlich ruhig. »Hier ist ein Flugticket für dich. Um 10.05 Uhr fliegst du von Frankfurt nach Miami. Ich habe alles vorbereitet, Freunde erwarten dich und werden sich um dich kümmern.«

Fast auf den Tag genau fünf Monate vorher waren ganz andere Dinge vorbereitet. Leverkusens Oberbürgermeister Paul Hebbel hatte den Arbeitskreis Meisterfeier ins Leben gerufen, die Mannschaft sollte mit der Schale im Schloss Morsbroich empfangen werden. So als wäre alles schon klar. Ein paar Tage vor dem Spiel kam der Berater eines Spielers euphorisch in meine Trainerkabine. »Deutscher Meister wird nur Bayer 04! Nur Bayer 04! Nur Bayer 04!«, sang er und wedelte vor mir mit seinen Händen wie ein Dirigent. Ich regte mich tierisch darüber auf. Ich wollte unter keinen Umständen, dass die Mannschaft sich zu sicher fühlte, das wäre Gift. »Verzieh dich!«, antwortete ich ihm. »Oh, ist der große Fürst wieder schlecht gelaunt?«, meinte er und verschwand wieder.

Ich glaube nicht, dass einer meiner Spieler das Spiel im Vorfeld zu locker nahm, aber sie kriegten natürlich mit, was in den Medien stand. Die *Bild* druckte sogar ein Foto von Uli Hoeneß mit Greisenbart und darüber die Schlagzeile: »Sind die 100 Jahre schon vorbei?« Das sollte ihn an seinen alten Spruch erinnern, dass ich noch hundert Jahre warten müsste, bis ich mit Bayer 04 am Saisonende vor den Bayern stehen würde. Es gab wirklich kaum jemanden, der nicht an unseren Triumph glaubte. Im Nachhinein kann ich etliche Fehler erkennen, die mir unterlaufen sind, weil ich den Überblick verloren hatte. Aber, wie gesagt, der Rückblick ist für den Arsch, was soll das bringen? Man kann zwar seine Lehren aus dem Geschehenen ziehen, aber verschüttete Milch bekommst du nicht wieder in die Tüte zurück. Natürlich plante ich alle möglichen Worst-Case-Szenarien für das Spiel ein: einen Platzverweis für oder einen Elfmeter gegen uns, Verletzungen von Schlüsselspielern, alles Mögliche. Nur eine Sache hatte ich nicht auf dem Schirm.

Zu allem Überfluss quartierte man uns für die Nacht vor dem Spiel im Sheraton Hotel mitten in München ein. Roland und ich hatten ursprünglich woanders mit der Mannschaft übernachten wollen. Wir hielten es für einen Fehler, im Sheraton zu wohnen, weil dort auch einige Fans und Sponsoren waren. Aber genau das sollte aus Sicht des Vereins für eine besondere Stimmung im Hotel sorgen. Mir schwante spätestens dann Böses, als wir von einer kleinen Blaskapelle und jubelnden Fans am Hotel empfangen wurden. Es ging zu wie im Karneval, ein einziges Halligalli. Als wären wir schon Meister. Es fehlte nur noch, dass uns jemand eine Torte brachte, so wie Eintracht Frankfurt sie 1992 vor dem Spiel in Rostock bekommen hatte. Die waren ja damals auch schon so gut wie Meister ... Ich war froh, als ich auf meinem Zimmer war.

Greift ein Junkie als Trainer nach der Meisterschale? Schafft es ein Drogenkranker in die Königsklasse? Niemand beantwortet mir meine quälenden Fragen! Ich komme mir vor, als würde ich gegen eine Wand reden, jedes meiner Worte wird zurückgeschleudert. Noch vor ein paar Wochen stattete mich einer der größten deutschen Energieversorger mit einem Millionenvertrag aus, weil man mit mir »Werte transportieren« wollte, wie es hieß. Die Leute schmunzelten über mich, als ich mich am ersten Spieltag in einem himmelblauen Anzug in den Farben der Firma an den Seitenrand stellte: Das passte einigen mal wieder wunderbar zum Selbstdarsteller-Stempel, den man mir verpasst hatte. Dabei hatte ich mich nur geopfert, denn ursprünglich hatte der Sponsor unserem Stürmer Ulf Kirsten die Haare blau färben wollen! All das scheint nun nicht Wochen, sondern Lichtjahre her zu sein. Genauso wie unser erneuter Auftritt im Bernabéu bei Real vor gerade mal vier Tagen. Eben noch wurde ich als Erneuerer und absoluter Macher gesehen, jetzt werde ich plötzlich als Pflegefall wahrgenommen.

Reiner möchte, dass ich abtauche. Aber wovor soll ich flüchten? Ich starte einen letzten Versuch, Reiner umzustimmen. Meine Stimme überschlägt sich, und ich flehe Reiner an, diesen ungeheuerlichen Werten der Haarprobe keinen Glauben zu schenken. »Reiner, das kann nicht stimmen!«

Ja, der Drogenkonsum war der dümmste und schlimmste Fehler meines Lebens. Aber ein Junkie? Das war verrückt. Beweise konnte sowieso niemand erbringen! Dass ich das letzte Mal was von diesem verdammten Zeug genommen hatte, lag schon Monate zurück. Wie konnte dieser hohe Wert herauskommen? Reiner muss mir doch glauben! Ich nehme meine letzte Kraft zusammen.

»Reiner – hör mir bitte genau zu.« Ich schaue ihm in die Augen und versuche, so ruhig wie möglich zu reden. Ich berichte ihm von einem befreundeten Arzt, über den ich mich absicherte. Er hatte für mich eine Haaranalyse unter anderem Namen in einem Speziallabor im Ausland durchgeführt. Ich habe das Gutachten selbst gelesen. Der Test war komplett negativ! Da war nichts nachweisbar: kein Kokain, kein Opium, keine Amphetamine, gar nichts! Hätte ich mich etwa sonst freiwillig auf diese Haarprobe eingelassen? Hätte ich mich sonst vor die Presse gesetzt und diese idiotische Mitteilung vorgelesen?

»Ich tue das, weil ich ein absolut reines Gewissen habe.«

Dieser Satz wird mir noch immer um die Ohren gehauen. Dabei war es nicht mal meine Idee! Die Presseabteilung von Bayer Leverkusen hatte mir dieses Statement vorgeschlagen, weil sie es für die beste Idee hielten. Erst wollte ich mich nicht darauf einlassen, dann gab ich doch nach. Was hatte ich auch zu befürchten? Ich hatte mich doch abgesichert! Wie konnte überhaupt ein positiver Wert herauskommen? Und dann auch noch ein so hoher! Diese Frage lässt mich nicht los.

Reiner verzieht keine Miene, als ich ihm all das erzähle. Meine Bitte, dieses Ergebnis mit einer zweiten Haaranalyse zu widerlegen, ignoriert er. Er lehnt nachdenklich am Herd und hört mir zu. Als ich fertig bin, legt er mir seine großen Hände auf die Schultern. Noch immer liegt leichter Schweiß auf seiner Stirn. Sein Gesicht ist jetzt ganz nah, ich kann die einzelnen Tropfen sehen. »Christoph, deine Reaktion ist völlig normal. Der Gerichtsmediziner hat mir schon gesagt, dass du das alles nicht wahrhaben wirst.« In diesem Moment weicht all die Wut aus meinem Körper. Ich weiß jetzt, dass ich keine Chance habe.

Ich hatte alle Chancen! Alles lag vor meinen Füßen, der Job des Bundestrainers, meine zweite Meisterschale. Sie hätte nicht näher sein können, es war alles angerichtet. Die Stimmung der 11 500 Zuschauer im ausverkauften Sportpark in Unterhaching war bestens. Die Sonne strahlte vom Himmel, und es war angenehm warm. Natürlich merkte ich meinen Spielern die Nervosität an, alles andere wäre auch sonderbar gewesen. Um nicht zu überdrehen, hielt ich vor dem Spiel keine besondere Ansprache. Die Ausgangslage war klar, und alle waren froh, als das Spiel endlich losging.

Natürlich fühlte auch ich diese Anspannung, als es begann. Aber ich glaubte, ich sei auf alles vorbereitet, und das gab mir Sicherheit. Was ich übersehen hatte, wurde mir erst klar, als es zu spät war. In der 20. Minute kam der Hachinger Danny Schwarz im rechten Halbfeld an den Ball und schlug eine halbhohe Flanke mitten in den Strafraum. Eigentlich völlig harmlos und nicht mal präzise, aber fast alle meine Spieler waren in genau diesem Moment schon wieder nach vorne gerückt. Der Ball segelte durch die Luft und fiel etwa einen Meter hinter dem Elfmeterpunkt zu Boden, als Michael Ballack am schnellsten reagierte. Mit dem ausgestreckten linken Bein warf er sich in den Ball und versuchte, ihn ins Aus zu klären. Stattdessen traf er ins eigene Tor. Genau das hatte nicht passieren dürfen. Auf ein Eigentor war meine Mannschaft von mir nicht vorbereitet worden. Währenddessen lagen die Bayern in ihrem Heimspiel gegen Bremen schon mit 3:0 in Führung.

Es gibt die Aufnahme einer Kamera, die mich nach Michaels Eigentor für wenige Sekunden einfängt. Als die Fans von Unterhaching von ihren Sitzen aufspringen und den Treffer bejubeln, stehe ich unter dem knappen Vordach der Ersatzbank und zeige kaum eine Regung. Ich habe die Hände hinter dem Rücken verschränkt, in meinem Gesicht regt sich so gut wie nichts, der Wind bewegt lediglich eine Strähne in meinem Haar. Ich habe keine Ahnung mehr, was ich in diesem Moment gedacht oder gefühlt habe. Als in der 72. Minute das 2:0 für Unterhaching fällt, schwenkt die Kamera wieder für einen kurzen Moment auf mich, dann sieht man mich klatschen und meine Mannschaft anfeuern. Ob ich da noch an die Schale geglaubt habe? Ich kann mich nur noch an diese seltsame Stille in meinem Körper erinnern. Ich fühlte weder Trauer noch Schmerz in diesem Moment, ich fühlte einfach gar nichts. Ich war am Ende.

Erst nach dem Abpfiff spürte ich wieder etwas. Es hört sich vielleicht übertrieben an, aber es war so, als hätte mir jemand das Herz herausgerissen. Es war wie bei einem Hundertmeterlauf, bei dem wir klar in Führung gelegen hatten, dann vor der Ziellinie stürzten und noch überholt wurden. Es tat unfassbar weh. Eine Frage ließ mich nicht los: Wieso? Mein Leben war eine riesige Baustelle, und ich hatte all meine Kraft für den Gewinn der Meisterschaft eingesetzt. Jetzt war alles weg – die Schale, meine Kraft, jegliche Zuversicht. Wieder hielt eine Kamera nach dem Abpfiff auf mich. Ich musste quer über das Spielfeld in Richtung Kabine laufen, rechts und links von mir rannten Fotografen neben mir her. Ich verzog keine Miene. So lange hatte ich meine Fassade jetzt schon aufrechterhalten, in diesem Moment wollte ich sie nicht aufgeben. *Sie* würden sie nicht zerstören! Erst in der Kabine brach alles zusammen. Mein Sohn Marcel war extra nach Unterhaching gekommen, und als er mich sah, nahmen wir uns in den Arm. Er war gerade mal 13 Jahre alt. »Papa, das ist so ungerecht!«, sagte er und drückte sich an mich. Mehr sagte er nicht. Wir hielten uns schweigend fest und fingen an zu weinen.

Es ist vorbei. Es ist schon früher Morgen, aber durch die Fenster von Rolands Wohnzimmer sieht man nur ein tiefes Schwarz. Genauso sieht es in mir aus. Es fliegen Wortfetzen durch den Raum, dass ich jetzt Abstand gewinnen müsse, dass Bayer mich unterstützen werde, und so weiter. An mir rauscht das alles vorbei. Noch immer weckt mich niemand auf. Ich habe keine Energie mehr, zu protestieren. Im Morgengrauen verlasse ich Rolands Haus.

Ich muss an Angelica denken. Sie befindet sich in unserem Haus auf Mallorca, sie schläft sicher noch, trotzdem wähle ich ihre Nummer. Ich erzähle ihr von den vergangenen Stunden in Rolands Wohnung, vom unfassbaren Wert der Haarprobe, von Reiner, von meinem Flieger, der mich schon in ein paar Stunden auf einen anderen Kontinent bringen soll.

Es war Angelica, die mich Ende 1999 aus dem Bonotel rausgeholt hatte. Sie hatte es als Erste gewusst. Sie tat alles, um mich zu unterstützen, und als wir im Frühjahr 2000 in unser erstes gemeinsames Zuhause in Köln-Hahnwald zogen, glaubte ich, alles hinter mir gelassen zu haben. Mit ihr an meiner Seite fühlte ich mich wohl und geborgen. Eigentlich schien alles auf einem guten Weg. Jetzt höre ich, wie sie am Telefon die Fassung verliert. »Ich hab es immer gesagt! Wie konntest du dich nur auf diese Haarprobe einlassen?!« Sie stellt Fragen, die ich nicht beantworten kann. Wann ich aus den USA zurückkehren werde, ob sie mich besuchen kann, wie es weitergehen soll. Ich weiß es nicht. Angelica unterbricht meine Gedanken. »Ich muss dir noch etwas erzählen, Christoph«, sagt sie. »Ich bin schwanger.« Der Satz überrollt mich wie eine Lawine. Ich kann nicht mehr.

Ich spüre Müdigkeit und Trauer in mir aufsteigen, als wenig später im Morgengrauen die sich aufhellende Landschaft an mir vorbeirauscht. Ich sehe Bäume und Felder, aber alles nur verschwommen. Wir fahren auf der A3 in Richtung Frankfurt, ich sitze auf der Rückbank, Reiner hat alles organisiert. Ein Fahrer vom Bayer-Fahrdienst bringt mich zum Flughafen. Obwohl wir uns seit Langem kennen, reden wir kaum ein Wort miteinander. Nur die Musik eines Radiosenders vermischt sich mit den Geräuschen des Motors. Ich fühle mich nicht mehr wie in einem Traum, jetzt ist es wie ein Film, den ich nicht verstehe, dauernd wechseln die Bilder in meinem Kopf, es gibt keinen Zusammenhang zwischen ihnen. All die offenen Fragen lassen mich nicht los.

Ich bin müde und erschöpft, aber selbst auf dem Weg in den Flieger verfolgen die Fragen mich: Warum soll ich Deutschland verlassen? Wie konnte dieser Wert herauskommen? Was passiert hier mit mir? Ich fühle mich wie ein angespanntes Seil, das zu reißen droht. An der einen Seite zerren die Schuldgefühle wegen meines unverzeihlichen Fehlers, auf der anderen Seite die Wut über dieses unbegreifliche Ergebnis der Haarprobe. Nur diese Wut hält mich wach. Ich habe seit mehr als 24 Stunden nicht geschlafen, doch das Chaos lässt mich nicht zur Ruhe kommen. Es macht mich fertig. Ich lasse mich in den breiten Sitz in der ersten Klasse fallen. Das war's jetzt also, denke ich. War's das wirklich? Da reißt mich jemand aus meinen Gedanken. Es ist die Frau auf dem Nebensitz, die mich anstarrt.

»Sind Sie nicht Christoph Daum?«, fragt sie.

Ja, ich bin Christoph Daum, denke ich. Der Christoph Daum, der aus Bayer 04 Leverkusen einen Spitzenclub geformt hat und von dem Sie denken, dass er im nächsten Jahr Bundestrainer werden wird. Jetzt sitze ich in einem Flieger, der mich gleich nach Miami bringen soll. In Wahrheit habe ich keine Ahnung, wo ich wirklich ankommen werde.

Auch die Frau scheint irritiert. Sie starrt mich immer noch an. »Haben Sie nicht gleich ein Spiel gegen Borussia Dortmund?«

TEIL ZWEI:
Zurück ans Limit

Shit happens, Chris – so what?

Florida, 2000/01

Der Ausblick von der Terrasse war herrlich. Es war noch früh, gerade mal sieben Uhr, aber die Luft fühlte sich schon so angenehm mild an, dass ich ein T-Shirt trug. Noch lag die Terrasse im Schatten, es würde aber nicht mehr lange dauern, bis die Sonne sie und den vor ihr liegenden Golfplatz mit seinem Teich und der riesigen Wasserfontäne in gleißendes Licht tauchen würde. Ich saß alleine am Tisch und blickte auf die perfekt getrimmten Grasflächen, auf denen ein paar Vögel nach Würmern suchten. Dieser Ort kam mir vor wie eine friedliche Oase, tagsüber konnte es hier, an der Westküste Floridas, sogar mitten im Herbst bis zu dreißig Grad heiß werden. Nicht weit hinter dem Golfplatz wurde die Landschaft von Kanälen durchzogen. Einige Jachten machten von dort aus einen Abstecher in den Golf von Mexiko.

Es war der 24. Oktober 2000, mein 47. Geburtstag – der beschissenste meines Lebens. Zur Feier des Tages hatte ich mir selbst ein Geburtstagsfrühstück zubereitet. Es gab eine Banane mit kanadischem Honig, daneben stellte ich mir eine Kerze auf: Happy Birthday, Christoph. Es half nichts, weil die Fragen in meinem Kopf einfach nicht aufhören wollten zu bohren: Was zum Teufel machst du hier? Wie konnte es zu diesem mysteriösen Wert bei der Haaranalyse kommen? Wie konnte es überhaupt so weit kommen? Ich wurde sie nicht los.

Vor gerade mal drei Tagen hatte Bayer Leverkusen den BVB mit 2:0 besiegt, während ich im Flugzeug saß. Meine Mannschaft. Einige Jungs hatten nach dem Abpfiff Tränen in den Augen. Meine Jungs. Es hatte sie völlig unvorbereitet getroffen, dass die Haarprobe positiv und ich auf einmal nicht mehr da war. Sie fehlten mir fast genauso wie Angelica und die Kinder, und jeder Gedanke an sie fühlte sich an wie ein Messerstich, so als würde eine Klinge sich langsam in mein Herz bohren. Ich atmete tief durch, um die Tränen zurückzuhalten.

Es war windstill, die Flamme der Kerze bewegte sich kaum. Ich merkte, wie ich wieder unruhig wurde. Ich hatte diese Wohnung erst gestern Abend bezogen, und als ich das erste Mal das Badezimmer betrat, geschah etwas sehr Merkwürdiges. Beim Blick in den Spiegel sah ich nur Haare, überall Haare, ich erkannte mein Gesicht vor lauter Haaren nicht. Diese verfluchte Haaranalyse verfolgte mich bis in die USA, sie drohte mich um den Verstand zu bringen! Ich ging mit einem Rasierer unter die Dusche und begann, mir alle Haare zu entfernen. Erst vor meinem Kopf machte die Klinge halt. Ich hatte sie schon angesetzt, als ich plötzlich stoppte. Wäre vielleicht nicht so clever, die Kopfhaare ebenfalls abzurasieren. Ich brauchte diese Haare ja noch.

Das Klingeln des Handys holte mich zurück in die Realität. Es war Gerrit Niehaus, ein enger Freund von Reiner. Ich mochte Gerrit, er hatte mir dieses Apartment auf Marco Island organisiert. Gerrit strahlte Optimismus und Gelassenheit aus, normalerweise, jetzt erschreckte mich seine Stimmlage. Er klang alles andere als gelassen. »Pack sofort deine Sachen! Die Spürhunde sind nur ein paar Blocks entfernt! Meine Freundin holt dich ab!« Er berichtete mir von Kamerateams und Journalisten, die mich suchten. Meine Unterkunft war in einen exklusiven Wohnkomplex eingebettet, die Einfahrt wurde rund um die Uhr von einem Sicherheitsdienst bewacht. Trotzdem war es ihnen irgendwie gelungen, sich Zutritt zu verschaffen. Es war nur eine Frage der Zeit, bis sie mich hier aufspüren würden. Die Jagd war eröffnet.

Wenige Minuten nach Gerrits Anruf stand seine Freundin

schon mit ihrem Wagen in der Garage. Sie schlug vor, dass ich mich hinter den Vordersitzen auf den Boden kauerte, damit mich die Journalisten beim Verlassen des Wohnkomplexes nicht entdecken könnten. Ich diskutierte nicht lange und tat, was sie wollte. Um auf Nummer sicher zu gehen, legte sie noch Bettwäsche und ein paar Einkaufskörbe auf die Rückbank und über meinen Rücken. Es wurde dunkel. Dann hörte ich, wie sich das Garagentor öffnete, wir fuhren los. Ich hielt mich am Vordersitz fest. In diesem Moment fühlte ich mich tatsächlich so, als wäre ich auf der Flucht. Ich verstand jedoch immer noch nicht, wovor. Am Anfang war es, als wäre ich kurz vor dem Gipfel von einer Lawine weggerissen worden, jetzt lag ich begraben unter ihr. Ich sah keine Perspektive mehr. Nicht für mich als Trainer. Nicht für mein Leben. War das wirklich das Ende? Ich glaubte, dass ich aus dieser Nummer nicht mehr rauskommen würde, und die Wucht meines Absturzes war so groß, dass ich lange brauchte, um sie zu begreifen. Ich stand vor dem Nichts.

In meine Hilflosigkeit und Verzweiflung mischte sich jedoch schnell ein dritter, bekannter Impuls, mein Lebensmotto: Einmal mehr aufstehen als hinfallen! Wenn alles gegen mich war, wenn ich abgeschrieben wurde, dann wurde ich zum Stehaufmännchen. Es gab diese Momente, in denen ich keinen Boden mehr unter meinen Füßen spürte, aber dann konnte ich mich fast immer an mir selbst aufrichten. Never ever give up!

Die Laboranalyse hatte einen astronomischen Wert von 72 Nanogramm Benzoylecgoninmethylester ergeben, dabei kommt in den meisten Fällen bei solchen Proben ein Wert zwischen 1 und 10 Nanogramm raus. Ich wusste, dass dieses irrsinnige Ergebnis nicht auf mich zutreffen konnte! Es war verrückt, doch natürlich zweifelte in Deutschland niemand das Gutachten eines gerichtsmedizinischen Instituts an. Mir dagegen wurde Realitätsverlust bescheinigt, ich wurde durch den Dreck gezogen. Schon kurz nach meinem Abflug meldete sich der ehemalige Bundesligaspieler

Jimmy Hartwig im SWR und behauptete, er wisse definitiv, dass ich gekokst hätte. Einen Tag später druckte der *Express* ein Interview mit dem Kölner Filmemacher Bernd Thränhardt, der erzählte, mehrfach gemeinsam mit mir gekokst zu haben. Nichts davon entsprach der Wahrheit! Ich wollte sie nicht gewinnen lassen. Ich habe nie vor solchen Angriffen kapituliert, im Gegenteil: Sie stachelten mich an. Einige Zeit später entschuldigten sich beide sogar in aller Form bei mir. Aber jetzt waren ihre Aussagen in der Welt. Es ging nicht mehr darum, den Bundestrainer-Job zu retten. Das hatte sich erledigt. Jetzt galt es, weiteren Schaden von meiner Familie und mir abzuwenden. Ich war immer ein Kämpfer, und jetzt musste ich das auch zeigen. Ich brauchte einen Befreiungsschlag, und das ging nur mit einem zweiten Haartest.

Mein neues Zuhause befand sich südlich von Orlando in Davenport. Mit vier Schlaf- und drei Badezimmern war das Haus überdimensional groß und brandneu, aber der ganze Komplex war teilweise noch eine einzige Baustelle. Andauernd ratterten die Baumaschinen. Es störte mich nicht weiter, ich war ja nicht zum Urlauben hier. Außerdem lenkte Mark Dillon mich ab. Es war sein Vorschlag gewesen, mich hier unterzubringen. Ich hatte Mark schon vor ein paar Jahren kennengelernt, als er ein Trainingslager für Bayer in Orlando organisierte. Wir mochten uns sofort. Er war ungefähr so alt wie ich, und auf seinem Gesicht zeichnete sich fast immer ein Lächeln ab. Seine Nähe tat mir gut, weil er immer positiv blieb. Meine Karriere war im Eimer, mein ganzes Leben stand auf dem Kopf, und was hatte Mark kurz nach meiner Ankunft in den USA zu mir gesagt?

»Shit happens, Chris – so what? Life goes on!«

Mark hat gut reden, dachte ich zuerst. Ich stand vor dem Nichts, und er hörte sich an, als hätte ich nur mein Auto falsch geparkt. Doch je mehr Zeit ich mit ihm verbrachte, desto mehr half er mir mit seiner Art. Dabei hatte er selbst genug Mist um die Ohren. Nach ein paar Wochen zog er bei mir ein, weil er sich von seiner Frau getrennt hatte. Wir waren eine perfekte Problem-WG, und vielleicht war das mein größtes Glück in dieser Zeit. Die Tage starteten wir mit einer Joggingrunde um die Baustelle und schlossen sie abends im Fitnessclub ab, wo wir Gewichte stemmten und manchmal noch in die Sauna gingen. Ich glaube, dass ich mich selten so fit fühlte wie während dieser Zeit in den USA. Wenn ich vor Anstrengung schwitzte, spürte ich, dass ich lebte, dass jeder Faser meines Körpers neue Energie entsprang. Dann fühlte ich mich stark genug, meinen Fehler wiedergutzumachen.

Mark half mir, die zweite Haarprobe zu organisieren. In einer Arztpraxis in Orlando wurden mir von Dr. John Russell unter Anwesenheit von zwei Zeugen Haare entnommen und verschlossen. Anschließend wurde die Probe zur Untersuchung zum American Toxicology Institute, einer der renommiertesten toxikologischen Einrichtungen der USA in Las Vegas, verschickt. Das Ganze lief sehr professionell ab, kein Vergleich zum Haartest am 9. Oktober in Leverkusen. Damals waren mir die Haare vor den Augen eines Notars entnommen und mit Tesafilm auf ein Blatt Papier geklebt worden. Mit Tesafilm! Die Probe damals war nicht mal versiegelt worden, und eine Mitarbeiterin des Notariats brachte sie in einem Briefumschlag zum Kölner Institut für Gerichtsmedizin. Professor Herbert Käferstein, der die Haare dort untersuchte, sagte später vor Gericht, dass er nicht mit Sicherheit sagen könne, von wem die Haare eigentlich stammten. Es sei ihm lediglich mündlich mitgeteilt worden, dass es Haare von Christoph Daum seien. Wenn ich heute daran denke, kann ich es immer noch nicht begreifen. Es ist unfassbar.

Während ich auf das Ergebnis der zweiten Probe wartete, verfolgte ich im Fernsehen das Kopf-an-Kopf-Rennen zwischen George W. Bush und Al Gore um das US-Präsidentenamt, machte weiterhin Sport oder arbeitete an meinem Tagebuch. Ich habe die 103 handgeschriebenen Seiten meines USA-Aufenthalts noch heute. Das Schreiben half mir, meine Gedanken zu ordnen und das Geschehene zu verarbeiten. Meistens setzte ich mich mit einem Kugelschreiber an den Schreibtisch in meinem Schlafzimmer. Das war mein kleiner Arbeitsbereich. Mark hatte mir ein Faxgerät besorgt, von hier führte ich auch die meisten meiner Telefonate mit meinen Anwälten oder Reiner Calmund. Reiner glaubte mir immer noch nicht, dass dieser Wert einfach nicht stimmen konnte. Ich fühlte mich von ihm im Stich gelassen. Am 12. November 2000 machte ich folgenden Tagebucheintrag:

»Lieber Reiner, wenn dir etwas Vergleichbares passiert wäre, wäre ich aus der tiefen Freundschaft zu dir an deiner Seite bis zum bitteren Ende durchs Feuer gegangen. Freundschaft ist für mich mehr als nur ein Wort. Wir haben Brot und Bett miteinander geteilt und wussten oft über den anderen mehr als er selbst. Dieses Wissen haben wir genutzt, um den anderen zu schützen und zu unterstützen. Lieber Reiner, ich weiß, dass auch du viel durchmachen musstest. Ich verzeihe dir, weil du im Bewusstsein gehandelt hast, das Beste für Bayer zu tun. Da unsere Interessen augenblicklich unterschiedlich sind, ist unsere Freundschaft einer Zerreißprobe ausgesetzt.«

Reiner war nicht der Einzige, der an mir zweifelte. Was sich in den deutschen Medien zusammenbraute, war grauenvoll. Einige vermuteten mich in einer Entzugsklinik in der Schweiz, und es war nur schwer zu ertragen, dass die Journalisten allen möglichen sogenannten Experten eine Plattform boten. Egal ob Dopingexperte, Soziologe oder Psychologe: Fast jeder durfte sich zum »Fall Daum« äußern, und das auf der Basis einer fragwürdigen Haarprobe. Die *Bild* schickte meinen alten Studienkumpel Vim Vomland auf die »Jagd« nach mir, er verfolgte mich wie andere Journalisten quer durch Florida. Vim war am hartnäckigsten, er bekam irgendwann sogar die neue Telefonnummer von Mark heraus. Am Anfang blockte ich jedes Interview ab, weil meine Anwälte mir davon abrieten. Vim bettelte, dass er mich dann wenigstens als Freund treffen wolle und dass die *Bild* mich nur unterstützen könne, wenn ich ihm Informationen liefern würde. Mitte November war es dann so weit.

Ich schrieb gerade wieder Tagebuch, als das Faxgerät in meinem Zimmer ansprang. Post für mich. Von Dr. Russell, der mir die zweite Haarprobe entnommen hatte. Meine Augen flogen über die gerade mal vier Zeilen. »The result is negative for the presence of cocaine.« Negativ, stand da! Da war für die letzten sechs Monate gar nichts nachweisbar, nullkommanull! Am liebsten hätte ich dieses Ergebnis sofort aller Welt präsentiert! Stattdessen gab ich es Vim.

»Das zeigt klar: Ich bin sauber«, sagte ich ihm, und die *Bild* druckte es genauso ab. Es sollte mein Befreiungsschlag werden, aber dieser Schuss ging komplett nach hinten los.

Zwar stellte die *Bild* die erste Haarprobe mit dem Wahnsinns-Wert öffentlich infrage. Doch es gab andere Medien, die die zweite Haarprobe für einen schlechten Scherz hielten, eine Zeitung titelte sogar »Daums Märchenstunde«. Manche Journalisten machten sich lustig darüber, dass die Haaranalyse ausgerechnet in einem Institut im Zockerparadies Las Vegas durchgeführt worden war. Mein Befreiungsschlag verwandelte sich in ein Desaster. Das Schlimmste war, dass die Staatsanwaltschaft meine zweite Haarprobe nicht anerkannte. Sie wollten nichts davon akzeptieren, gar nichts! Eigentlich hätte es jetzt 1:1 stehen müssen, das war zumindest mein Plan gewesen. Stattdessen stand es 0:2 aus meiner Sicht. Ich hatte schon wieder die Arschkarte gezogen. Es war niederschmetternd, und jetzt gab es wohl nur noch eine Option.

In Deutschland verschärfte die Koblenzer Staatsanwaltschaft die Ermittlungen gegen mich. Es ging um den unerlaubten Handel und Besitz von Betäubungsmitteln, was ziemlicher Schwachsinn war, da ich ja nie etwas besessen oder gehandelt, sondern »nur«

gelegentlich konsumiert hatte. Schlimm genug, aber nicht strafbar. Koblenz hatte sich eingeschaltet, weil sie eine Ermittlung gegen einen Dealer-Ring im nördlichen Rheinland-Pfalz führten – und mit diesem wollten sie mich in Verbindung bringen. Es war völlig absurd. Die Kriminalpolizei tauchte in Begleitung eines Koblenzer Staatsanwalts mit einem Durchsuchungsbeschluss vor unserem Haus im Hahnwald auf. Sie klingelten in den frühen Morgenstunden Angelica aus dem Bett. Als sie im Bademantel die Tür öffnete, fiel ihr vor Schreck unser Hund Löffelchen aus den Armen. Mehrere Stunden durchkämmten sie mit Drogenspürhunden unser Haus. Angelica war schwanger, wir erwarteten unser erstes gemeinsames Kind, trotzdem durchwühlten die Fahnder sogar ihr Schlafzimmer. Die ganze Aktion war eine einzige Demütigung. Und dann auch noch das: Die Fotografen standen gleich von Beginn an vor unserer Haustür. Ich wollte schnellstmöglich zurück nach Deutschland, um bei Angelica und meinen Kindern zu sein, aber meine Anwälte rieten mir, noch in den USA zu bleiben.

Immerhin kam Angelica für ein paar Tage nach Florida. Mit ihr neben mir konnte ich fast neun Stunden am Stück schlafen. Sie beruhigte mich, wenn ich zu impulsiv wurde, und sie bestärkte mich darin, nicht aufzugeben. Ende November verbrachten wir ein paar Tage in Naples. Die Tage mit ihr waren meine schönsten in dieser merkwürdigen Zeit, und manchmal vergaß ich darüber die Baustelle, die sich mein Leben nannte. Am 7. Dezember musste sie zurück nach Köln, um juristische Dinge für mich zu klären. Als ich sie am Flughafen von Miami umarmte, schoss mir das Wasser in die Augen. Am liebsten hätte ich sie gar nicht mehr losgelassen.

Die Koblenzer Staatsanwaltschaft drängte mich, ein Drogengeständnis abzulegen. Mein Anwalt, Dr. Rolf Stankewitz, hielt das für eine gute Idee. Aber ich hatte Bedenken: Wenn ich meinen gelegentlichen Drogenkonsum zugeben würde, dann würde man auch das haarsträubende Ergebnis der falschen Haarprobe für richtig halten. Außerdem wollte ich nicht einknicken. Ich war nie ein Saubermann, nie fehlerfrei, und ich wollte für den Mist, den ich zu verantworten hatte, auch geradestehen. Aber doch nicht für das Ergebnis einer Haarprobe, das auf mich nicht zutraf! Die Koblenzer Justiz erhob sogar den Vorwurf, dass ich diesem Dealer-Ring angehört und Minderjährige zur Prostitution angestiftet hätte. Sie wollten mich fertigmachen.

Ich fühlte meine Kräfte schwinden und dachte an Angelica und die Kinder. Wie lang sollte das hier noch so weitergehen? Ich sah keinen anderen Ausweg mehr. Ein Geständnis war die einzige Option. Oder wie lange wollte ich Angelica noch alleine lassen? Wie lange wollte ich Janine und Marcel noch im Unklaren lassen? Das hier war ein Spiel, bei dem andere die Regeln bestimmten. Ein Spiel, bei dem ich keine Chance hatte.

Das Hyatt in Köln ist ein imposantes, quadratisches Luxushotel direkt am Rheinufer. Man hat von dort einen herrlichen Blick auf den Kölner Dom. Als ich am 12. Januar 2001 um die Mittagszeit mit einer schwarzen Limousine dort vorfuhr, interessierte sich kein Mensch für den Dom. Etwa ein Dutzend Kamerateams und rund fünfzig Journalisten nahmen mich bereits am Wagen in Empfang, man hätte meinen können, ich wäre von den Toten wiederauferstanden. Sie verfolgten mich durch das Foyer bis zum Aufzug, rechts und links von mir klickten die Auslöser der Kameras. Einige Journalisten schrien mir Fragen zu, von denen ich die meisten gar nicht verstand. Es ging zu wie auf einem Volksfest.

Ursprünglich hatte ich die Pressekonferenz im WDR-Gebäude in Köln abhalten wollen, aber das hatte nicht funktioniert. Meine Anwälte organisierten dann kurzfristig das Hyatt. Da ich noch jemanden brauchte, der die Veranstaltung moderierte, rief ich den damaligen Sat1-Chefreporter Werner Hansch an. Was dann im Rheinsaal des Hyatt abging, dürfte auch Werner bis dahin noch nicht erlebt haben. Bevor die Pressekonferenz startete, musste ich auf der Bühne fünf Minuten in die verschiedensten Kameras lächeln, aber damit hatte ich ja noch nie ein Problem gehabt. Aus allen Richtungen wurde mein Name gerufen: »Herr Daum, hierher! Herr Daum, einmal zu mir! Herr Daum, Herr Daum, Herr Daum …!« Diese Dimension überraschte mich. Mehr als zweihundert Journalisten tummelten sich im Saal, einige von ihnen hatten nicht mal mehr einen Stuhl bekommen. Vor mir auf dem Tisch stand ein gewaltiger, bunter Strauß aus Mikrofonen, und alles, was ich von meinem Platz aus wahrnahm, war ein heilloses Durcheinander. Das Desaster begann erst, als ich saß. Ich holte einmal tief Luft, bevor ich mein Statement verlas. Die Meute starrte mich an.

Ich hatte davor immer rumgeeiert, wenn es um die Frage ging, ob ich Drogen konsumiert habe. Das war mit Sicherheit falsch! Aber ich hoffte damals noch, mich von den falschen Vorwürfen mit einer zweiten, negativen Haarprobe reinwaschen zu können. Was bekanntermaßen in die Hose gegangen war. Diese Pressekonferenz musste ich jetzt machen, um wieder halbwegs Normalität in mein Leben zu bringen. Aber es war nie mein Plan gewesen, im Büßergewand aufzutreten. Ich wollte meinen Fehler zugeben, damit die Koblenzer Staatsanwaltschaft endlich Ruhe gab, und dann wollte ich alles dafür tun, Glaubwürdigkeit und Vertrauen zurückzugewinnen. Ich stand und stehe nicht für unendliche Reue und Buße, sondern für grenzenlosen Optimismus! Es war totenstill im Saal, als ich begann, meine Erklärung abzugeben.

»Ich gebe hier klar und offen zu, dass ich mit Drogen in Kontakt gekommen bin. Ich habe Kokain zu mir genommen.«

Rums. Wenige Sekunden später liefen die ersten Eilmeldungen über die Ticker der Nachrichtenagenturen. Ich redete mit fester Stimme und ernstem Gesicht. Bis dahin lief alles gut. Taktisch unklug war dann aber spätestens der folgende Satz: »Die Haaranalyse, die ich habe machen lassen, muss man im Nachhinein sagen, das war ein Fehler. Ich hab sie mir auch anders vorgestellt.« Weil ich dabei schmunzelte, ging eine Mischung aus Raunen und Gelächter durch den Saal. Natürlich ist mir das später um die Ohren geflogen, weil die Leute mit einem kleinlauten Büßer gerechnet hatten. Selbst meine Anwälte hatten mir vorher geraten, die Sache bloß nicht zu locker darzustellen. Doch so war ich nicht, und das bin ich nicht! Scheiß drauf, dachte ich, was sollte schon passieren? Ich bedauerte mein Verhalten, ich stand zu meinem Fehler, ich entschuldigte mich dafür, aber hätte ich darum wie ein Häufchen Elend auf dieser Bühne sitzen sollen? Natürlich wäre es tausendmal schlauer gewesen, genau das zu tun. Ich wusste das, so dämlich bin ich nicht, aber ich wollte es nicht! Ich hatte einen Fehler gemacht, für den ich teuer bezahlte, nämlich mit meiner Karriere, aber nun ging es darum, wieder aufzustehen!

Meine größte Panne an diesem Tag war aber nicht mein flapsiger Auftritt, sondern dass ich Fragen der Journalisten zuließ. Ich hätte mein Statement verlesen und dann die Pressekonferenz beenden sollen. Stattdessen entwickelte sich die ganze Veranstaltung spätestens dann zu einer Comedyshow, als Stefan Raab sich zu Wort meldete. »Ich habe eine Frage an Werner Hanf«, sagte er, und bei diesem absichtlichen Versprecher lachte bereits der halbe Saal. »Stimmt es, dass Christoph Daum ein Angebot von Sturm Gras hat?«

Ich wäre am liebsten geflüchtet. Es kamen im Anschluss noch zwei, drei weitere ulkig gemeinte Fragen von anderen Journalisten. Das Ganze glitt ins Lächerliche ab. Ich wollte nur noch weg. Als es endlich vorbei war, brauchte ich eine halbe Ewigkeit bis zu meinem Auto, weil ich mich an der Menschenmasse im Saal vorbeidrängen musste.

Ein paar Tage später standen Reiner und Kurt Vossen, Vorsitzender der Fußballabteilung von Bayer, auf einmal vor meiner Haustür im Hahnwald. Sie versicherten mir die Unterstützung von Bayer 04 Leverkusen. Reiner wollte dann mit mir spazieren gehen. Er redete über die Sache mit der Haarprobe und dass es ihm leidtue, dass ich mich von ihm im Stich gelassen fühlte. Reiner hörte gar nicht mehr auf zu reden. Ich lief die meiste Zeit nur schweigend neben ihm her. Bis er plötzlich stehen blieb. Er breitete seine Arme aus und zog mich an seine Brust. »Komm«, meinte er auf seine kölsche Art. »Pack schlägt sich, Pack verträgt sich.« Er lächelte mich milde an.

Wir brauchten danach Jahre, um unsere alte Freundschaft wiederaufzubauen. Heute fahren wir fast jedes Jahr gemeinsam mit unseren Familien nach Thailand in den Urlaub. Aber Anfang 2001 verunsicherte mich seine Umarmung. Wie hatte es so weit kommen können? Als Reiner wieder abhaute, blieb ich mit unzähligen Fragezeichen zurück. Ich wusste nicht, wie es weitergehen sollte. Es stand jetzt 0:3.

Die Koblenzer Skandal-Show

Beşiktaş Istanbul, 2001/02

Die Staatsanwaltschaft in Koblenz galt als besonders berüchtigt. In den Medien war alles Mögliche über sie zu lesen, was mich nicht gerade zuversichtlich stimmte. »Eine der härtesten Strafverfolgungsbehörden der Republik«, meinte im Januar 2001 zum Beispiel die *Süddeutsche Zeitung*, die nicht für Übertreibungen bekannt ist. »Da ist«, schrieb sie, »was zu loben ist, kein Beschuldigter gleicher als gleich – und Prominente haben, was fragwürdig ist, zumeist einen Malus.« Dass es sich in meinem Fall um Staatsanwalt Dr. Jörg Angerer handelte – einen jungen Ehrgeizling, der sich nach Auffassung vieler Beobachter so verhielt, als ob es ihm in erster Linie darum ging, sich öffentlich zu profilieren –, machte die Sache nicht besser.

Hätte ich mir deswegen schon vor meinem ersten Prozesstag in die Hose machen sollen? Bestimmt nicht, zumal die Vorwürfe der Staatsanwaltschaft voller Ungereimtheiten waren. Angeblich sollte ich in 63 Fällen zwischen drei und fünf Gramm Kokain erworben haben. Dabei hatte ich nie irgendwas gekauft, es war mir immer umsonst angeboten worden! Außerdem sollte ich zum Kauf von einhundert Gramm angestiftet haben. So lautete jedenfalls die Anklage. Und das alles gründete einzig und allein auf den unzulässigen Rückschlüssen aus der Haarprobe und der Aussage eines sogenannten Hauptbelastungszeugen, dem ich niemals in meinem Leben begegnet bin. Eigentlich war es lächerlich, wenn es nicht so ernst gewesen wäre. Trotzdem hoffte ich, dass sich alles schnell aufklären würde. Ich hatte keine Ahnung, dass man mich durch die Hölle schicken würde.

Für meine Fehler hatte ich schon vor dem Prozess teuer bezahlt. Ich war als Lügner enttarnt und abgestempelt worden. Zu Recht. Ich schämte mich dafür. Außerdem war nach der misslungenen Pressekonferenz im Hyatt meine Reputation endgültig verloren gegangen. Aber ich war noch nie jemand, der lange herumjammert. Hätte ich mich etwa jeden Abend in den Schlaf weinen sollen? So war ich nicht. Ja, ich war oft laut, und das hat nicht jedem gefallen. Ja, ich habe Grenzen überschritten, und das war falsch. Ja, ich habe großen Mist gebaut. Und für all diese Dinge habe ich auf die Schnauze bekommen. Aber es musste jetzt weitergehen. Und was ich dafür brauchte, war der Fußball. Ich spürte, wie sehr er mir fehlte, und Zweifel daran, schon wieder einzusteigen, wischte ich schnell weg: So wie der Fisch das Wasser braucht, so braucht der Christoph den Fußball!

Als Erstes meldete sich Hans Mahr, der Chef von RTL, er wollte mich als TV-Experten für die Champions League haben. Im ersten Moment fragte ich mich, ob mich da einer verarschen möchte. In dieser Situation traute sich ein deutscher Sender, mich als Fachmann ins Fernsehen zu stellen? Es war ja nicht so, dass ich nicht wusste, was für ein Bild ich in dieser Zeit abgab: Bei den meisten Deutschen erfreute sich wahrscheinlich gerade der Fußpilz einer größeren Popularität als Christoph Daum. Umso mehr überraschte mich der Anruf von Mahr. »Was haben Sie eigentlich so Schlimmes getan?«, fragte er. »Ich schätze Sie als absoluten Fachmann!« Ich werde ihm das nie vergessen. Denn natürlich ging es für mich jetzt darum, Vertrauen zurückzugewinnen. Und so was kriegst du nicht geschenkt, du musst es dir erarbeiten, du musst dafür kämpfen. Der Job bei RTL war eine Chance, mit der ich nie gerechnet hatte. Ich bin Mahr bis heute dankbar dafür.

Das erste Spiel für RTL führte mich in die alte Heimat. Am 7. März 2001 sollte ich das Spiel von Galatasaray Istanbul gegen den AC Mailand kommentieren, und natürlich freute ich mich. Champions League – ich wusste ja, wie sich das anfühlte, es gab nichts Größeres. Auch die Stadt Istanbul, ihr Trubel, ihre Herzlichkeit, ihre Gerüche – wie hatte ich das alles vermisst! RTL quartierte mich im Swissôtel direkt am Bosporus ein. Ich habe bis heute keine Ahnung, wie Serdar Bilgili herausfand, dass ich dort übernachten würde. Ich hatte noch nicht mal meinen kleinen Koffer ausgepackt, als das Telefon in meinem Zimmer klingelte. Es war die Rezeption. Ein Herr Bilgili warte auf mich in der Lobby, sagte man mir. Natürlich wusste ich, wer das war.

Ich kannte Serdar noch aus meiner Zeit bei Beşiktaş, damals hatte er als Generalsekretär für den Club gearbeitet. Er war ein erfolgreicher Geschäftsmann, der in den USA studiert hatte. Vor Kurzem war er bei Beşiktaş zum Präsidenten aufgestiegen. Serdar trug einen Dreitagebart und grinste, als er mich in der Lobby empfing, Küsschen links, Küsschen rechts, so wie das in der Türkei üblich ist. Er kam direkt zur Sache: »Du bist ein Freund, du musst uns helfen. Du musst unser Trainer werden«, überfiel er mich. Dabei hatte Beşiktaş einen Trainer: Nevio Scala, ein Italiener mit strengem Gesicht, der ein paar Jahre zuvor für kurze Zeit Borussia Dortmund trainiert hatte. Es lief zwar nicht besonders für die »Schwarzen Adler«, aber dennoch, er war ihr Trainer. Ein Gespräch über einen Job, der noch besetzt war, lehnte ich aus Respekt vor meinem Kollegen ab. Serdar hörte sich meine Bedenken an. »Wir werden ihn morgen feuern«, erwiderte er trocken. Tatsächlich schmissen sie ihn am nächsten Tag raus. Es wurde behauptet, dass man sich getrennt habe, weil Scala schwer krank sei. Später sollte diese Sache zwischen Scala und dem Club sogar noch vor Gericht landen. Sie hatten ihn einfach schnell loswerden wollen. Die Türken fackeln bei solchen Dingen nicht lange. Wer wusste das besser als ich?

Obwohl Scala weg war, zögerte ich mit meiner Unterschrift. Ich redete mit Serdar über die Fragen, die mich belasteten. Wann geht der Prozess los? Wie lange wird er dauern? Würde ich dann die ganze Zeit zwischen Deutschland und der Türkei pendeln müssen? Was ist mit dem zu erwartenden Medienrummel? Denn eins war klar: Wenn du Christoph Daum verpflichtest, dann darf da nicht nur Christoph Daum draufstehen, sondern dann muss auch Christoph Daum drin sein – und zwar vollumfänglich! Die Spieler merken sofort, wenn ein Trainer nicht hundertprozentig bei der Sache ist. Serdar, den ich zu meinen engsten türkischen Freunden zähle, wischte alle meine Bedenken vom Tisch. »Wir alle kennen dich, wir wissen, wer Christoph Daum ist!« Auch Angelica bestärkte mich darin, wieder als Trainer zu arbeiten. Sie merkte, wie es in mir kribbelte.

Beşiktaş war meine Chance, ein erster Schritt zurück in die Normalität. Es wäre nicht besonders clever gewesen, diese Chance auszulassen. Ich verhandelte mit Serdar nicht mal über das Gehalt. Es ging um einen Neuanfang in meinem Leben, nicht um Kohle. Wir einigten uns auf eine Zusammenarbeit bis zum Sommer 2002. Es heißt ja, dass Gefühle nicht lügen. Mein Gefühl in dem Moment, als ich den Vertrag unterzeichnete, war pures Glück. Es war nur ein erster Schritt, aber es war der richtige. Ich fühlte mich wie jemand, der nach langer Zeit nach Hause kommt.

Als ich nach den ganzen Monaten wieder vor einer Mannschaft stand, war ich wieder in meinem Element. Wie sehr hatte mir das alles gefehlt. Die Augen der Spieler, die an meinem Lippen hängen. Ihr Lachen. Der Geruch des Rasens. Ich war wieder dort, wo ich hingehörte. Ich wählte meine Worte mit Bedacht, denn es gibt keine zweite Chance für einen ersten Eindruck. Ich stand vor einer gewaltigen Herausforderung. Nicht nur wegen des drohenden Prozesses. Ich sprach die Sache direkt an. Ich redete über Kokain, darüber, dass ich einen schlimmen Fehler begangen hatte. Klar, ich hätte das alles auch ausklammern können, aber so was passt nicht zu mir. Tatsächlich spielte die Sache nach meiner Ansprache keine Rolle mehr. Ich hatte in der Türkei das Image eines

Workaholics, der sich über Grenzen hinaus für seine Mannschaft einsetzt. Ich galt als jemand, der für seine Spieler durchs Feuer geht, immer am Limit. Das zählte. Und nicht zuletzt war ich der Trainer, mit dem Beşiktaş seine letzte Meisterschaft gewonnen hatte. So was vergessen die Türken nicht. Ich war die Hoffnung. Bei meinem ersten Training kamen Hunderte Fans, um mich zu bejubeln. Ich erinnerte mich daran, wie ich damals am Flughafen empfangen worden war. Sie standen dicht gedrängt am Rand des Trainingsplatzes und schrien meinen Namen, einige hielten Plakate hoch, auf denen Dinge wie »Ich liebe dich, Daum« standen. Es war verrückt und unfassbar ergreifend zugleich. Ich spürte eine große Dankbarkeit. Es war, wie ich es mir erhofft hatte: Das Leben ging weiter!

Aber es gab Probleme im Club. Serdar hat unglaublich viel für Beşiktaş getan und einiges an Geld investiert. Trotz seiner Unterstützung steckte der Verein in einer schwierigen Situation. Die Türkei rutschte gerade in eine schlimme Wirtschafts- und Finanzkrise, die auch vor dem Fußball nicht haltmachte. Fernsehanstalten und Sponsoren litten darunter, wodurch erheblich weniger Geld in die Kasse von Beşiktaş floss. Einige meiner Spieler bekamen ihr Gehalt nur noch verspätet, wenn überhaupt, die Stimmung in der Mannschaft verschlechterte sich. Ich sprach mit Serdar über die Situation. Er beruhigte mich und versicherte mir, dass der Verein seinen Zahlungsverpflichtungen in Kürze wieder nachkommen könnte.

Ich begann, in zwei Welten zu leben. Die eine Welt war Istanbul, die andere Koblenz, und es erklärt sich fast von selbst, dass sie unterschiedlicher nicht hätten sein können. Immerhin entspannte sich die Lage um »Sea Green«, weil die Klage dieses Immobilienmaklers auch in zweiter Instanz von einem Gericht auf Mallorca abgewiesen wurde. Als wenig später alle Apartments verkauft waren, stieg ich aus dem Projekt aus, und das war zumindest eine kleine Erleichterung. Ansonsten fühlte ich mich wie ein Seil, das zwischen Koblenz und Istanbul gespannt war. Von beiden Seiten wurde heftig daran gezerrt. Ich stand unter Dauerdruck.

Es gab in dieser Zeit nur ein Ereignis, das mich alles vergessen ließ. Im Juni 2001 brachte Angelica unser erstes gemeinsames Kind zur Welt. Wie schon bei Marcel und Janine war ich dabei, als Jean-Paul das Licht der Welt erblickte. Eine Geburt mitzuerleben, dein eigenes Kind das erste Mal in den Arm gelegt zu bekommen, das ist ein überwältigender Moment, in dem ich mich jedes Mal ganz klein fühlte. Diese Erfahrung ließ meine Knie butterweich und alle Probleme nichtig werden. Kein noch so bedeutsamer Titel kann da mithalten. Als ich den kreischenden Jean-Paul das erste Mal in meinen Armen hielt, fühlte ich pure Freude. Ich wollte immer einer der besten Fußballtrainer sein. Und wäre ich Zitronensaftverkäufer gewesen, dann hätte ich den besten Zitronensaft von Köln verkaufen wollen. In meinem ganzen Leben strebte ich nach Perfektion. Ich rannte die meiste Zeit in einem selbst gezimmerten Hamsterrad. Nur in den Momenten mit meinen Kindern dämmerte mir, wie begrenzt das eigentlich war. Kinder sind bedeutsamer als jeder Sieg. Ich ließ dieses Glück immer viel zu kurz zu. Auch meine Gefühle nach der Geburt von Jean-Paul wurden leider viel zu schnell von dem Spannungsfeld überlagert, das sich mein Leben nannte.

Es stand inzwischen fest, dass mein Prozess am 23. Oktober 2001 beginnen sollte. Zwölf Tage vorher schmiss ich als Trainer von Beşiktaş hin. Damit hatte keiner gerechnet. Ich hatte die Schnauze voll. Nichts hatte sich verbessert, im Gegenteil: Die finanzielle Situation hatte sich dramatisch zugespitzt. Meine Spieler warteten seit Monaten auf ihr Gehalt. Einige hatten ihr Auto verkauft und kamen zu Fuß zum Training. Andere konnten ihre Stromrechnung nicht mehr bezahlen. Teilweise hatte ich ihnen sogar von meinem Ersparten etwas abgegeben, obwohl ich selbst seit

Langem kein Gehalt mehr erhielt. Einige Spieler weigerten sich zu trainieren. Es herrschte Ausnahmezustand. Ich war mehr als Seelenklempner denn als Fußballtrainer gefordert, weil ich die Spieler bei Laune halten musste. Rückblickend muss ich meiner Mannschaft ein Riesenkompliment machen, weil der Großteil trotz allem mitgezogen hat. Mich kostete das unheimlich viel Überzeugungskraft.

Doch es war etwas anderes, was das Fass zum Überlaufen brachte. Ohne meine Zustimmung sollte in der Winterpause unser bester Mann verkauft werden. Nihat Kahveci, nur 1,75 Meter groß, aber ein überragender Stürmer, sollte für fünf Millionen Euro nach Spanien transferiert werden. Ohne dass mit mir darüber gesprochen wurde. Es überraschte mich zwar nicht, dass ihn ein Wechsel ins Ausland reizte, er lernte seit einiger Zeit sogar Englisch. Ich weiß noch, wie er im Sommer davor unseren deutschen Neuzugang Sixten Veit begrüßte, damals war sein Englisch noch etwas holprig. Freundlich und offenherzig, wie Nihat war, ging er mit ausgestreckter Hand auf ihn zu. Sixten lächelte und stellte sich vor. »Hello, I am Sixten.« Ich sah, wie es kurz in Nihat arbeitete. Dann antwortete er: »Hello, I am eight!« Ich schaute ihn verwundert an. Auch Sixten kapierte es nicht. Es dauerte ein paar Sekunden, bis wir verstanden. Offenbar hatte Nihat »sixteen« verstanden, also sechzehn – und daraufhin mit seiner eigenen Rückennummer, also »eight« für acht, geantwortet. Nihat schlug sich vor Lachen mit der flachen Hand auf die Stirn, als ihm das Missverständnis klar wurde.

Damit, dass man ihn jetzt gegen meinen Willen verkaufen wollte, war eine Grenze überschritten, und ich schickte ein Fax mit meiner Rücktrittserklärung an Serdar. Es dauerte nicht lange, bis er vor meiner Haustür stand. Ich habe ihn nie mehr so erlebt wie an diesem Abend. Serdar war das Gesicht des Clubs. Er bestimmte die Regeln, er machte die Ansagen. Normalerweise. Hier, in meinem Wohnzimmer, gestikulierte er mit Händen und

Füßen, um mich vom Bleiben zu überzeugen. »Du darfst uns jetzt nicht hängen lassen, Christoph!«, sagte er. Er versprach mir, dass durch den Verkauf von Nihat die Gehälter aller Mitarbeiter wieder bezahlt werden könnten. Er meinte es ehrlich und wollte mich unbedingt halten. Serdar schlug vor, meinen voreiligen Rücktritt als Missverständnis aufgrund eines Übersetzungsfehlers darzustellen. Es beeindruckte mich, wie sehr er um mich kämpfte. Außerdem war er mein Freund, er hatte mir die Chance zum Neuanfang gegeben. Ich ließ mich von ihm umstimmen, und wir gaben eine entsprechende Erklärung an die Medien heraus.

Ein paar Tage später musste ich das erste Mal nach Koblenz. Es gab den üblichen Rummel, als ich mit meinen Anwälten vor dem Gerichtsgebäude eintraf, mehr als zwanzig Kamerateams holten mich bereits in der Tiefgarage ab. Egal, wo ich zu dieser Zeit auftauchte, drehten die Journalisten durch, es war also nichts Ungewöhnliches mehr für mich. Um Gelassenheit und Zuversicht auszustrahlen, setzte ich ein Lächeln auf. Ein Gerichtsdiener lotste uns an der Menschenmasse vorbei in den Gerichtssaal, in dem die Ersten der rund achtzig Zuschauerplätze angeblich schon um kurz nach sieben Uhr besetzt waren. Als ich eintrat, ging ein Raunen durch den Raum. Der Saal wirkte so trist und kalt wie eine Bahnhofshalle aus den Fünfzigern. Ich rechnete nicht damit, viel Zeit hier zu verbringen.

Es gab Dinge, die von Anfang an merkwürdig waren. Die Vertreter der Staatsanwaltschaft waren Jörg Angerer und Ludger Griesar sowie der Leitende Oberstaatsanwalt Erich Jung. Sie wussten natürlich um meine Zweifel an der Kölner Haarprobe, auch wenn sie meine Gegenbeweise nicht akzeptierten. Sie ignorierten nicht nur die zweite Haarprobe aus den USA, sondern auch ein weiteres entlastendes Gutachten von Rechtsmedizinern aus Bonn. Immerhin beauftragten sie ein Münchner Institut, die Sache zu überprüfen. Und hier begann die erste Ungereimtheit. Die Münchner äußerten in ihrem Gegengutachten ebenfalls erhebliche Zweifel an dem Wert aus Köln. Spätestens das hätte die Staatsanwaltschaft aufhorchen lassen müssen. Tat es aber nicht. Stattdessen behauptete Jung, dass es noch genug andere Beweismittel gäbe.

Die Staatsanwaltschaft warf mir Erwerb, Besitz und Handel mit Betäubungsmitteln vor. Ein anderer war wegen Dealerei angeklagt. Er sollte jemandem erzählt haben, dass er in meinem Auftrag einhundert Gramm besorgt hätte. Und dieser Jemand, der angeblich mit dem Wirt gesprochen hatte, war der Kronzeuge der Staatsanwaltschaft. Das war die zweite Ungereimtheit. Denn dieser angebliche Hauptbelastungszeuge hatte als Vertrauensmann für die Polizei gearbeitet. Er wurde vor Gericht als absolut zuverlässig dargestellt. Ich hatte seinen Namen noch nie gehört. Ach ja, bevor ich es vergesse: Dieser Hauptbelastungszeuge war mehrfach vorbestraft. Wann er vor Gericht auftauchen würde, wusste zunächst niemand.

Am Anfang schaute ich manchmal noch erschreckt auf, wenn ich die Anklagepunkte hörte. Es klang so, als würde da über einen Schwerverbrecher geredet. Meinten die wirklich mich? Ich sagte fast nichts. Ich saß die meiste Zeit neben meinen Anwälten und schrieb. Ich hatte mir extra eine lila Kladde für den Prozess besorgt. Das Schreiben hatte etwas Meditatives. Außerdem konnte ich mir die Anträge, Einsprüche oder Gegendarstellungen, die zwischen meinen Anwälten und der Staatsanwaltschaft hin- und herflogen, so viel besser merken. Ich fühlte mich sicherer, wenn ich mitschrieb. Jedem Tag vor Gericht gab ich eine Überschrift. Am Ende des Prozesses waren 184 handschriftliche Seiten entstanden.

Wenn ein Tag vor Gericht vorbei war, flog ich direkt zurück nach Istanbul. Es ergaben sich häufig Probleme, wenn die Gerichtstermine mit meinem Job bei Beşiktaş kollidierten. In der Regel wurde am Dienstag verhandelt, jede Woche. Der Dienstag war ein Problem für mich, weil ich montags noch mit der Mannschaft zu tun hatte und dann mitten in der Nacht in Istanbul aufstehen musste, um den frühesten Flieger zu kriegen, damit ich pünktlich um neun Uhr im Gerichtssaal saß. Trotzdem gab es vonseiten des Gerichts wenig Kooperationsbereitschaft, auf meine berufliche Situation nahmen sie keine Rücksicht.

Die Doppelbelastung interessierte auch die türkischen Medien nicht. Als Trainer musst du dort funktionieren, egal, was du für andere Baustellen hast. Ich stand für gute Arbeit, und solange die Ergebnisse stimmten, blendeten sie alles andere aus. Der Prozess? Wurde in der Türkei nicht so hochgehängt, es zählte der Erfolg. Aber wehe, er blieb aus. Gott sei Dank waren wir im Dezember schon seit acht Spielen unbesiegt. Nun stand das Derby bei Fenerbahçe an, das seine letzten 24 Heimspiele alle gewonnen hatte. Es fehlte nur noch ein weiterer Sieg gegen uns, um einen Rekord aufzustellen. Dementsprechend groß war die Vorfreude bei den Fans. Es ging schon los, als wir im Bus zum Stadion fuhren. Die Fener-Fans blockierten fast alle Straßen. Tausende rannten mit brennenden Fackeln herum, einige von ihnen bewarfen unseren Bus mit Steinen. Ich zuckte jedes Mal leicht zusammen, wenn wieder einer dieser Brocken den Bus traf. Die Polizei hatte große Mühe, die Fans halbwegs unter Kontrolle zu halten. Der Bus war danach schrottreif, aber das war nicht ungewöhnlich. Nach der Ankunft am Stadion bekamen unsere Betreuer die Taschen der Spieler kaum aus dem Stauraum, weil die Türen derart demoliert waren und klemmten.

Wer diese Derbys nicht kennt, kann Angst bekommen. Als ich es in den Neunzigern zum ersten Mal erlebt hatte, schnürte es mir fast den Atem ab. Die Luft hatte gebrannt, im Stadion und davor. Es herrschte Ausnahmezustand. Auch diesmal spürte ich es wieder, als wir das Stadion betraten. Keine Angst, eher Anspannung, ich war hellwach. Ich merkte es schon in den Katakomben. Die Wände wackelten. Der riesige Betonkessel vibrierte. Ich wusste mittlerweile, dass das kein Erdbeben war. Ich konnte sie schon hören. Fast 50 000 Fans hüpften gleichzeitig, ihre Bewegungen jagten wie leichte Stromschläge durch meinen Körper. Du spürst ein Derby nicht nur, du riechst und schmeckst es auch. Je näher ich dem Rasen kam, desto stärker stieg der Rauch der bengalischen Feuer in Nase und Lunge. Die Zuschauer waren hinter dem Qualm kaum zu erkennen. Dafür hörte ich sie überdeutlich. Sie stimmten ein Lied nach dem anderen an, es schepperte und krachte. Meine Spieler konnten sich nur in der Mitte des Spielfeldes aufwärmen, weil sie von den Seiten permanent beworfen wurden. Schon vor dem Spiel lagen da gefühlt fünfhundert Akkus von Telefonen und fünfhundert Telefone ohne Akkus. Und mit den ganzen Wasserflaschen, die auf das Spielfeld flogen, hätte man ein Jahr lang einen Vier-Personen-Haushalt versorgen können.

Als Fener kurz nach der Halbzeit das 1:0 schoss, hätte die explodierende Freude fast das Stadiondach weggesprengt. Die Lautstärke in türkischen Stadien kann extrem einschüchternd sein. Die Menschen brüllen sich die Seele aus dem Leib. Es ist unbeschreiblich, und es gibt nur eine Möglichkeit, die Stimmung etwas zu dämpfen. Du musst der heimischen Mannschaft den Stecker ziehen, und genau das taten wir. Innerhalb von zwanzig Minuten drehten wir mit zwei Toren das Spiel. Es wurde zwar nicht still, aber leiser. Als meine Spieler nach dem Abpfiff in Richtung Kabine rannten, flogen die letzten verbliebenen Handys durch die Luft. Es hätte schöner nicht sein können.

Etwas mehr als 48 Stunden später saß ich wieder im tristen Koblenzer Gerichtssaal vor meiner Kladde. Das war mein Rhythmus in dieser Zeit. Der Prozess wurde immer fragwürdiger. Es war kein Ende in Sicht, und ich verstand immer weniger, was hier eigentlich vor sich ging. Von meiner anfänglichen Zuversicht war wenig geblieben. Ich will hier auf keinen Fall grundlos die Justiz schlechtreden. Im Gegenteil: Ich habe ein großes Vertrauen in unser Rechtssystem. Mir geht es nur um die Koblenzer Staatsanwaltschaft. Es kam mir vor, als wollten sie ein Exempel an mir statuieren. Ich konnte nichts dagegen tun. Ich fühlte mich ohnmächtig. Die Staatsanwälte glaubten offenbar, mit mir einen dicken Fisch an der Angel zu haben. Ihre Vorwürfe waren von Anfang an falsch, und je klarer das wurde, desto mehr versuchten sie mich auf andere Art und Weise vorzuführen. Das war jedenfalls mein Eindruck.

Im Winter wollte ich zum Beispiel mit Angelica und Jean-Paul in den Urlaub nach Österreich fahren. Wir hatten das Gericht extra um Erlaubnis gebeten, weil am 2. Januar eigentlich schon wieder der nächste Prozesstag anstand. Es handelte sich jedoch nur um einen unbedeutenden Formaltermin, da der Prozess laut Strafprozessordnung nicht länger als 14 Tage unterbrochen sein durfte. Die Richter stimmten zu, dass meine Anwälte mich bei diesem Termin ausnahmsweise vertreten durften, nachdem ich ein ärztliches Schreiben vorgelegt hatte, das mir eine leichte Bronchitis attestierte. Ich fühlte mich platt und brauchte dringend Erholung. Wir gingen viel spazieren in diesem Urlaub. Es war schön, manchmal schob ich den kleinen Jean-Paul in seinem Kinderwagen vor mir her. Bei einem dieser Spaziergänge erkannte mich jemand und machte ein Foto von uns. Es dauerte nicht lange, bis das Foto in Boulevardblättern abgedruckt wurde: »Daum im Schnee«, lautete eine Schlagzeile. Das fanden sie wahrscheinlich besonders kreativ. Mich juckte das nicht mehr sonderlich. Ich hatte in den letzten Monaten schon schlechtere Schlagzeilen gelesen. Heute lese ich so gut wie gar nichts mehr über mich. Es interessiert mich einfach nicht, welche Geschichten da teilweise geschrieben werden. Meistens bedienen sie ohnehin nur ein bestehendes Klischee. Wahrscheinlich bin ich mit der Zeit immun dagegen geworden.

Staatsanwalt Griesar fand die Schnee-Geschichte überhaupt nicht lustig. Er machte beim nächsten Verhandlungstermin eine Riesensache daraus. »Der erzählt, er habe eine Bronchitis, und erholt sich stattdessen im Skiurlaub!«, lautete seine Anschuldigung. Es würde sich ja schon den ganzen Prozess abzeichnen, dass ich ein Lügner sei, und so weiter. Meine Anwälte verbrachten dann einen ganzen Tag damit, den Richtern und der Staatsanwaltschaft zu erklären, wie gut frische Bergluft bei einer Bronchitis sei. Solche Diskussionen wurden vor diesem Gericht ernsthaft geführt.

Schlagende Beweise hatte die Staatsanwaltschaft dagegen noch immer nicht geliefert. Auch der sogenannte Hauptbelastungszeuge war noch nicht aufgetaucht. Nicht nur ich fragte mich längst, wer diesem »Zeugen« überhaupt noch Glauben schenken konnte. Denn, und das ist kein Scherz, seit Beginn des Jahres ermittelte die Staatsanwaltschaft gegen ihn. Auf Druck der Generalstaatsanwaltschaft war ein Ermittlungsverfahren gegen den eigenen Hauptbelastungszeugen eingeleitet worden. Er hatte versucht, über meine Anwälte zwei Millionen Mark von mir zu erpressen, damit er mich mit seiner Aussage entlastet. Spätestens jetzt hätte der Prozess eingestellt werden müssen. Wurde er aber nicht, weil die Staatsanwaltschaft trotz allem daran festhielt, ihn als Zeugen vorzuladen. Es wusste nur noch immer niemand, wann das sein sollte. Ich saß weiter da und schrieb. Jedem neuen Prozesstag gab ich mittlerweile die Überschrift »Koblenzer Skandal-Show«.

Während dieser Zeit schwand mein Vertrauen in die Gerechtigkeit. Das klingt vielleicht pathetisch, aber es gab Nächte, in denen mich die Angst packte, weil ich mich machtlos fühlte. Wenn die Staatsanwälte selbst das Offensichtliche nicht anerkennen wollten, womit würden sie dann als Nächstes kommen? Meine Widerstandskräfte schwanden. Die Doppelbelastung als Trainer und Angeklagter überstieg meine Grenzen. Allein als Cheftrainer eines türkischen Spitzenclubs befindet man sich schon in einem täglichen Überlebenskampf. Zusätzlich einen juristischen Überlebenskampf führen zu müssen, auf einem Gebiet, auf dem ich mich nicht auskannte, das fraß mich auf. Es griff meine letzten Reserven an. Der Prozess rückte auch in Istanbul immer mehr in den Fokus der Medien. Wenn irgendetwas bei Beşiktaş schieflief, wenn wir nicht gut spielten oder das Ergebnis nicht stimmte, dann wurden die kritischen Stimmen jedes Mal aufs Neue laut. Dann hieß es, der Prozess lenke mich von meiner Arbeit ab.

Hinzu kam, dass es im Club weiterhin Probleme mit den Finanzen gab und keine Besserung in Sicht war. Obwohl Serdar den auslaufenden Vertrag mit mir unbedingt verlängern wollte, sagte ich ihm bereits im Frühjahr: Im Sommer ist für mich definitiv Schluss. Wieder versuchte er, mich zu überreden, aber dieses Mal blieb ich konsequent. Ich war leer, leerer, am leersten. Trotzdem erreichte ich mit der Mannschaft noch das Pokalfinale Anfang April. Es fand an einem Mittwoch statt, und wir baten das Gericht, in dieser Woche ausnahmsweise am Freitag anstatt wie üblich am Dienstag zu verhandeln. Die Richter ließen sich nicht darauf ein. Stattdessen zog sich der Prozesstag vor dem Finale so lange hin, dass ich erst gegen fünf Uhr am Mittwochmorgen in Bursa eintraf, wo das Spiel ausgetragen wurde. Das war zu spät, um meine Mannschaft ordentlich auf dieses Spiel vorbereiten zu können. Wir spielten gegen Kocaelispor, einen Club, den nicht nur in Deutschland kaum einer kennt, und natürlich galten wir als haushoher Favorit. Wir verloren 0:4. Danach fiel ich in ein Loch. Und ich hatte keine Ahnung, wie lange sich die Sache in Koblenz noch hinziehen würde.

Der Prozess war zu einer einzigen Farce verkommen. »Das Monte Carlo der deutschen Strafjustiz«, so beschrieb die angesehene Gerichtsreporterin Gisela Friedrichsen im Nachrichtenmagazin *Spiegel* die Koblenzer Behörde. Die Verhandlungstage waren nur noch von juristischem Geplänkel geprägt. Der Hauptbelastungszeuge war noch immer nicht erschienen. Kein Mensch blickte durch, welches Spiel hier eigentlich gespielt wurde. Meine Anwälte versuchten erneut, dass wenigstens die beiden Bonner Rechtsmediziner als Sachverständige auftreten durften. In ihrem

Gutachten hatten sie erhebliche Mängel an der Kölner Haarprobe festgestellt. Das Gericht gab diesem Antrag sogar statt. Bis Angerer mit einem Befangenheitsantrag erreichte, dass die Sachverständigen doch nicht aussagen durften. Falls die Koblenzer Staatsanwälte mich hatten quälen wollen, dann ist ihnen das vollumfänglich gelungen. Sie haben mich gevierteilt, gefedert und geteert. Sie führten mich in aller Öffentlichkeit vor. Ich weiß, dass ich Mist gebaut hatte. Ich weiß, dass ich diese Geschichte selbst zu verantworten hatte, weil ich nicht sofort die Wahrheit gesagt habe. Aber dieser Prozess war mehr als Buße. Ich empfand ihn als Hinrichtung. Was wollten sie denn noch?

Es dauerte bis Anfang Mai, bis sie ihre Niederlage endlich eingestanden. Meine Rettung hieß Hans Sachs. Ich hatte zu diesem Zeitpunkt nicht mehr damit gerechnet, dass ein Sachverständiger mit einem entlastenden Gutachten überhaupt vor Gericht auftreten durfte. Wäre er schon früher zugelassen worden, hätte es sich niemals so lange hingezogen. Denn mit der Aussage von Sachs, einem Rechtsmediziner aus München, brach am 30. April das ganze wackelige Konstrukt der Staatsanwaltschaft zusammen. Am Ende war nur noch eine Ruine übrig. Sachs hatte die Haaruntersuchung des Kölner Instituts überprüft. Er kam in seinem Gutachten zu dem Schluss, dass diese eine »relativ große Fehlerbreite« aufwies. Seiner Meinung nach könne mir nur gelegentlicher, aber »kein intensiver« Konsum von Kokain nachgewiesen werden. Außerdem schloss er eine Kontaminierung der Haare nicht aus. Ich schrieb jedes seiner Worte mit, spürte in diesem Moment jedoch keine Genugtuung. Nur eine leise Hoffnung flammte in mir auf. Weiter wagte ich mich in diesem Moment nicht vor. Es war, als wäre ich allergisch gegen Optimismus geworden. Ich wusste nicht, ob das nun das Ende dieser Farce bedeutete. Ich hatte ja ursprünglich geglaubt, dass diese Anklage gar nicht zugelassen wird. Selten hatte ich mich so getäuscht. Als Sachs ausgesagt hatte, fiel auch der Staatsanwaltschaft nichts mehr ein. Eine Woche später wurde ich in fast allen Punkten freigesprochen. Um nicht ganz dumm dazustehen, hatte die Staatsanwaltschaft daran festgehalten, mir zumindest in 12 statt 63 Fällen noch den Erwerb nachweisen zu wollen. Auch in diesen Punkten hätte ich noch auf einen Freispruch drängen können. Ich hätte ihn wohl bekommen. Aber ich hatte keine Kraft mehr. Wir einigten uns darauf, dass die restlichen Vorwürfe gegen eine Geldauflage in Höhe von 10 000 Euro fallen gelassen wurden. Die Zuschauer im Saal standen auf und klatschten, als der Richter das Wort »Freispruch« verlas. Ich verzog keine Miene. Ich fühlte mich wie einer, der bei der Blutspende drei Liter abgezapft bekommen hat. Der Hauptbelastungszeuge der Staatsanwaltschaft ist übrigens nie vor Gericht erschienen.

Kalaschnikows im Kofferraum

Austria Wien, 2002/03

Wenn ich mich in eine Aufgabe verbissen habe, verschreibe ich mich ihr völlig, egal ob als Trainer oder in meinem Garten. Ich hatte schon in meiner Kindheit gelernt, dass es nur mit extremem Einsatz im Leben vorangeht. Was die Arbeit betrifft, kann ich so sehr in ihr aufgehen, dass ich den Hunger bis zum späten Abend vergesse und kaum etwas trinke außer Kaffee und etwas Wasser. Zugegeben, ich esse ganz gerne ein Stück Kuchen zwischendurch, Kuchen geht eigentlich immer. Sonst brauche ich tagsüber nicht viel. Als Trainer bei Club Brügge reichte mir später ab und zu ein Glas Rotwein vor dem Einschlafen, weil die Hotelküche oder die anliegenden Restaurants schon geschlossen hatten, als ich vom Trainingsgelände zurückkehrte. Ich nannte es flüssig Brot, weil es für ein paar Stunden den Hunger verdrängte. Gesund war das sicher nicht, aber über solche Dinge machte ich mir keine großen Gedanken, weil ich durch die Arbeit alles andere ausblenden konnte. Wenn ich arbeite, funktioniere ich. So war es immer. Der Rest war mir dann egal.

Doch im Mai 2002 befiel mich ein Gefühl, das ich bisher nicht kannte. Etwas in mir rebellierte, ich wollte unter keinen Umständen arbeiten. Der Prozess hatte mich völlig ausgelaugt, mir fehlte jeglicher Antrieb. Ich musste weg und abschalten. Weg vom Fußball und raus aus Deutschland. Ich flog mit Angelica und Jean-Paul nach Mallorca. Wir besaßen dort seit ein paar Jahren ein Ferienhaus in Santa Ponça. Ich nahm mir vor, hier aufzutanken und zu mir selbst zu finden. Die Vergangenheit holte mich aber schon nach ein paar Tagen wieder ein.

Am 15. Mai 2002 bestritt Bayer 04 Leverkusen das größte Spiel seiner Vereinsgeschichte. Die Mannschaft hatte das Champions-League-Finale gegen Real Madrid erreicht. Meine Mannschaft. Ballack, Neuville, Nowotny, Ramelow und Schneider, sie bildeten noch immer den Kern dieser Truppe. Meine Spieler. Eigentlich hatte ich mich darauf gefreut, mir das Spiel anzuschauen. Mein Spiel. Aber direkt nach dem Aufwachen merkte ich, dass etwas nicht stimmte. Ich spürte eine innere Unruhe. Je länger der Tag dauerte, desto schlimmer wurde es. Ich wusste nicht, wohin mit mir. Spätestens am Nachmittag war mir klar, dass ich mir das Spiel nicht anschauen konnte. Jeder Gedanke daran zog mich runter. Natürlich hatte mein Nachfolger Klaus Toppmöller gute Arbeit geleistet. Aber die Mannschaft, die da im Finale stand, hatte ich aufgebaut und ihr in akribischer Detailarbeit einen unverwechselbaren Spielstil eingeimpft. Und jetzt sollte sie das Spiel ihres Lebens ohne mich bestreiten? Es war unerträglich. Das hätte mein Finale sein können. Ich hatte so viel Leidenschaft in dieses Team gesteckt. Die Spieler und Bayer waren mir ans Herz gewachsen. Was hast du dir da nur versaut, Junge? Der Zorn auf mich selbst wurde immer größer. Er hielt mich in Bewegung. Ich konnte nicht einfach Däumchen drehen und auf den Anstoß warten. Ich joggte bis zum Meer, aber nichts wurde besser. Ich spazierte durch die Gegend, aber die Unruhe blieb. Kurz vor dem Anpfiff packte ich meine Sachen und ging ins Fitnessstudio. Ich powerte mich auf dem Crosstrainer aus, bis ich fix und fertig war. Erst dann fand ich für einen kurzen Moment mein Gleichgewicht. Dass Bayer nach einem Traumtor von Zinédine Zidane mit 1:2 verloren hatte, erfuhr ich erst, als ich wieder zu Hause war. Zwar schaffte ich es, die Zusammenfassung anzuschauen, aber mein Entschluss stand endgültig fest: Ich wollte mit Fußball erst mal nichts zu tun haben. Selbst wenn Real Madrid in diesem Moment mit einem Angebot vor meiner Tür gestanden hätte, es wäre mir scheißegal gewesen, ich hätte es abgelehnt. Ich brauchte Abstand und Ruhe.

Ich suchte sie auf dem Golfplatz oder im Pool. Oft ging Angelica mit Jean-Paul ans Meer, meistens kam ich nach, weil ich nicht der typische Strandgänger bin. Der Prozess ließ mich auch hier nicht los. Die Bilder von all den Ungeheuerlichkeiten, die sich in Koblenz ereignet hatten, befielen mich wie Fieberschübe. Zudem fiel es mir weiterhin schwer, mir selbst zu verzeihen: Wie hatte dir so ein Fehler passieren können? Meine Güte, wo wäre ich heute, wenn ich nicht diesen Mist gebaut hätte? Mein schlechtes Gewissen und meine Schuldgefühle erdrückten mich. In manchen Momenten wähnte ich mich am Tiefpunkt.

Ich versuchte, meine negativen Gefühle wegzusperren. Was brachte es mir auch? Immer wieder aufstehen, Fehler sind menschlich, waren das nicht Leitlinien meines Lebens? Mir selbst zu vergeben, wurde zu meiner größten Herausforderung. Ich gab mir Mühe, die Zeit mit Angelica und Jean-Paul zu genießen. Nach ein paar Wochen kamen Janine und Marcel zu uns. Ich war glücklich, dass sie sich mit Angelica gut verstanden. Abends gingen wir oft alle zusammen in ein Restaurant am Strand in Camp de Mar. In diesen Augenblicken fehlte mir nichts, weil die Familie mein Rückhalt war. Ich nahm sogar ein paar Kilos zu.

Unruhig wurde ich erst, als im August die Bundesliga wieder losging. Ich merkte, wie meine Leidenschaft für den Fußball zurückkehrte. Zu diesem Zeitpunkt wusste ich wieder, wer ich war und bin: ein Trainer. Die Arbeit auf dem Platz fehlte mir, und das war ein gutes Zeichen. Ich befand mich auf dem Weg der Besserung. Doch es war ein denkbar ungünstiger Zeitpunkt, um wieder einzusteigen. Die Saison hatte in allen Ligen gerade erst begonnen, die Vereine hatten alle einen Trainer. Ich flog nach Brasilien, um Spieler zu beobachten.

Ich besuchte Juan Figer in São Paulo. Juan ist ein kleiner,

rundlicher Typ mit Halbglatze, man könnte ihn leicht unterschätzen. Der Eindruck täuscht. Juan war zu der Zeit wahrscheinlich der einflussreichste Berater auf dem südamerikanischen Spielermarkt. Fast jeder Transfer nach Europa wurde über ihn und sein Netzwerk abgewickelt: Er managte Kaká, Figo oder Robinho, um nur einige Namen zu nennen. Juan hatte Videokassetten von fast allen Spielen auf dem Kontinent. Ich verbrachte fünf, sechs Stunden am Tag vor dem Bildschirm, um nach talentierten Spielern zu suchen, und wenn ich nicht vor dem Fernseher saß, schaute ich mir das Training oder Spiele der Spitzenteams an. Bis ich eines Nachmittags von einem Anruf aufgeschreckt wurde. Es war der Berater Toni Preuß. Ich kannte ihn nicht besonders gut, aber in einem Trainerleben triffst du alle möglichen Berater, die dir früher oder später Spieler oder einen Job anbieten. Toni hörte sich total aufgeregt an. »Ich habe ein Angebot für dich! Du wirst zum bestbezahlten Trainer der Welt!« Ich war mir nicht sicher, ob ich ihn richtig verstanden hatte. »Schachtjor Donezk will dich haben!«, meinte Toni. Diesmal war es die schlechte Verbindung, die mich stutzen ließ. »Hast du Traktor Donezk gesagt?«, fragte ich ihn. Da seufzte Toni nur, ehe er zu einem Redeschwall ansetzte. Hellhörig wurde ich dann, als er mir vom angeblichen Jahresgehalt erzählte. So viel hatte ich tatsächlich noch nie verdient. Trotzdem blieb ich nach dem Gespräch skeptisch. Der Verein sagte mir kaum etwas. Ich wusste ehrlich gesagt gar nicht, wo genau Donezk überhaupt liegt.

Am Abend sprach ich Juan auf das Angebot an. Er war jemand, der Dinge kurz und knapp auf den Punkt brachte. Außerdem kannte er sich im Weltfußball bestens aus. Er hörte mir geduldig zu, als ich ihm von Tonis Anruf berichtete. Erst nachdem ich fertig war, reagierte er. »Weißt du eigentlich, wer der Präsident des Clubs ist?«, fragte er mich. Und bevor ich antworten konnte, fuhr Juan fort. »Rinat Achmetow. Er ist steinreich und zählt zu den mächtigsten Menschen der Ukraine. Mit dem würde ich mich an deiner Stelle sofort treffen.« Diese Worte weckten meine Neugier. Es war Zeit, Rinat Achmetow kennenzulernen.

Wer so lange und an so vielen verschiedenen Orten als Trainer gearbeitet hat wie ich, lernt während seiner Karriere die außergewöhnlichsten Gestalten kennen. Und wer mit Udo Lattek, Harald Schumacher oder Reiner Calmund zusammengearbeitet hat, den kann so schnell nichts überraschen. Das glaubte ich zumindest. Rinat Achmetow sollte alles bislang Erlebte toppen.

Kurz nachdem ich aus Brasilien zurückgekehrt war, schickte er einen Learjet, der Angelica und mich von Köln in die Ukraine bringen sollte. Als wir in Donezk landeten, warteten zwei schwarze Limousinen auf dem Rollfeld. Eine für uns, die andere offenbar als Begleitschutz. Es ging zu wie in einem James-Bond-Film. Ein kräftiger Fahrer in schwarzem Anzug und weißem Hemd stieg aus und nahm uns das Gepäck ab. Als er den Kofferraum öffnete, ging mir der Arsch auf Grundeis. Da lagen zwei Kalaschnikows rum, der Muskelmann schob sie ganz beiläufig nach hinten, um Platz für unser Gepäck zu schaffen. Er tat das so lässig, als wären es zwei Weißbrote, die er da wegschob. Was geht denn hier ab?, fragte ich mich, und auch Angelica stand das Entsetzen ins Gesicht geschrieben. Wir schafften es zum Glück, uns wieder halbwegs zu beruhigen. Dennoch blieb ein mulmiges Gefühl. Als wir auf unserem Hotelzimmer waren, schlossen wir die Tür doppelt ab.

Es dauerte nicht lange, bis jemand anklopfte. Angelica starrte mich mit großen Augen an. Wir erwarteten niemanden. Wer konnte das also sein? Ich öffnete die Tür und blickte in das Gesicht eines Mannes, der mit breitem österreichischem Akzent sagte: »Servus, i bin's, der Svetits Peter!« Ein waschechter Österreicher in der Ukraine. Er lächelte breit. Jetzt kam ich mir vor wie in einer schlechten Komödie.

Svetits war der Sportdirektor von Austria Wien und wollte

mich unbedingt als Trainer verpflichten. Ich wusste vom Interesse, und wie der Zufall es wollte, spielte die Austria an diesem Abend im UEFA-Cup in Donezk. Ich ging mit ihm auf die Straße, weil ich Sorge hatte, das Zimmer sei verwanzt. »Wie viel bietet Donezk?«, fragte er mich draußen. Ich nannte ihm die astronomische Summe und vermutete, dass er gleich vor Schreck aus den Latschen kippen würde. Er nickte nur und dachte kurz nach. Ich schaute mich um, ob wir beobachtet wurden. Wahrscheinlich verhielt ich mich lächerlich, aber sicher war sicher. Nach einer Weile begann Svetits wieder zu reden. »So viel können wir nicht bieten. Aber wir kommen in die Nähe. Ich melde mich wieder.«

Angelica war sofort Feuer und Flamme. Sie hatte in Wien studiert und liebte die Stadt. Nach der Sache mit den Kalaschnikows war für sie klar, dass sie nicht nach Donezk mitkommen würde. Wahrscheinlich wäre sie sogar nach Grönland gezogen, nur um wieder aus der Ukraine rauszukommen. Der Gedanke an Wien gefiel auch mir. Die Wiener Austria zählte zwar nicht gerade zu Europas Beletage, wäre aber ein idealer Club für einen Neustart.

Abends schauten wir uns das Spiel zwischen Donezk und der Austria an. Wir saßen mit Sergej Bubka und einigen Vertretern von Schachtjor zusammen. Rinat Achmetow war nicht bei uns, er saß isoliert in einem Kasten aus Beton und Panzerglas. Sein Vorgänger als Präsident war bei der Explosion einer Bombe im Stadion in die Luft gesprengt worden, wie mir einer der Clubvertreter erzählte. Ich dachte, ich höre nicht richtig. Das konnte unmöglich mein nächster Arbeitsplatz sein! Noch in der Halbzeit unterrichtete mich mein Anwalt von einem konkreten Angebot von Svetits, das demjenigen von Donezk einigermaßen nahe kam. Damit war die Entscheidung praktisch gefallen. Es gab nur ein Problem: Nach dem Spiel wollte Rinat Achmetow uns in seinem Anwesen empfangen.

Ich wusste aus eigener Erfahrung, dass man jemandem wie Achmetow nicht so einfach absagt. Es war schon ein paar Jahre her, Sommer 1989, und damals war ich noch ziemlich grün hinter den Ohren. Ich hatte gerade mit dem 1. FC Köln knapp die Meisterschaft gegen die Bayern verpasst. Mein größtes Juwel im Kader war Icke Häßler, seine Qualitäten hatten sich zu diesem Zeitpunkt in halb Europa herumgesprochen. Auch an Bernard Tapie, dem Präsidenten von Olympique Marseille, war das nicht vorbeigegangen. Tapie war eine schillernde Figur im europäischen Fußball. Er hatte sich als Unternehmer von ganz unten nach ganz oben gearbeitet, und genau das wollte er auch mit Marseille erreichen. Tapie lud mich zu einem Treffen in Paris ein, um über Häßler zu sprechen. Er schickte mir einen Learjet nach Köln, genau wie Achmetow Jahre später.

Der Flug von Köln nach Paris verlief wunderbar. Eine attraktive Stewardess kümmerte sich nur um mich, es gab feinsten Champagner, mir wurde regelrecht der Bauch gepinselt. Auf dem Flugfeld nahm mich dann ein uniformierter Fahrer in Empfang. Mit einer dunklen Limousine ging es weiter in die Innenstadt durch den dichten Pariser Verkehr. Die Fahrt dauerte mindestens so lange wie der Flug. Wir kamen schließlich an lauter tristen Gebäuden vorbei. Backstein- und Ziegelbauten prägten das Bild dieses Stadtteils. Hier sollte Bernard Tapie wohnen? Ich hatte vermutet, dass jemand mit Learjet und Limousine in einer feudalen Villa in einem reichen Stadtviertel zu Hause ist. Zwischen all diesen schmucklosen Häusern erschien plötzlich ein gewaltiges Einfahrtstor. Es passte überhaupt nicht zu der Gegend, und es war so groß, dass man nichts dahinter erkennen konnte. Als das Tor sich öffnete, wusste ich, dass wir hier richtig waren.

Wir fuhren auf einen gepflasterten Innenhof, auf dem mehrere Edelkarossen parkten. Ich sah einen Ferrari, einen Porsche und einen Lamborghini. Das war ein Fuhrpark, wie ich ihn sonst nur von Autoausstellungen kannte. Ein Butler holte mich am Wagen ab und führte mich ins Haus. Auf einer Rundtreppe aus Marmor gingen wir nach oben. Das ganze Anwesen sah aus wie ein Museum: Überall standen die feinsten Antiquitäten, an den Wänden hingen Ölgemälde. Zur Krönung kamen wir in einen Raum, der mir vorkam wie der Speisesaal von Ludwig dem Vierzehnten. Es fehlte nur noch, dass der Sonnenkönig persönlich eintrat. Stattdessen stand auf einmal Bernard Tapie in der Tür.

»Nice to meet you. I am Bernard«, sagte er auf Englisch. Tapie hatte ein gewaltiges Gesicht, ich erinnere mich noch heute an seine mächtigen Wangenknochen. Als er grinste, traten sie ganz deutlich hervor. Wir setzten uns an die gedeckte Holztafel. Vor mir lag edles Silberbesteck. Ein Butler schenkte uns Rotwein ein. Tapie fackelte nicht lange. »Ich möchte Thomas Häßler haben«, sagte er. Ich antwortete, dass gerade unheimlich viel auf Thomas zukomme. Die ganzen Angebote, das sei alles nicht leicht für einen 23-Jährigen. Der Butler brachte das Essen. Es gab Coq au Vin, er legte uns das Hühnchenfilet sorgfältig auf die Teller. Bernard blickte mich ernst an. Er war es gewohnt, zu befehlen. »Ich will nur eines von dir haben«, sagte er. »Du bist seine Vertrauensperson und sollst ihm nahelegen, zu Olympique Marseille zu wechseln. Ich möchte deine Unterstützung, den Rest regeln wir. Um die Ablöse musst du dir keine Gedanken machen. Ich kriege jetzt und hier dein Wort, dass du alles dazu beiträgst, was du beitragen kannst – und dafür kriegst du von mir das hier.« Aus seinem Jackett zog er einen dicken Umschlag, in dem sicher kein Liebesbrief drin war. Er legte ihn vor mir auf den Tisch. Ich sehe die Szene noch heute deutlich vor mir. Nur ganz langsam kapierte ich, was hier ablief.

»Ich gehe jetzt raus. Und wenn ich wieder reinkomme, liegt der Umschlag nicht mehr auf dem Tisch.« Und dann saß ich da. Der Briefumschlag lag verschlossen vor mir, und ich konnte es nicht glauben. Natürlich hatte ich eine Ahnung, was drin sein könnte. Aber war das hier ein Film? Würde Tapie gleich zurückkommen und laut lachend rufen: »April, April?!« Er kam erst mal nicht. Die Gedanken schossen mir durch den Kopf. Noch immer starrte ich ungläubig auf den Umschlag. Was ging hier ab? Gleichzeitig fühlte ich eine tiefe Ablehnung. Ich kannte solche Geschichten nur aus Filmen oder Erzählungen. Dass es so was auch im echten Leben gab, diese Erkenntnis traf mich wie ein Keulenschlag. Vor Schreck schob ich den Umschlag weit von mir weg. Ich verabscheute solche Praktiken.

Schließlich kam Tapie wieder rein. Er sah den Briefumschlag auf dem Tisch liegen, aus seinem Gesicht sprachen Irritation und Ärger. »Chris, what happened?«, fragte er verwundert. Er hielt mich wohl für bescheuert.

»Bernard«, antwortete ich und versuchte möglichst locker zu bleiben. »Denkst du, ich bin eine Prostituierte?« Für einen kurzen Moment, vielleicht eine Millisekunde, sackten seine mächtigen Wangenknochen ab. Er fing an auf Französisch zu fluchen. Ich verstand nur »Merde! Merde!«, was Scheiße bedeutet, Tapie wurde immer lauter. Irgendwann wechselte er wieder ins Englische und fragte mich, ob mir bewusst sei, was für eine große Chance ich hier vergeben würde? Nicht nur für mich, sondern auch für Thomas! Ob ich noch ganz dicht sei, und noch einige weitere unschöne Dinge. Als er sich halbwegs beruhigt hatte, brachte er mich zur Tür. Im Innenhof wartete sein Fahrer, der mich wie vereinbart in mein Hotel brachte. Danach hörte ich nie mehr etwas von Bernard Tapie. Am nächsten Morgen musste ich alleine zum Flughafen fahren und mir selbst einen Rückflug buchen.

Ich ahnte also, was mich und Angelica im Sommer 2002 bei Achmetow erwarten könnte. Es war bereits kurz vor Mitternacht, als wir uns in einer Limousine immer weiter aus der Stadt hinausbewegten. Mein Problem war, dass die Entscheidung zu diesem Zeitpunkt schon feststand. Ich wollte Trainer von Austria Wien werden. Achmetow dagegen rechnete damit, dass ich gleich meine Unterschrift unter den Vertrag als Cheftrainer von Schachtjor Donezk setzen würde. Wir passierten die Einfahrt zu seinem Anwesen. Es lag mitten im Wald, und obwohl es draußen stockfinster war, entdeckte ich es schon von Weitem: Achmetow besaß ein Schloss, das von Scheinwerfern angestrahlt wurde. So etwas hatte ich noch nie gesehen.

Innen war alles luxuriös ausgestattet, an den Decken hingen Kristall- und Kronleuchter, überall der reinste Prunk. Gegen diese Residenz war Schloss Neuschwanstein sozialer Wohnungsbau. Für eine Führung blieb keine Zeit. Achmetow hatte bereits den Vertrag in der Hand und zeigte mit dem Finger auf eine Stelle auf der letzten Seite. »Hier können Sie unterschreiben.« Es sollte schnell gehen. Sein Gesicht unter dem vollen dunkelblonden Haar zeigte keine Regung, so als wäre es eingefroren. Scheiße, dachte ich, was machst du jetzt?

Ich versuchte, Zeit zu gewinnen, und meinte, wir hätten noch kein passendes Haus gefunden. Achmetow schaute mich verblüfft an, um uns dann eine ganze Etage im besten Hotel der Stadt anzubieten. »Nein, das ist nicht unser Anspruch«, sagte ich und musste schlucken. Das stimmte natürlich nicht, aber irgendwie musste ich mich aus dieser Nummer befreien. Achmetow schnippte mit dem Finger. Es dauerte keine Minute, bis einer seiner Lakaien mit Fertighausprospekten mehrerer deutscher Firmen in den Raum kam. »Suchen Sie sich eins aus«, sagte er. »Dann stellen wir es Ihnen dahin, wo Sie es haben wollen!« Was für ein Mist, das hatte sich also schon mal erledigt. Mein Hirn arbeitete auf Hochtouren. Jetzt musste ich mir etwas anderes einfallen lassen! Achmetow wurde langsam ungeduldig. Ich schob die Familie vor und erzählte ihm, dass wir noch kein Kindermädchen für unseren Sohn hätten. Wieder fackelte Achmetow nicht lange. Sein Laufbursche stand immer noch im Raum. Er forderte ihn auf, die Sache mit dem Kindermädchen noch in den Vertrag aufzunehmen. Einwand ausgeräumt. In meiner Verzweiflung berichtete ich ihm dann noch von meinen hochdotierten Werbeverträgen in Deutschland, die es in Wirklichkeit gar nicht gab. Ich behauptete, dass mir durch einen Job in der Ukraine eine halbe Million Euro flöten gehen würde, weil diese Verträge dann ruhen müssten. Das war völlig überzogen, aber ich hoffte, dass diese Forderung das Fass für ihn zum Überlaufen brachte. Stattdessen schnippte er wieder mit dem Finger, ohne eine Miene zu verziehen. Ein paar Sekunden später eilte wieder einer seiner Bediensteten herbei. Er sagte ihm ein paar Worte, dann drehte der Typ um. Kurz darauf kam er mit einer neuen Vertragsversion zurück. Achmetow tippte auf eine bestimmte Stelle auf dem Papier. »Hier steht es schwarz auf weiß, wir kaufen dir deine Werbeverträge ab«, sagte er trocken.

Mir gingen die Ideen aus. Im Rückblick finde ich es beeindruckend, dass er sich derart intensiv um mich bemühte. Doch in dieser Nacht fühlte ich mich unwohl. »Vielen Dank für das großzügige Angebot«, sagte ich schließlich. »Wir werden die Verträge mit nach Deutschland nehmen und uns dann wieder melden.« In diesem Moment kippte das Ganze. Er war es nicht gewohnt, dass man ihn hinhielt. Seine Augen zogen sich zusammen. Er wurde ungehalten. »Wir haben noch nie einem Trainer mehr geboten! Und Sie unterschreiben nicht?!« – »Das habe ich nicht gesagt. Nur *jetzt* unterschreibe ich nicht.« Achmetow stand auf und sprach auf Russisch weiter. Ich verstand kein Wort. Der Dolmetscher tat wohl gut daran, es nicht zu übersetzen. Achmetow blickte uns mit frostiger Miene an, als er uns verabschiedete.

Für den Rückflug am nächsten Tag gab es eine besondere Überraschung. Anstatt eines Learjets wartete eine Frachtmaschine auf uns. Wir saßen auf Aluminiumsitzen ohne Polsterung und konnten unsere Beine nicht ausstrecken, weil überall Kisten herumstanden. Eine Unterhaltung war nicht möglich, weil die Propeller der Tupolew einen ohrenbetäubenden Lärm verursachten. Als wir nach ein paar Stunden landeten, hätte ich mir beim Aufsetzen der Maschine den Kopf fast an der Decke aufgeschlagen. Dass wir nicht in Köln, sondern in Bremen ankamen, war mir da fast schon egal.

Ich war überzeugt, dass es bei Austria Wien deutlich ruhiger zugehen würde. Wenn ich an Wien dachte, kamen mir Kaffeehäuser, Schnitzel und Gemütlichkeit in den Sinn. Kein Vergleich zu Donezk. Die Austria war einer der erfolgreichsten Clubs in Österreich. In den Sechzigern, Siebzigern und Achtzigern hatte er etliche Titel gewonnen, und wie bei vielen Traditionsclubs war aus dieser Zeit der Anspruch erwachsen, dauerhaft um den Meistertitel mitzuspielen. Das Problem war nur, dass der Club seit 1993 keine österreichische Meisterschaft mehr vorzuweisen hatte. Aufwärts ging es erst wieder seit 1999, als der Milliardär Frank Stronach mit dem Autozulieferer Magna als Investor einstieg. Stronach war ein echter Selfmademan. 1954 war er angeblich mit nur zweihundert Dollar und einem One-Way-Ticket in der Tasche nach Kanada ausgewandert, wo er als Tellerwäscher in einem Krankenhaus begann. Später mietete er sich eine Garage, um Teile für die Autoindustrie herzustellen. Daraus entstand die Firma Magna, die heute über 100 000 Mitarbeiter beschäftigt. Die Zufahrtsstraße zur Firmenzentrale in Kanada heißt übrigens Stronach Boulevard, er hatte es von ganz unten nach ganz oben geschafft. Mir imponieren solche Lebensläufe, weil sie mit harter Arbeit, Entbehrungen und Fleiß zu tun haben. Damit kann ich mich identifizieren.

Schon einen Tag nach der Rückkehr aus Donezk flogen Angelica und ich weiter nach Wien. Svetits und Stronach wollten uns südlich der Stadt in Oberwaltersdorf treffen. Es gab nur eine Sache, die mir überhaupt nicht schmeckte. Kurz bevor wir in den Flieger gestiegen waren, erfuhr ich, dass die Austria noch einen Trainer hatte: Walter Schachner, den man in Österreich nur Schoko Schachner nannte, weil er als Kind beim Fußballspielen offenbar immer Schokolade dabeigehabt hatte. Jedenfalls war er noch Austria-Trainer, und das war etwas, was ich gleich zu Beginn des Gesprächs ansprechen musste. So lange Schoko Schachner in Amt und Würden war, würde ich konkrete Verhandlungen kategorisch ablehnen. Das war nicht mein Stil.

Stronach besaß eine Art Landsitz, nicht annähernd so mondän wie das Schloss von Achmetow. Er empfing uns im weißen Hemd und mit einem speziellen Akzent. Er redete wie ein Österreicher, der viele Jahre im englischsprachigen Ausland verbracht hat, so ähnlich wie Arnold Schwarzenegger. Er stellte sich als Fränk vor und grinste breit. »Hallo Christian«, sagte er. »Schön, dass Sie hier sind.« Ich dachte, ich höre nicht richtig. Christian? Hatte er mich gerade Christian genannt? Das war sicher nur ein Versprecher, redete ich mir ein. Wem ist das nicht schon mal passiert? Stronach führte uns in sein Büro, wo Svetits schon auf uns wartete. Fast alles war aus Holz und ziemlich rustikal eingerichtet. Es gefiel mir. Ich sprach mein Problem direkt an. Solange Schachner noch Trainer war, würde ich nicht mit ihnen verhandeln. Stronach lehnte sich lässig im Stuhl zurück und wischte mit der Hand durch die Luft, als ich meine Bedenken äußerte. Er seufzte. »Du, Christian. Wenn ich den Schoko Schachner jetzt hierherbestelle, um ihn zu entlassen, dann ist der morgen noch nicht hier. Der würde mein Haus nicht mal mit Navi finden!«

Es war nicht zu glauben. Stronach dachte ernsthaft, dass ich Christian heiße! Ich merkte, wie ich sauer wurde. War das sein Ernst?! Wir machten eine kurze Pause. Svetits hatte meinen Ärger mitbekommen: »Christoph oder Christian, ist doch scheißegal! Hauptsache, du wirst unser Trainer. Der Fränk wird dir ein sensationelles Angebot machen!«

Am nächsten Tag war Schachner tatsächlich entlassen. Die österreichischen Medien konnten es nicht fassen, weil die Austria die Tabelle anführte und bislang gute Leistungen gezeigt hatte. Die Zeitungen nannten Stronach »menschenverachtend« und

»größenwahnsinnig«. Das interessierte ihn überhaupt nicht. Ihm hatte die Überzeugung gefehlt, mit Schoko Schachner Meister zu werden. »Christian« Daum war für ihn die Titelgarantie, auch wenn der Vertrag letztlich mit Christoph Daum abgeschlossen wurde.

Stronach bekam seinen Titel. Ich vermute, dass auch Schachner mit der Austria die Meisterschaft gewonnen hätte. Die Schlagzeilen am Ende der Saison taten mir dennoch gut: Daum wieder Meister, Daum Doublesieger, und so weiter. Das waren nach langer Zeit mal wieder positive Headlines, und gegen diese Lobeshymnen war ich natürlich nicht immun. Wir hatten die Liga dominiert und uns schon ein paar Spieltage vor Schluss die Meisterschaft gesichert. Auch den Pokal holten wir. Dennoch gab es etwas, das mich belastete.

Nach der überraschenden Entlassung von Schachner war ich skeptisch empfangen worden, was sich nach wenigen Spielen legte, weil ich Ergebnisse lieferte. Mit der Mannschaft gab es ebenfalls keine Probleme, die Zusammenarbeit klappte von Anfang an hervorragend. Ich funktionierte wie ein Schweizer Uhrwerk, wenn ich mit ihr beschäftigt war, da lief alles glatt. Diese belastende Sache kam von außen. Irgendwann holte mich der Mist mit dem Koks wieder ein. Eigentlich hatte der Schritt zur Austria ein Neustart sein sollen. Und solange ich mit den Jungs zusammen war, lief alles gut. Ich glaube nicht, dass ich mich als Trainer veränderte, ich schuftete genauso hart und akribisch, die Ergebnisse stimmten. Trotzdem wurde ich immer wieder mit meiner Vergangenheit konfrontiert. Ich erinnere mich an ein Auswärtsspiel, bei dem die Fans von Rapid Wien ein höhnisches Lied über mich anstimmten: »Wir singen Christoph, Christoph, jeder kennt ihn, den Kokser aus Wien!«

Es fällt mir bis heute schwer, solche Situationen richtig zu verarbeiten. Vor ein paar Jahren sprach mich ein Taxifahrer in Berlin an, auf dessen Rückbank ich gerade Platz genommen hatte. »Sind Sie Christoph Daum?«, fragte er, als ob er mich nicht längst erkannt hätte. »Darf ich zur Sicherheit mal eine Haarprobe haben?« Dann schaute er in den Rückspiegel und schmunzelte. Ich verzog keine Miene. Stattdessen rupfte ich ein kleines Büschel Haare aus meiner Kopfhaut und reichte es ihm. Da verschwand das Grinsen plötzlich aus seinem Gesicht, er wurde ganz kleinlaut. Etwas brenzliger war die Situation, als ich im Februar 2020 mit Angelica im Zug saß. Wir waren auf dem Weg von Hamburg zurück nach Köln, als in Düsseldorf Fans von Eintracht Frankfurt nach einem Auswärtsspiel bei der Fortuna in den Zug drängten. Weil der Zug rappelvoll war, mussten sie im Gang stehen, und es dauerte nicht lange, bis sie mich erkannten. Kurz darauf fingen sie an zu grölen: »Christoph Daum ist wieder da, und in Frankfurt kauft er Koka!« Es gibt ein Video von der Szene im Internet. Während eng um meinen Sitz herum die Fans singen und hüpfen, zeige ich nahezu keine Regung. Ich versuche, einfach geradeaus zu blicken, obwohl das ganze Abteil wackelt. Was willst du auch sonst in so einem Moment tun? Eine Diskussion über den kategorischen Imperativ oder den Klimawandel anfangen?

Als Trainer von Austria Wien reagierte ich auf die Schmähgesänge spontan. Ich winkte den gegnerischen Fans zu und tat so, als würde ich sie dirigieren! Ich fand das nicht wirklich witzig. Aber was hätte ich sonst tun sollen? Es ignorieren oder mich im Boden vergraben? Es setzte mir erst zu, als ich spätabends wieder zu Hause war. Ich hatte wirklich gedacht, nach dem Prozess ein neues Kapitel aufschlagen zu können, ein Fußball-Kapitel. Aber es hörte nicht auf. Auch in den Medien tauchten immer mal wieder Anspielungen auf: So aufgedreht wie der Daum rumrennt, das kann doch nicht normal sein, und schauen Sie sich mal diese weit aufgerissenen Augen an, so ungefähr war der Tenor. Aber das habe ich heute noch, und das werde ich immer haben: Dieses Flackern in meinen Augen, dieses Wilde, das gehört zu meiner

DNA! Solches Gerede erinnerte mich an eine Verletzung, die verheilte, während die Narbe blieb. Ich stelle noch heute in Gesprächen fest, dass der ein oder andere nicht mal von meinem Freispruch weiß. Geschweige denn von der falschen Haarprobe, auf deren Basis ich an den Pranger gestellt wurde. Was nichts mit meinem unverzeihlichen Fehler zu tun hat, weiß Gott nicht, aber sollte man die Dinge nicht auch mal auf sich beruhen lassen? Stattdessen gibt es immer wieder Anspielungen.

Ich weiß nicht, ob es gut oder falsch war, hin und wieder mit Humor darauf zu reagieren. Darüber dachte ich in solchen Situationen wie im Spiel bei Rapid nicht nach. Die Sache war eher, dass ich selbst noch große Probleme hatte, mit meinem Fehler angemessen umzugehen. In diesen Momenten wurde ich wieder daran erinnert, was ich mir verbaut hatte. Die ganze Scheiße ließ mich einfach nicht los. Was blieb, war eine ständige Mixtur aus Fremd- und Selbstvorwürfen.

Umso schöner waren die Schlagzeilen nach dem Gewinn von Meisterschaft und Pokal. Insgeheim hatte ich darauf gehofft, dass die Austria zum Sprungbrett für die Rückkehr auf die große Bühne werden könnte. Dieser Plan schien nun aufzugehen. Stronach war natürlich nicht begeistert, als ich ihm davon erzählte, den Club nach nicht mal einem Jahr wieder verlassen zu wollen. Ich ließ mich von ihm nicht zum Bleiben überreden. Ich spürte, dass ich weiterziehen musste. Es war an der Zeit, den nächsten Schritt zu gehen. Den nächsten Schritt in ein normales Trainer-Leben. Aber was heißt das schon, normal?

Superstars und Dauerdruck

Fenerbahçe Istanbul, 2003–06

Fenerbahçe Istanbul wollte mich im Frühjahr 2003 mit aller Gewalt. Sie ließen selbst dann nicht locker, als ich ihnen gewissermaßen die Pistole auf die Brust setzte. Ich hatte eine ungewöhnliche Bedingung.

Ein Jahr zuvor hatte Fener unter dem deutschen Trainer Werner Lorant ein Trainingslager in Österreich absolviert. Sie wohnten mit der ganzen Mannschaft im Hotel Stanglwirt, einer vom wunderschönen Bergpanorama umgebenen Unterkunft in der Nähe von Kitzbühel. Schon damals verbrachten zahlreiche Prominente im Stanglwirt ihren Urlaub. Auch ich war regelmäßig mit Angelica dort. Doch es gab ein Problem zwischen dem Hotel und Fenerbahçe: Der Stanglwirt blieb nach ihrer Abreise auf einer sechsstelligen Summe sitzen. Der Besitzer Balthasar Hauser war in heller Aufregung. In seiner Not wandte er sich an Franz Beckenbauer: ob der Franz nicht jemanden kenne, der mit den Verantwortlichen bei Fener reden könne. Der Stanglwirt wurde gerade renoviert, und Hauser drohte ein riesiger finanzieller Schaden. Also meldete sich Franz bei mir.

Ich arbeitete zu dieser Zeit noch als Austria-Trainer. Trotzdem erklärte ich mich bereit, in dieser Sache zu vermitteln. Anfang 2003 flog ich nach Istanbul, um mich mit einem Vizepräsidenten des Clubs zu treffen. Es war aussichtslos. Fener hatte seine vertraglichen Pflichten erfüllt. Für die Rechnung war die Agentur zuständig, die das Trainingslager für sie organisiert hatte. Der

Haken war nur, dass diese Agentur mittlerweile insolvent war. Es war also nichts zu machen.

Wie das Leben so spielt, meldete sich dann ein paar Wochen später – ausgerechnet – Fener bei mir. Lorant war längst Geschichte, und sie wollten mich für die nächste Saison verpflichten. Ihr Präsident Aziz Yildirim kam mit einer Delegation nach Wien, um einen Vorvertrag mit mir auszuhandeln. Gehalt, Prämien, Aussichten: Es passte alles. Trotzdem unterschrieb ich nicht. »Erst wenn ihr die Rechnung von meinem Freund Hauser bezahlt«, sagte ich. Yildrim schaute mich ungläubig an. »Was hat das mit unserem Vertrag zu tun?!« Er verstand die Welt nicht mehr. Doch ich gab nicht nach, weil ich überzeugt war, das Richtige zu tun. Ich kannte Hauser gut und wollte ihm helfen. Unter lautem Fluchen erklärte Yildirim sich schließlich bereit, einen seiner Vizepräsidenten direkt zum Stanglwirt zu schicken. Er fuhr die mehr als vier Stunden mit dem Auto. Er einigte sich tatsächlich mit dem Hotel, den Löwenanteil der Rechnung zu begleichen. Auch das ist die Türkei. Bei meinem nächsten Besuch im Stanglwirt kam Hauser zu mir: »Tausend Dank für deine Unterstützung. Meine Familie und ich werden dir das nie vergessen!« Danach unterschrieb ich den äußerst lukrativen Vertrag bei Fener. Es fühlte sich gut an.

Ich wurde in der Türkei überaus herzlich begrüßt. Und das, obwohl ich etwas getan hatte, was man als Trainer dort besser nicht machte. Als ehemaliger Beşiktaş-Trainer bei einem Erzrivalen anzuheuern, war ein No-Go. Ein Wechsel zwischen verfeindeten Clubs war zu dieser Zeit praktisch unvorstellbar. Doch zu meiner Überraschung machten die Fans von Beşiktaş keinen großen Aufstand. Ich genoss eine hohe Wertschätzung als Trainer und als Mensch. Die Türken haben nie vergessen, dass ich mich als Beşiktaş-Trainer für die Kinderkrebshilfe eingesetzt oder nach dem verheerenden Erdbeben 1999 den Bau eines Waisenhauses unterstützt hatte. Auch meine Vorträge an Universitäten oder

Besuche beim Militär blieben ihnen in Erinnerung. Ich feierte mit meinen türkischen Freunden die höchsten muslimischen Feste. Sie merkten früh, dass ich mich mit ihnen identifizieren wollte. Es beeindruckte sie, dass ich schon ab 1994 vor jedem Spiel die Nationalhymne mitsang. Wenn man in einem anderen Kulturkreis arbeitet, können solche Gesten eine enorme Wirkung entfalten. Sie öffneten mir einige Türen und vor allem die Herzen der Menschen.

Fener hatte mir den roten Teppich ausgerollt. Dass sie trotz der Stanglwirt-Geschichte an mir festgehalten hatten, verstand ich als Zeichen großer Wertschätzung. Außerdem schaltete Yildirim sich gewöhnlich nur dann persönlich ein, wenn es ihm wirklich wichtig war. Die Mannschaft war in der vergangenen Saison nur Tabellensechster geworden, was gefühlt einem Abstieg entsprach. Damit waren sie nicht mal für den Europapokal qualifiziert. Ich dürfe sie ganz nach meinen Wünschen umkrempeln, sagte Yildirim, es solle nur bitte wieder der Meistertitel dabei rausspringen. Wenn es sonst nichts war.

Ich wusste damals nicht viel über Aziz Yildirim. Mir wurde erzählt, dass er als Bauunternehmer ein Milliardenimperium leitete, sich aber mehr um den Club als um seine Geschäfte kümmerte. Es hieß, dass man ihm besser aus dem Weg ging, wenn er wütend wurde, und dass man es sich mit ihm lieber nicht verscherzte. Sein Herz hing an Fener, und er gab mir den Schlüssel zu seinem Club in die Hand. Ich durfte einen komplett neuen Mitarbeiterstab zusammenstellen und das Trainingsgelände nach meinen Vorstellungen modernisieren. Ich hatte mir relativ schnell einen Überblick über den Kader verschafft. Wenn wir um die Meisterschaft mitspielen wollten, musste sich einiges tun. Yildirim zuckte nicht mal mit der Wimper, als ich ihm die Rundumerneuerung des Kaders vorschlug. 15 Spieler sollten gehen, 12 neue wollte ich haben. Den größten Bedarf sah ich im Tor und im Sturm. Mein Wunschspieler für den Angriff war der Niederländer Pierre van Hooijdonk. Ich hatte mir etliche Videos von ihm angeschaut, um mich zu überzeugen, dass er unser fehlendes Puzzleteil war. Pierre war damals zwar schon 33, aber er hatte in 28 Ligaspielen für Feyenoord Rotterdam 28 Tore erzielt. Außerdem galt er als bester Freistoßschütze Europas. Nach unseren ersten Telefonaten tauchten plötzlich Gerüchte in den Medien auf, dass Galatasaray ihn uns wegschnappen wollte. Daraufhin flogen Yildirim und ich direkt nach Holland, um den Deal mit Pierre schnellstmöglich perfekt zu machen. Dass Pierres Berater nun mehr Gehalt forderte, entlockte Yildirim nur ein müdes Lächeln. Er wollte diesen Spieler unbedingt haben, die zusätzlichen Kosten waren für ihn Peanuts. Nach vier Stunden war der Transfer eingetütet. Yildirims Art machte mächtig Eindruck auf mich. Er ließ sich nicht aufhalten, weil er diesen Spieler unbedingt haben wollte. Weil ich diesen Spieler unbedingt haben wollte. Dass Yildirim mich dermaßen unterstützte, empfand ich als großen Vertrauensbeweis.

Für das Tor legten wir uns auf Robert Enke als Wunschspieler fest. Eike Immel, den ich als Torwarttrainer mitgenommen hatte, empfahl ihn wärmstens. Ich selbst hatte Robert noch als großes Talent aus Gladbacher Zeiten in Erinnerung. Beim FC Barcelona war er zuletzt zwar ein wenig in Vergessenheit geraten. Doch wer es einmal zu Barça geschafft hatte, musste über ausgezeichnete Qualitäten verfügen. Roberts Statur imponierte mir, nicht nur wegen seiner breiten Schultern sah er aus wie ein Modellathlet. Ich lernte ihn als angenehmen und offenen Menschen kennen. Bei unserem ersten Treffen stellte er mir etliche Fragen: wie das Leben in Istanbul denn so sei, ob man sich auf Englisch verständigen könne, wo es gute Wohnungen gäbe, und vieles mehr. Am meisten interessierte ihn, wo er seine zahlreichen Tiere unterbringen konnte. Im Training wirkte er zurückhaltend und distanziert. Ich machte mir keinen großen Kopf deswegen, zumal seine Leistungen stimmten. Es war früh klar, dass er unsere neue Nummer eins sein würde.

Wir bestritten unser erstes Saisonspiel am 10. August zu Hause gegen Istanbulspor, eine Pflichtaufgabe, so sahen das zumindest Fans und Medien.

Kurz vor dem Anpfiff spürte ich es wieder. Mehr als 50 000 Fener-Fans verwandelten das Stadion in einen gelb-blauen Hexenkessel, der jede Sekunde überkochen konnte. Diese Euphorie übertrug sich auf jede Faser meines Körpers. Ich war zurück.

Das Spiel begann erwartungsgemäß. Meine Spieler nahmen den Ball in Besitz, Istanbulspor igelte sich in der eigenen Hälfte ein. Es gab kein Durchkommen. Nach etwa einer Viertelstunde wurden die Fans aggressiv. Aus vereinzelten Pfiffen entwickelte sich ein Pfeifkonzert, die Nervosität verbreitete sich wie ein Virus. Auch meine Spieler ließen sich anstecken. Wir leisteten uns im Mittelfeld einen katastrophalen Fehlpass, der Istanbulspor zum Konter einlud. Niemand hatte mit diesem Patzer gerechnet, auch Robert Enke nicht, der weit vor seinem Tor stand. Pini Balili nutzte die Verblüffung geschickt aus und lupfte den Ball aus fast dreißig Metern gefühlvoll über ihn hinweg. Robert drehte sich noch verzweifelt um, als wollte er dem Ball hinterherjagen. Er muss sofort gesehen haben, dass er keine Chance hatte. Nach 19 Minuten lagen wir 0:1 zurück.

Mit aufmunternden Kommandos versuchte ich, gegen den unfassbaren Lärm im Stadion anzukämpfen. Es half nichts. Dann geschah etwas Seltsames. Wenn ich auf meine Karriere zurückblicke, habe ich wirklich viele Dinge erlebt, jedoch nur einmal einen Spieler, der sich während eines Spiels für kurze Zeit in Stein verwandelte: Robert Enke. Der Ball lag im Strafraum frei vor seinen Füßen, kein Gegenspieler weit und breit, eine vollkommen harmlose Situation. Robert griff nicht ein, und selbst die Gegenspieler von Istanbulspor begriffen zunächst nicht, was er in dieser Szene machte – beziehungsweise was er nicht machte.

Erst nach endlosen zwei, drei Sekunden reagierten sie. Einer der Stürmer setzte zum Sprint auf Robert an, der immer noch wie eingefroren vor dem Ball stand. Die Stimmung auf den Tribünen kippte, aus einem anfänglichen Raunen entwickelte sich ein Orkan, so als wollten die Fans ihn aufwecken. Sie erreichten ihn nicht. Der Stürmer klaute den Ball, die Zuschauer tobten. Erst im letzten Moment funkte einer unserer Verteidiger im Strafraum dazwischen. Ich stand am Rand und fühlte mich kurzzeitig wie gelähmt. Als Istanbulspor wenig später das 0:2 und 0:3 erzielte, bewegte Robert sich zwar wieder, aber es half nichts mehr. Nach dem Abpfiff flogen Wasserflaschen und andere Gegenstände in seine Richtung.

Am nächsten Tag wollte ich ihn sprechen. Auf seinem Handy erreichte ich ihn nicht. Später rief mich Eike aufgewühlt an. Ich müsse sofort zu Robert aufs Hotelzimmer kommen, meinte er. Robert habe etwas sehr Wichtiges zu besprechen. Ich habe die Notizen unseres Gesprächs noch heute. Ich schrieb sie mit blauem Kugelschreiber in mein Ringbuch, das ich mir extra für das erste Jahr bei Fener besorgt hatte. Dort hielt ich fast jedes der Gespräche mit meinen Spielern in Stichworten fest. Das Gespräch mit Robert am Montagabend, 11. August 2003, bekam den schlichten Titel: »Robert – C.D.«

Ich klopfte gegen 20.45 Uhr an seine Tür. Das Panoramafenster zum Bosporus war von blickdichten Gardinen bedeckt. Der Raum war dunkel, obwohl es draußen noch taghell war. Ich setzte mich auf einen Stuhl am Schreibtisch, Robert wirkte angespannt und wanderte langsam hin und her, er brauchte ein paar Sekunden, bis ihm die ersten Worte rauskamen. Das Sprechen fiel ihm spürbar schwer. »Ich will versuchen, es ganz offen darzustellen«, sagte er. Als er zögerte, wartete ich ab, während mir verschiedene Gedanken durch den Kopf schossen. Hat er private Probleme? War etwas in seinem Umfeld passiert? Irgendwas mit der Familie? »Ich bin in Barcelona nicht nur sportlich in ein

Loch gefallen, ich litt unter massiven Depressionen.« Dieses Eingeständnis traf mich völlig unvorbereitet. Depressionen? Ich merkte, dass er seine Worte mit allergrößtem Bedacht wählte, um bloß nichts falsch auszudrücken. »Ich habe mich selbst belogen«, fuhr er fort. »Ich habe geglaubt, es geht schon.« Aber jetzt sei die Angst wieder da. Die Angst vor dem Druck. Die Angst, dass alles rauskam. Die Angst, das Zimmer zu verlassen. Er sei den ganzen Tag auf seinem Zimmer geblieben. Aus Angst. »Ich kann mir nicht vorstellen, am Freitag wieder zu spielen«, sagte er. »Ich möchte meinen Vertrag auflösen.«

Ich hörte nur zu. Seine Worte schwebten durch den Raum, es fiel mir schwer, sie zu ordnen. Ich hatte niemals damit gerechnet, wie auch? Ich hatte Robert als neugierigen, offenen, durchaus redseligen und fröhlichen Menschen kennengelernt. Wir hatten gelacht. Der Mensch, der jetzt vor mir saß, wirkte wie verwandelt. Er war so nah, dass ich ihn hätte berühren können, trotzdem schien er meilenweit entfernt zu sein. Der Versuch, ihn in dieser Situation zum Bleiben zu bewegen, erschien mir aussichtslos. »Ich werde dir helfen, aus dem Vertrag rauszukommen«, versprach ich ihm. Ich war fassungslos, als ich sein Zimmer verließ.

Roberts Berater Jörg Neblung kam einen Tag später nach Istanbul. Wir waren im Büro von Hakan Bilal Kutlualp verabredet, einem der 15 Vizepräsidenten von Fenerbahçe. Aus dem Vorstand waren noch Mahmut Uslu sowie der Teammanager Volkan Ballı dabei. Außerdem saßen Murat Kuş als Übersetzer und ich in dem mit vielen orientalischen Teppichen dekorierten Raum. Die Gesichter der Türken waren ernst und die Stimmung nicht die beste, immerhin wollte der neue Stammtorwart nach gerade mal einem Spiel seinen Vertrag auflösen. Die wahren Gründe hatte ich ihnen nicht genannt, das blieb unter Robert und mir. Ich hatte der Vereinsführung erzählt, dass er sich nicht mit Fenerbahçe identifizieren könne. Die Türken werden bei solchen Dingen schnell emotional, erst recht bei fehlender Identifikation, darum stellten sie keine großen Fragen. Solle er doch gehen, meinten sie, ein Club wie Fener würde nicht um ihn betteln. Dafür waren sie viel zu stolz.

Als Neblung in den Raum kam, schüttelte er allen die Hand. Er hatte Robert in den Neunzigern als Reha-Trainer von Borussia Mönchengladbach kennengelernt. Robert hatte mir erzählt, dass sie enge Freunde seien. Ich ging also davon aus, dass Neblung über alles Bescheid wusste. Er eröffnete das Gespräch. »Fener will den Vertrag auflösen. Wie sieht denn das Vertragsauflösungsangebot aus?« Ich dachte, ich höre nicht richtig. Murat übersetzte seine Worte, und ich merkte sofort, dass die anderen genauso überrascht waren wie ich. Es war doch nicht unsere Absicht gewesen, den Vertrag aufzulösen. Es war Roberts Wunsch, das musste Neblung doch wissen. »Moment mal«, antwortete Hakan. »Unser Trainer hat uns nach einem Gespräch mit Robert Enke informiert, dass Robert sich nicht mehr in der Lage fühlt, für Fener zu spielen. Der Wunsch nach einer Vertragsauflösung kommt doch von ihm.«

»Was Herr Daum mit meinem Klienten bespricht, ist sein Privatvergnügen«, sagte Neblung. »Ich vertrete hier die Interessen von Robert Enke. Er hat einen Vertrag. Wenn der aufgelöst wird, muss er dafür finanziell entschädigt werden.« Neblungs forscher Ton schockierte mich. Ich verstand nicht, was er da plante. Er musste doch um Roberts Probleme wissen. Sobald Murat wieder übersetzt hatte, konnte ich an den Gesichtern der Türken ablesen, wie die Stimmung kippte. Sie redeten plötzlich mit Händen und Füßen durcheinander, ihr Ton wurde rauer, es waren Worte, die Murat besser nicht übersetzte. Neblung verfolgte alles mit ernstem Blick. »Gut«, sagte Hakan schließlich. »Dann bleibt der Vertrag eben bestehen.«

»Warum?«, fragte Neblung. »Ich bin doch nur für die Vertragsauflösung gekommen. Jetzt auf einmal doch nicht?« Es wurde langsam ungemütlich. Ich bat Neblung nach draußen. Auf dem

Flur hörten wir die aufgeregten Stimmen der Vorstandsherren. Ich fragte ihn, wer ihn hierherbestellt habe. »Robert«, antwortete er. »Dann wissen Sie doch genau, dass der Wunsch nach einer Vertragsauflösung von ihm kommt!«, sagte ich und berichtete ihm von meinem Gespräch mit Robert, von dessen psychischen Problemen, von seiner Krankheit. Seiner Angst. Neblung blieb stur. Er müsse hier die wirtschaftlichen Interessen seines Klienten vertreten. Ansonsten könne Robert möglicherweise ein Jahr ohne Gehalt dastehen. Sein Verhalten schockierte mich. Ich kapierte es einfach nicht. Es war zwecklos, mit ihm zu reden. Als wir zurück in den Raum kamen, redeten die Türken immer noch hektisch durcheinander. Als Neblung weiter auf stur schaltete, wurden sie ungehalten.

Es war aussichtslos, und wir brachen das Gespräch ab. Mit abfälligen Gesten verließ Neblung den Raum. Was hatte er erwartet? Dass Fenerbahçe einen Vertrag auflöste, den der Verein nie auflösen wollte, um den Spieler dann zusätzlich finanziell zu entschädigen? Ich verstehe, dass er für seinen Spieler, seinen Freund, kämpfen wollte. Aber es ging hier nicht mehr darum, irgendetwas zu verhandeln. Es ging zu diesem Zeitpunkt nur noch darum, den Vertrag aufzulösen, damit Robert Istanbul so schnell es ging verlassen konnte. Damit er sich in Behandlung begeben konnte. Offenbar machte Robert Neblung schon kurz nach dem gescheiterten Treffen in einem persönlichen Gespräch seine Sichtweise deutlich. Einen Tag später wurde der Vertrag aufgelöst.

Natürlich habe ich mich danach oft gefragt, ob mein Gespräch mit Robert im Hotelzimmer schon ein Vorzeichen für das war, was später passierte. Deutete sich 2003 in Istanbul an, dass er sich sechs Jahre später, am 10. November 2009, das Leben nehmen würde? Hätte ich irgendetwas unternehmen können? Ich weiß es nicht. Wie die meisten Menschen in Deutschland hatte ich damals keinen blassen Schimmer von Depressionen und ihren Auswirkungen. Im Fußball fand dieses Thema schlicht nicht statt. Ich wünsche seiner Frau Teresa, dass es ihr mit ihrer Stiftung gelingt, die Sensibilisierung für diese Krankheit aufrechtzuerhalten.

Nach seinem Weggang verloren Robert und ich uns aus den Augen. Jahre später, als er sich bei Hannover 96 zum Nationaltorhüter entwickelte, dachte ich mal darüber nach, ihn anzurufen. Ich fragte mich, ob er die Krankheit überwunden hatte. Wie wäre eine solche Entwicklung sonst zu erklären gewesen? Aber diese Gedanken gingen oft genauso schnell wieder, wie sie gekommen waren. Ich verdränge, wenn ich arbeite, und das ist nicht immer die beste Eigenschaft.

Nach der Auftaktniederlage und dem Abgang unseres Torhüters stand ich im Kreuzfeuer der Kritik. Der Vorstand und die Medien machten Druck. Es gab den üblichen Wirbel, und mein Gespräch mit Robert kam mir schon wenig später wie ein Ereignis aus einer anderen Zeit vor. Das Hamsterrad des Trainerberufes hatte mich wieder im Griff. Es blieb kaum Zeit, zurückzublicken, die Arbeit verdrängte jede Reflexion. Schon einen Tag, nachdem Roberts Vertrag aufgelöst wurde, forderte ein anderer Spieler meine volle Aufmerksamkeit. Pierre van Hooijdonk besuchte mich in meinem Büro auf dem Trainingsgelände. Er pflanzte seine 1,93 Meter auf den Stuhl vor meinem Schreibtisch. Dann begann er einen Monolog. Natürlich notierte ich alles: »Ich fühle mich hier wie im Kindergarten« … »Wir haben keinen Anführer« … »Ich erwarte, dass Sie das ändern« … »Sie müssen einige Spieler aussortieren« … »Ich bin nicht hier, um Freunde zu finden. Ich will Erfolg« … Er redete ohne Punkt und Komma. Er sagte nicht Bitte, er forderte. Ohne eine Miene zu verziehen. Ich blieb geduldig, nickte, hörte ihm zu, zeigte Verständnis. Ich versuchte es sachlich. Ich erklärte ihm, dass die Mannschaft Zeit brauche, dass sie neu zusammengestellt sei.

Pierre starrte mich misstrauisch an. Ich wusste, wie er tickte. Vom ersten Tag an agierte er hochprofessionell, und dieses Verhalten erwartete er genauso von seinen Mitspielern, egal, ob sie 18 oder 30 Jahre alt waren. Hätten sich alle so verhalten wie er, wären wir vermutlich Champions-League-Sieger geworden. Aber so läuft das nicht. Als Trainer kannst du nicht erwarten oder einfordern, dass alle gleich ticken. Das wollte Pierre nicht verstehen, vielleicht konnte er es auch nicht. Seine Botschaft lautete: Jetzt bin ich hier, und darum läuft das nun so und so. Kapiert?

Spielern dieses Formats kannst du nicht mit der Brechstange kommen. Du musst ihnen auch nicht erzählen, wie das Spiel funktioniert. Pierre glaubte damals ohnehin, schon das meiste verstanden zu haben. Ich brauchte seine außergewöhnliche Qualität, die Konfrontation wäre der falsche Weg gewesen. Auf dem Platz gab er alles. Es wäre dumm gewesen, es sich mit ihm zu verscherzen, nur weil er sich im Ton vergriffen hatte. Ein Spieler, der mitdenkt und offen und ehrlich seine Meinung äußert, ist mir lieber als einer, der hinter meinem Rücken Ärger macht. Ich habe bei meinen Clubs immer versucht, eine Atmosphäre herzustellen, in der sich die Spieler frei äußern konnten. Ohne Angst vor negativen Konsequenzen. Selbst wenn ich mit einzelnen Inhalten nicht einverstanden war, habe ich die Kritik und vor allem den Menschen ernst genommen. Das ist eine Sache des Respekts. Im nächsten Schritt habe ich dann gemeinsam mit dem Spieler nach Lösungen gesucht. Schließlich musste auch der Spieler selbst liefern. Ich machte ihm seine Eigenverantwortlichkeit bewusst, danach sollte er mit mir herausarbeiten, wie sein konkreter Beitrag aussehen konnte.

Es gibt kein Patentrezept für den Umgang mit Stars. Wobei ich sie eher Unterschiedsspieler nennen würde, weil sie sich nicht nur wegen ihrer Fähigkeiten, sondern oft auch wegen ihres Charakters von gewöhnlichen Profis unterscheiden. In meiner Anfangszeit als Trainer achtete ich darauf, dass ich von solchen Spielern als Autoritätsperson wahrgenommen wurde. Im Nachhinein war es vermutlich ein Glücksfall für meine Entwicklung, dass ich schon als junger Trainer beim 1. FC Köln einen Harald Schumacher in meiner Mannschaft hatte. Oder Matthias Sammer später beim VfB Stuttgart. Auch Michael Ballack war einer dieser Weltklassespieler, die man nicht wie normale Profis behandeln konnte. Es war unglaublich, was Michael mit dem Ball konnte, wie vielseitig er war – wenn es hart auf hart gekommen wäre, hätte er wahrscheinlich sogar im Tor spielen können. Aber es war schwierig, ihn zu kritisieren. Da reagierte er extrem empfindlich, vor allem, wenn man es vor seinen Mitspielern tat. Zum Glück hatte ich das früh gemerkt. Spieler wie Sammer oder Ballack waren keine Befehlsempfänger. Matthias kam mir manchmal vor, als hätte er eine dreifache Nussschale. Wenn du dich ihm als Trainer langsam angenähert hast und die erste Schale geknackt war, kam noch die zweite. Und dann die dritte.

Es gab andere Spieler, die genauso gut waren, sich aber weniger professionell verhielten. Als ich ein paar Jahre später ein weiteres Mal Trainer von Fenerbahçe wurde, spielte der brasilianische Weltklasse-Außenverteidiger Roberto Carlos in meiner Mannschaft. Er war dreifacher Champions-League-Sieger, Weltmeister, mehrfacher spanischer Meister, ein hochdekorierter Fußballer. Im Training und in den Spielen zählte er immer zu den Besten, aber er liebte auch das Leben. Es gab Trainingseinheiten, bei denen er morgens ziemlich fertig aussah. »Roberto, warst du überhaupt im Bett?«, fragte ich ihn. Darauf zeigte er sein typisches Grinsen. »Mister, Mister, ich liebe Fußball! Aber ich liebe auch die Frauen!« Meistens lachten wir dann beide. Hätte ich ihn wegen so was rausschmeißen sollen? Er kam immer pünktlich, und in den Spielen lieferte er ab. Da musst du als Trainer auch mal zwei Augen zudrücken. Heute hat Roberto elf Kinder von sieben verschiedenen Frauen.

Mannschafts- und Menschenführung beschäftigten mich schon früh. Ich erinnere mich noch an die Psychologie-Vorlesungen, die ich freiwillig als Student besucht hatte. Ich weiß auch noch, wie ich als Jugendtrainer immer wieder Rinus Michels oder Dettmar Cramer nach ihrem Umgang mit herausragenden Spielern fragte. Später unterhielt ich mich auch mit Johan Cruyff über dieses Thema. Ich werde all diese Gespräche nie vergessen, weil ich so viel aus ihnen schöpfen konnte. Ich habe mich selten mit Kollegen über taktische Systeme unterhalten, es interessierte mich mehr, wie sie ihre Spieler behandelten. Sir Alex Ferguson fragte ich vor einigen Jahren, wie er mit Typen wie David Beckham, Christiano Ronaldo oder Wayne Rooney umgegangen ist. Auch mit Julian Nagelsmann unterhielt ich mich vor einigen Monaten über die Führung verschiedener Charaktere. Fast jeder sagte etwas anderes, doch jedes dieser Gespräche war eine Bereicherung. Letztlich muss jeder seinen eigenen Weg finden. Ich glaube, mir ist das ganz ordentlich gelungen. Ich kann mich jedenfalls an keinen Superstar erinnern, mit dem ich überhaupt nicht klarkam.

Auch mit Pierre van Hooijdonk lief zunächst alles ganz ordentlich. Es kam tatsächlich so, wie ich es mir erhofft hatte. Pierre war unser überragender Spieler. Mit 24 Toren und zehn Vorlagen verhalf er uns zur Meisterschaft, und das war natürlich eine große Sache. Trotzdem blieb es mitunter schwierig mit ihm. Einmal hatte er im Besprechungsraum auf der Lehne des Stuhls von Semih Şentürk gesessen. Als Semih plötzlich aufstand, kippte Pierre mit dem Stuhl um. Danach war Holland im wahrsten Sinne des Wortes in Not. Pierre beschimpfte Semih aufs Übelste, obwohl dieser ihn überhaupt nicht bemerkt hatte. Die übrigen Spieler verbündeten sich sofort mit Semih, und es herrschte ein Geschrei wie auf einem Schlachtfeld. Es fehlte nicht viel, dann wäre es zu einer Schlägerei gekommen. Pierre stellte mich immer wieder vor neue Herausforderungen. Solange er Leistung brachte, ging es einigermaßen gut.

Wir starteten gut in die Saison 2004/05. In der Liga führten wir die Tabelle souverän an, in der Champions League scheiterten wir knapp in der Gruppenphase. Eigentlich war das keine Schande, weil wir gegen starke Teams wie Manchester United oder Olympique Lyon, das später Werder Bremen mit 7:2 aus dem Stadion schießen sollte, gespielt hatten. So sahen der Vorstand und die Medien das aber nicht. Sie wünschten sich, dass Fener möglichst bald den Titel holen würde. Die offizielle Version lautete: Fenerbahçe sollte spätestens 2007 die Champions League gewinnen, denn dann feierte der Verein seinen einhundertsten Geburtstag. Ich hielt das für völlig überzogen. Leider gibt es in der Türkei keinen Realitätssinn, was solche Sachen angeht. Wenn du als Trainer diese Spielchen nicht mitspielst, heißt es schnell, du hättest kein Vertrauen in deinen Verein. In der Türkei ist Fener einer der größten Vereine, und einer der größten Vereine muss die Königsklasse gewinnen können. Fertig. So sehen sie die Sache dort. Es passte daher wunderbar zu den Ambitionen, dass im Winter ein Spieler auf dem Markt auftauchte, der Fenerbahçe auf ein höheres Niveau heben konnte.

Für fast acht Millionen Euro verpflichteten wir den Franzosen Nicolas Anelka von Manchester City. Dieser Deal sorgte für Aufsehen. Denn Anelka war im Januar 2005 gerade mal 25 Jahre alt. Er kam also nicht wie manch anderer Ausnahmespieler als Frührentner in die Türkei, zudem hatte er schon für mehrere Topclubs gespielt. Ich freute mich natürlich über diesen Transfer. Nur Pierre gefiel es überhaupt nicht. Er kam wieder in mein Büro. »Was will Anelka hier?«, fragte er. »Der wird sowieso nicht spielen. Ich werde spielen!« Ich antwortete nicht.

Was seine Fähigkeiten anging, galt Anelka als einer der besten Mittelstürmer Europas. Der Haken an der Sache war nur, dass er sie bislang zu selten konstant unter Beweis gestellt hatte. Nachdem er 1999 zum besten Jungprofi in England gewählt worden war, überwies Real Madrid umgerechnet mehr als 30 Millionen Euro für ihn an den FC Arsenal. Damit wurde Anelka damals zum zweitteuersten Spieler der Fußballgeschichte. Er wurde auch zu einem teuren Missverständnis. Es gipfelte darin, dass Real ihn nach einem Trainingsstreik vereinsintern sperrte. Ich ahnte also, dass er speziell war. Was mich jedoch viel mehr interessierte, war seine außergewöhnliche Begabung – und wie ich ihn zur Weltklasse formen könnte.

Als er im Training das erste Mal an mir vorbeisprintete, hätte ich von dem Luftzug fast eine Lungenentzündung bekommen. Ich hatte nie zuvor einen Spieler gehabt, der aus dem Stand dermaßen explodieren konnte. Später überrannte er in einem Derby gegen Beşiktaş seinen Gegenspieler Koray Avci mit einer solchen Geschwindigkeit, dass Avci ihn selbst mit einem Hechtsprung nicht stoppen konnte. Anschließend hämmerte Nicolas den Ball aus spitzem Winkel ins Tor. Genauso schnell, wie er rannte, verschwand er jedoch nach den Spielen. Es dauerte nicht lange, bis er Pierre den Rang ablief, und es erübrigt sich zu erzählen, wie unser fliegender Holländer darauf reagierte. Nicolas dagegen scherte sich wenig um seine Mitspieler. Er wirkte verschlossen und lebte zurückgezogen. Meistens lief er mit seinen Kopfhörern rum und hörte Musik, die er sich auf seinem Computer gemixt hatte. Ich bekam den Eindruck, dass er sich nur in den Spielen anstrengte, die wirklich wichtig waren. Mehrfach redete ich mit ihm darüber. Es interessierte ihn gar nicht. »Was wollen Sie eigentlich? In den großen Spielen mache ich den Unterschied. Und in den kleinen brauchen Sie mich eigentlich nicht«, sagte er emotionslos.

Es war schwierig, einen Zugang zu ihm zu finden. Wenn Matthias Sammer eine dreifache Nussschale gehabt hatte, war Nicolas mit einer sechsfachen ausgestattet. Er kam pünktlich, ging pünktlich. Ich kann mich an keinen Spieler bei Fener erinnern, mit dem er befreundet war. Ich ließ ihn machen, weil er uns mit seinem Verhalten keinen Schaden zufügte. Und wenn es darauf ankam, schoss er seine Tore. Zumindest meistens.

Pierre dagegen machte zunehmend Probleme, weil er von Anelka aus der Startelf verdrängt worden war. In manchen Spielen stand er einfach von der Bank auf, um sich warm zu laufen, obwohl ich ihn gar nicht dazu aufgefordert hatte. Er lief extra nah an den Fans vorbei, die anfingen, lautstark seinen Namen zu rufen. Solche Inszenierungen beherrschte Pierre perfekt. Ich reagierte nie auf diese Spielchen. Wenn er dabei auffällig oft in meine Richtung schaute, rief ich ihm nur zu: »Ich hab dir nicht gesagt, dass du dich warm laufen sollst!« Dann drehte er fluchend ab.

Als Pierre nach der Saison den Verein verließ, war das sportlich kein Verlust. Er hatte keine Hauptrolle mehr gespielt, dennoch feierten wir mit ihm die zweite Meisterschaft in Folge. Das war schön und wichtig, aber Verein, Fans und Medien schielten schon wieder auf die Champions League. Seitdem Fatih Terim mit Galatasaray 2000 den UEFA-Cup gewonnen hatte, lechzten die Türken nach einem weiteren internationalen Titel im Vereinsfußball. Nicolas hätte unser Unterschiedsspieler in der Königsklasse der Saison 2005/06 sein können, aber er blieb ein Rätsel. Er lief mit seinen Kopfhörern durch die Gegend und redete kaum. Ich kam nicht an ihn ran. Auf dem Platz wirkte er in manchen Spielen wie ein Fremdkörper, und das war nur schwer zu akzeptieren, weil seine Anlagen unglaublich waren. Als wir erneut in der Gruppenphase der Champions League scheiterten, blieb Nicolas ohne Torerfolg.

Im Verein und in den Medien nahmen die Spannungen daraufhin zu. Es war größenwahnsinnig, dass man in der Türkei überhaupt an diesen großen europäischen Titel glaubte. Türkische Vereine durften in der Süper Lig damals nicht mehr als sechs ausländische Spieler in ihrem Kader haben. Wie sollte man da mit Teams wie dem AC Milan mithalten, die mit einer Weltauswahl ohne Ausländerbeschränkung antraten und deren Stürmer Andrij Schewtschenko uns in einem Spiel allein vier Tore eingeschenkt hatte? Aber mit sachlichen Argumenten konnte man der türkischen Presse nicht kommen. »Daum hat den rund

70 Millionen Euro teuren Ferrari auf der Autobahn gefahren wie einen Anadol«, meinte die Zeitung *Fanatik*. Mit dem Ferrari meinten sie Fenerbahçe. Was für Luxusschlitten der AC Milan oder der spätere Champions-League-Sieger FC Barcelona dann sein sollten, blieb ihr Geheimnis.

Die unsachliche Berichterstattung nervte mich zunehmend. Auf längere Sicht raubt dir das Kraft, zusätzlich leiden die Spieler und das Klima in der Mannschaft unter diesem Dauerdruck. Ich musste fast jeden Montag bei Aziz Yildirim zum Rapport antreten. Sein Büro war vollgepackt mit Pokalen und Auszeichnungen. Es waren so viele, dass einige auf dem Boden standen, weil es in den Regalen keinen Platz mehr gab. Meistens schimpfte er eineinhalb Stunden lang über einige Spieler oder die Spielweise. Das war für mich zur Routine geworden. Ich wusste, dass Trainer in der Türkei noch extremer unter Beobachtung stehen und die Kritik noch unsachlicher ist als in anderen Ländern. Ein Trainerjahr in der Türkei kostet dich sieben Lebensjahre. Wer damit nicht umgehen kann, hat dort nichts zu suchen. Ich schaltete in dieser Zeit öfters den Fernseher an. Vielleicht würde ich dort von meinem Rauswurf erfahren, so wie damals bei Beşiktaş? Aber Aziz Yildirim blieb ruhig, weil wir auf die dritte Meisterschaft in Serie zusteuerten. Vor dem letzten Spieltag führten wir die Tabelle dank des klar besseren Torverhältnisses vor Galatasaray an. Wir mussten nur bei Denizlispor gewinnen, die gegen den Abstieg spielten. In der 83. Minute brachte Mustafa Keceli Denizlispor in Führung. Zwar konnte Tuncay Şanli sechs Minuten später ausgleichen. Doch selbst dem eingewechselten Anelka gelang in der 15-minütigen Nachspielzeit nicht mehr der Siegtreffer. Der neue Meister hieß Galatasaray, Denizlispor rettete sich vor dem Abstieg.

»Blamage des Jahrhunderts«, schrieb die Zeitung *Sabah*. Zum Glück, dachte ich, hat das Jahrhundert noch ein bisschen Zeit, diese Blamage zu übertreffen.

Habemus Daum

1. FC Köln, 2006–09

Ohne die Türkei wäre ich tot, toter, am totesten gewesen. Die Meisterschaften mit Fenerbahçe, die Spiele als Trainer in der Champions League, der Jubel von Hunderttausenden türkischen Fans: Das war wie ein Defibrillator für meine Karriere. Auch wenn der Abgang im Sommer 2006 mal wieder mit viel Hickhack verbunden war, hatte ich dort drei Jahre am Stück erfolgreich gearbeitet. Das ist für den Trainer eines türkischen Spitzenclubs fast schon eine rekordverdächtige Amtszeit. Ich wurde wieder als Spitzentrainer wahrgenommen. Im Nachhinein weiß ich, dass ich diesen Wiedereinstieg nur über die Türkei schaffen konnte, auch wenn ich schon 2003, nach meinen Erfolgen in Wien, fast wieder in der Bundesliga gelandet wäre. Damals hatte Schalke 04 angeklopft. Besser gesagt, deren Manager, und mit dem war ich Jahre zuvor einmal heftig aneinandergeraten.

Rudi Assauer war ein richtiger Macho. Mit der dicken Zigarre im Mund sah er auch wie einer aus. Damals machte eine große Brauerei sich dieses Image zunutze. Auf dem entsprechenden Werbefoto sieht man Rudi und seine damalige Lebensgefährtin, die Schauspielerin Simone Thomalla. Während sie sich mit einer vollen Kiste Bier abmüht, steht er mit Sonnenbrille daneben und zieht lässig an seiner Zigarre. Typisch Assauer. Er verhielt sich auch im echten Leben oft wie ein Zampano, gleichzeitig konnte er ein echter Kumpel sein.

Als ich noch Trainer in Leverkusen war, brannte Ulf Kirsten

beim 0:0 gegen Schalke im Dezember 1997 kurz vor Schluss eine Sicherung durch. Er foulte seinen Gegenspieler Thomas Linke ziemlich übel. Trotzdem verteidigte ich ihn nach dem Spiel. Vor allem gegen Assauer, den ich anschrie, ob er noch alle Tassen im Schrank habe, auf meine Spieler loszugehen. Im Nachhinein kann ich seine Aufregung natürlich verstehen. Aber in diesem Moment musste ich meinen Spieler schützen, es war wie ein Instinkt. Als Assauer fast eine halbe Stunde nach Abpfiff im Kabinengang seinem Unmut noch immer Luft machte – »Das war Körperverletzung! Der Kirsten gehört gesperrt!«, schrie er –, wurde es mir zu viel. Ich brüllte zurück. »Jetzt halt mal die Luft an!«, rief ich ihm zu. »Sonst stopfe ich dir die Zigarre so ins Maul, dass du sie quer rauchen kannst!« Für einen kurzen Augenblick herrschte dann tatsächlich Stille.

Wir hatten uns darüber nie ausgesprochen. Trotzdem meldeten die Schalker im Mai 2003 konkretes Interesse an mir an. Assauers enger Mitarbeiter Andreas Müller nahm Kontakt zu mir auf, und wir besprachen die Eckdaten für eine Zusammenarbeit. Eigentlich passten Schalke und ich ideal zusammen. Dennoch blieb ich wegen der Vorgeschichte mit Assauer zurückhaltend. Auf Drängen von Müller sprang ich über meinen Schatten und rief Assauer an. Er wollte für ein persönliches Treffen nach Wien kommen. Das hielt ich für keine gute Idee, da ich mich mit der Austria in der Endphase der Saison befand und einen laufenden Vertrag in Wien hatte. Wir vereinbarten schließlich ein Treffen in Bratislava. Kurz davor wurde Schalkes Interesse öffentlich. Rudi stellte es dann dar, als wäre da nichts Konkretes dran. Zudem erzählte er den Zeitungen, dass ich ihn angerufen hätte, und erweckte damit den Eindruck, ich würde mich für den Job bei Schalke selbst ins Gespräch bringen wollen. Unter der Gürtellinie war dann seine Aussage: »Besteht die Gefahr, dass er wieder schnupft und den Verein zur Selbstdarstellung nutzt?«

In diesem Moment hatte sich die Sache für mich erledigt.

Ich sagte das geplante Treffen ab. Klar wäre die Rückkehr in die Bundesliga reizvoll gewesen, aber ich hatte es sicher nicht nötig, mich von Assauer vorführen zu lassen. Dass seine Aussagen unkommentiert blieben, zeigte, dass die Vorbehalte mir gegenüber in Deutschland offenbar noch zu groß waren. Man schmunzelte eher darüber, öffentlichen Widerspruch gab es keinen.

Nach unserem Umzug von Istanbul zurück nach Köln flog ich mit der Familie für ein paar Wochen nach Mallorca. Im April 2005 hatte Angelica unser zweites gemeinsames Kind zur Welt gebracht, Cara-Julie, wieder ein kleines, lachendes, schreiendes Wunder. Ich genoss diese Auszeiten mit der Familie, doch auf Dauer fehlte mir die große Bühne. Ich gab einige Interviews und redete in ein paar Kameras, aber das erfüllte mich nicht.

Während der WM 2006 kommentierte ich für Sky viele Spiele, was mir großen Spaß machte, weil ich diese Begeisterung in unserem Land zuvor noch nie erlebt habe. Im Anschluss ging ich ein besonderes Engagement ein. Für die ebenfalls in Deutschland stattfindende WM der Menschen mit geistiger Behinderung stellte ich mich dem Cheftrainer, Willi Breuer, als Co-Trainer zur Verfügung. In diesen zwei Wochen kehrte ich zu den Wurzeln zurück. Hier ging es nur um den Ball und die Freude am Spiel, Geld und Allüren spielten keine Rolle. Für mich eine wertvolle und unvergessliche Erfahrung.

Im Herbst flog ich erneut nach Südamerika. Das war fast schon zu einem Ritual geworden. Ich besuchte Juan Figer, aber hauptsächlich reiste ich durch Argentinien und Uruguay, um mir etliche Spiele anzuschauen. An einen Spieler erinnere ich mich bis heute. Er spielte für Rosario Central, ein eher mittelmäßig erfolgreicher Verein in Argentinien. Er war nicht mal Stammspieler und gerade einmal 18 Jahre alt. Aber nach seiner Einwechselung in einem Stadion am Rande des Río Paraná sah ich sofort, dass er etwas Besonderes hatte. Wie ihm der Ball am Fuß klebte und wie unfassbar schnell er beschleunigen konnte. Sein Antritt erinnerte mich an den von Nicolas Anelka. Als ich Ángel Di María in diesem Moment das erste Mal sah, wusste ich sofort, dass ich ihn zu meinem nächsten Verein holen musste. Egal, wo ich als Trainer arbeiten würde, diesen Spieler wollte ich in meinem Team haben.

Zunächst mal brachte ich jedoch nur eine heftige Mandelentzündung aus Südamerika mit. Ich konnte vor lauter Halsschmerzen kaum noch sprechen. Wenn ich mal sprachlos bin, ist das generell ein alarmierendes Zeichen. Diesmal war es besonders dramatisch. Selbst das aufrechte Gehen fiel mir vor lauter Schmerzen schwer. Irgendwann wurde es Angelica zu viel. Sie brachte mich ins Klinikum Hohenlind zu Dr. Jochen Wustrow, einem Experten für Hals-, Nasen- und Ohrenkrankheiten. Er warf nur einen kurzen Blick in meinen Hals und sagte mit todernster Stimme: »Der Herr Daum fährt hier nicht mehr weg!« Er veranlasste sofort eine Notoperation. Zwei Schwestern schoben mich in einen OP-Saal, die weißen Decken des Krankenhauses zogen über mir hinweg, Dr. Wustrow eilte neben der Liege her. Die Entzündung habe sich auf die Aorta gelegt, erklärte er mir, und wenn die Aorta, die größte Schlagader des Körpers, brechen sollte, wäre ich innerhalb von Sekunden tot. Ich registrierte jedes seiner Worte mit schmerzverzerrtem Gesicht, mein Herz schlug wie ein Presslufthammer. Ich konnte nicht mal mehr antworten! Die Narkose begann zu wirken. Mir wurde ganz heiß, wieder kalt – und dann wurde es dunkel.

Ein paar Kilometer vom Klinikum in Hohenlind entfernt lag zu dieser Zeit ein anderer Patient. Der 1. FC Köln war in die Zweite Liga abgestürzt, mal wieder. Nach meinem Rauswurf während der WM 1990 hatte der Verein nie mehr an die alten Zeiten angeknüpft. Stattdessen ging es zuletzt nur noch hoch und runter, es war ein Trauerspiel, das mich nicht kaltließ. Der FC war mein Anfang. Ohne ihn wäre ich vielleicht immer noch Jugendtrainer. Natürlich verfolgte ich, was dort ablief. Es kam immer mal wieder vor, dass die Fans meine Rückkehr forderten. 1996 wäre ich sogar fast zurückgekehrt. Letztlich fanden der Vorstand und ich nicht zusammen. Du verhandelst in solchen Situationen nicht nur mit der anderen Seite, sondern gleichzeitig mit dir selbst. Es schien mir, als wäre der FC zurückgefallen, während ich als Trainer vorwärtskam. Wir hatten uns voneinander entfernt. Jetzt, Anfang November 2006, war der FC seit mehreren Spielen sieglos. In der Zweiten Liga.

Mir dagegen ging es bald etwas besser. Zwei Tage nach der Notoperation hing ich zwar noch am Tropf, aber zumindest meine Stimme kehrte zaghaft zurück. Ich war erleichtert, fühlte mich wegen der Nachwirkungen der OP aber noch ziemlich schlapp. Richtig ausruhen konnte ich mich nicht. Dr. Wustrow berichtete mir, dass zahlreiche Journalisten den Eingang der Klinik belagern würden. Zunächst wollten sie offenbar nur wissen, wie es mir ging. Es gab bereits abenteuerliche Spekulationen über meinen Zustand, es wurde sogar über Krebs oder einen Herzanfall spekuliert. Als mich dann noch FC-Präsident Wolfgang Overath als Nachfolger des gerade entlassenen Hanspeter Latour ins Spiel brachte, eskalierte die Situation. »Wir wollen Daum mit aller Gewalt«, hatte Overath der *Bild* gesagt – und mit aller Gewalt drängten nun die Journalisten ins Krankenhaus. Es ging zu wie im Taubenschlag. Die Krankenschwestern verlegten mich auf ein anderes Zimmer, um mich abzuschirmen. Dr. Wustrow wurde es zu viel, weil der Klinikbetrieb massiv behindert wurde. Er fragte, ob ich mich zu einer kurzen Pressekonferenz in der Lage fühle. »Eine Pressekonferenz hier im Krankenhaus?«, fragte ich erstaunt. »Dann wäre bestimmt erst mal Ruhe«, meinte er.

Das Krankenhaus richtete die Pressekonferenz schon einen Tag später aus. Es war der 11.11., Tag des Karnevalbeginns in Köln, und als ich um kurz vor zehn Uhr morgens im frisch gebügelten Anzug aus dem Aufzug in den Eingangsbereich der Klinik trat, hätte ich am liebsten wieder umgedreht. Ich kam mir vor wie auf der größten Karnevalsparty der Stadt. Bestimmt fünfzig bis sechzig Journalisten waren gekommen, die aufgeregt durcheinanderredeten, im Hintergrund tummelten sich Schaulustige und Patienten in Bademänteln und Hausschlappen. Mindestens zwanzig Kameras richteten sich auf mich. Dr. Wustrow eröffnete die Pressekonferenz und erklärte meinen Gesundheitszustand, dass ich zwar wieder reden könne, aber noch ein paar Wochen Erholung bräuchte. Anschließend kamen die Fragen zum FC. Ich erteilte dem Verein mit leiser Stimme eine Absage. »Sie haben es gehört. Ich muss mich schonen«, sagte ich. Nach fünfzehn Minuten beendeten wir die Pressekonferenz. Als ich kurz darauf mit Angelica das Krankenhaus verließ, empfing uns das übliche Blitzlichtgewitter der Fotografen.

Die Sache mit dem FC ließ mich in den Tagen danach nicht los. Um das zu verstehen, muss man wissen, wie mir Köln ans Herz gewachsen ist und was für ein Ansehen ich in dieser Stadt genieße. Hier bin ich in erster Linie der Trainer, unter dem der FC seine letzte große Phase hatte. Der die Bayern attackiert hatte. Viele Fans verehren mich dafür bis heute. Entsprechend groß war die Hoffnung, als sie mitbekamen, dass der Verein mich zurückholen wollte. Selbst Angelica redete trotz meiner Absage auf mich ein; sie wollte gerne in Köln bleiben. Auch Overath und Michael Meier, der wieder als Manager beim FC arbeitete, ließen nicht locker. Sie müssen gemerkt haben, dass ich grübelte, Absage hin oder her.

Ich kannte das nicht. Normalerweise treffe ich Entscheidungen aus voller Überzeugung. Eigentlich schien ja auch in diesem Fall alles klar. Ich wollte auf keinen Fall in die Zweite Liga. Immerhin kam ich aus der Champions League, und jetzt sollte ich eine Mannschaft auf Spiele gegen Burghausen oder Jena vorbereiten? Ich wollte wieder zurück ins internationale Geschäft. Andererseits war es eben der FC. Ich würde erstmals wieder in Deutschland arbeiten können. Selbst Kölns Oberbürgermeister

Fritz Schramma rief mich an: Ich sollte doch bitte wieder FC-Trainer werden. Das würde den Menschen in der Stadt so viel bedeuten.

Am Mittwoch, dem 15. November, meldete ich mich bei Micha. Es war sein Geburtstag. »Alles Gute, Micha«, sagte ich ihm durch den Hörer. »Wie, alles Gute?«, meinte er. »Ich hänge hier ohne Trainer in der Scheiße fest, und du wünschst mir alles Gute?!« Er wirkte ernsthaft enttäuscht. »Micha, meinst du, ich fühle mich gut mit der Entscheidung?« Dann herrschte Stille in der Leitung. Für wenige Sekunden hörte ich nur die Stimmen einiger Geburtstagsgäste im Hintergrund. Micha spürte meine Zerrissenheit. »Heißt das, es gibt noch eine kleine Chance?«

Am nächsten Tag unterzeichnete ich einen Vertrag beim FC.

Im Vergleich zu anderen Zweitligatrainern bekam ich für meine Rückkehr zum FC ein mehr als doppelt so hohes Grundgehalt. Bei einem Aufstieg würde es sich deutlich erhöhen. Die Entscheidung für den FC war jedoch nie eine finanzielle oder rationale, sondern eine emotionale. Der FC ist kein Verein, er ist ein Gefühl. Dieser Vertrag unterstrich lediglich, wie sehr man mich zurückhaben wollte. Die Kölner überfluteten mich mit Liebesbekundungen. Es störte die Fans nicht, dass ich bei meinem ersten öffentlichen Training wegen der Nachwirkungen meiner Mandelentzündung nur ein wenig am Rand spazieren konnte. Roland Koch machte die Arbeit, während die rund 8000 Fans ununterbrochen meinen Namen riefen. Die Polizei hatte dem FC empfohlen, die Einheit ins Stadion zu verlegen, weil sie mit über 10 000 Zuschauern gerechnet hatte. Auf der Tribüne wurde ein Banner ausgerollt, auf dem »Habemus Daum« stand. Andere reichten mir für ein Foto ihre Babys über die Bande. »Ich kann diese Erwartungshaltung nicht erfüllen«, sagte ich nach dem Training zu Angelica. Ich war total fertig. Die Fans erschlugen mich fast mit ihrer Zuneigung. Es fühlte sich unglaublich schön und belastend zugleich an. Welche Wunderdinge würden sie von mir erwarten? »Messias« nannte mich der *Express*. Jetzt war ich also gleichzeitig Papst und Gesalbter. Wie sollte das jemals gut ausgehen?

Die Mannschaft war eine einzige Baustelle. Wir hatten Spieler wie den Finnen Pekka Lagerblom, ein Renner und Fighter vor dem Herrn, ein Mittelfeldspieler mit großem Kämpferherz. Aber was er mit dem Herzen aufbaute, riss er mit den Füßen wieder ein. Ein Spezialfall war auch Thomas Broich, ein hochintelligenter Spieler, der über ein großes Kämpferherz verfügte und unglaubliche Dinge mit dem Ball anstellte. Er war allerdings ein Sonderling. Auf Auswärtsfahrten setzte er sich oft mit Schlapphut und Gitarre in den Bus, man nannte ihn Mozart. Am Anfang fragte ich mich, ob er vor dem Spiel noch auf einem Konzert auftreten wollte. Unglaublich war auch meine erste Unterhaltung mit dem Mittelfeldspieler Cabanas, angeblich sollte er unser Regisseur sein. »Ich habe gehört, du bist der Spielmacher?«, fragte ich ihn. »Hab ich auch gehört«, sagte er. »Aber eigentlich bin ich eher defensiv orientiert.« Es war klar, dass wir im Winter eine Auffrischung brauchten.

Ich rief Juan an und bat ihn, mir für den FC bezahlbare Spieler zu empfehlen. Außerdem erinnerte ich mich an diesen 18-jährigen Argentinier. Ángel Di María war immer noch Ergänzungsspieler bei Rosario Central, und wir einigten uns schnell auf ein Leihgeschäft. Außerdem wurden eine Kaufoption und ein kleines Handgeld vereinbart. Alle Seiten waren glücklich. Zumindest so lange, bis sich Di Marías Berater zum ersten Mal die Tabelle anschaute. »Ihr seid ja nur Zehnter?«, sagte er am Telefon zu mir. »Sorry, ich habe hier ein Riesentalent, aber ihr steigt ja nicht mal auf. Das Risiko kann ich nicht eingehen.« Der Deal platzte. Immerhin pries Juan mir drei Brasilianer an. So verpflichteten wir in der Winterpause Fabio Luciano, André Beleza und Tiago Cavalcanti. Bis auf Fabio, den ich bei Fener trainiert hatte, kannte ich keinen von ihnen. Es war wie ein Blind Date. So etwas hatte ich vorher noch nie gemacht. Normalerweise bereitete ich jeden Spielertransfer akribisch vor, diesmal mussten unter extremem Zeitdruck Entscheidungen getroffen werden. Leider stellten sich diese Kurzschlusshandlungen als fataler Schuss in den Ofen heraus.

Im Februar verloren wir 0:5 bei Rot-Weiss Essen, und spätestens im Moment nach dem Abpfiff dachte ich, dass ich nicht tiefer sinken konnte. Zunächst hielt ich es für einen Albtraum. 0:5 bei Rot-Weiss Essen? Das konnte nicht wahr sein. Ein paar Wochen später kam Fabio zu mir und wollte seinen Vertrag auflösen. Er meinte, das mache hier alles keinen Sinn für ihn. Kurz darauf sagte Tiago das Gleiche. Das Schlimme war, dass ich ihnen nicht mal widersprechen konnte. Sie wollten keinen Cent für die Auflösung haben, sie wollten nur wieder weg. Auch in mir löste sich in diesen Monaten etwas auf. Zum ersten Mal in meiner Karriere spürte ich kein Vertrauen in die Mannschaft. Ich fing an, mich von ihr zu distanzieren. Grundsätzlich habe ich meine Spieler immer in Schutz genommen, egal, was für einen Mist sie gebaut hatten. Aber diese Truppe beim FC wirkte befremdlich auf mich, ich nahm sie nicht als meine Mannschaft wahr. Außerdem fiel es mir schwer, mir meine eigenen Transferfehler einzugestehen. Wir schlossen die Saison 2006/07 als Neunter ab, es kam einer Beerdigung gleich.

Obwohl ich mich nach Rückschlägen nicht verstecke, belastete mich die Situation. Selbst wenn viele Fans es anders sahen und der Vereinsführung die Schuld zuschoben, wusste ich natürlich, dass ich Fehlentscheidungen zu verantworten hatte. Um ehrlich zu sein, dachte ich sogar kurz daran, alles hinzuschmeißen. Ich verwarf den Gedanken, weil Micha mir den Rücken stärkte. Ich diskutierte die Lage mit ihm: Was muss hier passieren, damit es besser wird? Was muss alles anders werden? Und welche neuen Spieler brauchen wir?

Der zentrale Baustein meines Plans für die Saison 2007/08 waren nicht die Spieler, die ich haben wollte. Die Stütze meines Teams sollte ein Stürmer sein, der schon da war. Er hieß Patrick Helmes und war unser bester Angreifer, er hatte es sogar als Zweitligaspieler in die deutsche Nationalmannschaft geschafft. Das Problem war, dass sein Vertrag nur noch ein Jahr lief. Leverkusen hatte einen möglichen Transfer schon unterschriftsreif vorbereitet. Und wollte der FC noch eine ordentliche Ablösesumme kassieren, mussten sie ihn jetzt, im Sommer 2007, verkaufen. Auch Patrick wollte weg. Seine größte Sorge war, dass er bei einem weiteren Jahr in der Zweiten Liga nicht mehr für das Nationalteam nominiert werden könnte. Darum entwarf ich einen Plan. Ich bat ihn zum Gespräch in mein Büro. »Du sorgst dich also um deinen Platz im Nationalteam?«, fragte ich ihn. Er nickte. »Dann fragen wir doch einfach mal den Bundestrainer, wie er die Sache sieht«, sagte ich. Patrick sah mich verdutzt an. Ich nahm das Telefon und stellte auf Lautsprecher. Als das erste Freizeichen ertönte, fing Patrick an zu stammeln. »Äh, Sie werden, äh, doch nicht etwa den Herrn Löw ...?« In diesem Moment nahm Jogi ab. Er wusste natürlich Bescheid, ich hatte dieses Gespräch vorab mit ihm vereinbart. »Chrischtoph, grüß dich«, sagte er. Während Patrick sich unruhig an seinen Stuhl klammerte, unterhielten Jogi und ich uns über seine Situation beim 1. FC Köln. »Verringern sich Patricks Chancen auf die Nationalmannschaft, wenn er noch ein Jahr bei uns bleibt?«, fragte ich schließlich. »Nein«, antwortete Jogi. »Es geht nur um die Leistung.« Ich machte Patrick anschließend zu unserem Kapitän. Außerdem hob der FC sein Gehalt an. Ich erklärte ihm, dass er unser Gesicht werden könne, unsere Führungsfigur, dass er sich in Köln verewigen werde. Wirklich happy wirkte er nicht, aber manchmal muss man Spieler zu ihrem Glück zwingen.

Wir verpflichteten weitere Profis mit Siegermentalität und Erfahrung, zum Beispiel den kolumbianischen Torhüter Faryd

Mondragon und die Abwehrspieler Kevin McKenna und Ümit Özat. Micha hatte die letzten Geldreserven des Clubs zusammengekratzt, um mir meine Wünsche zu erfüllen. Sein Vertrauen bedeutete mir enorm viel. Kurz vor dem Start in die neue Saison verspürte ich zum ersten Mal seit Langem wieder eine enge Bindung zu meinen Spielern. Das war meine Mannschaft.

Der Saisonstart verlief überragend, zumindest aus meiner Sicht. Im September 2007 heiratete ich Angelica. Wir hatten die Trauung eigentlich ganz entspannt bei uns im Garten durchführen wollen. Das sei jedoch nicht möglich, meinte der Standesbeamte, die Trauung müsse an einem öffentlichen Ort stattfinden. Micha schlug mir das Kölner Stadion vor.

Im Mittelkreis wartete der Standesbeamte an einem Stehtisch. Angelica und ich stellten uns jeweils in eins der Tore und liefen aufeinander zu, hinter ihr rannte unser Hund Löffelchen. Auf dem Weg zum Mittelkreis konnte sich jeder von uns das Ganze noch mal durch den Kopf gehen lassen, in der leeren Arena gingen wir langsam über den Rasen. Am Anstoßpunkt gaben wir uns das Jawort und einen Kuss. Wir durften nicht viel Zeit verlieren. Bundestrainer Jogi Löw wollte mit der Nationalmannschaft kurz nach unserer Hochzeit ein Training unter Ausschluss der Öffentlichkeit im Stadion absolvieren. Wir mussten also zügig raus. Trotzdem hatte der FC noch einen kleinen Sektempfang für uns in einer Loge auf der Haupttribüne organisiert. Angelica und ich tranken hastig unser Gläschen, denn die Zeit drängte, es kreuzten sogar schon einige Sicherheitsleute auf, die etwas gequält lächelten: »Herzlichen Glückwunsch, ähm, aber Sie müssten so langsam das Stadion verlassen.« Kurz darauf düsten wir direkt zum Flughafen, um ein paar harmonische Flittertage in Venedig zu verbringen.

Beim FC konnte von Harmonie keine Rede sein. Ich stand jetzt unter Beobachtung, jeder meiner Schritte wurde genauestens analysiert und kritisiert. Durch die Vorsaison war jedem klar, dass ich nicht über Wasser laufen konnte. Und die millionenschwere Shoppingtour erhöhte den Druck auf mich. Es gab keine Ausreden mehr. Die Verantwortlichen erwarteten den Aufstieg. Wir waren der Topfavorit, und so begegneten uns die anderen Mannschaften auch. Sie parkten sprichwörtlich den Mannschaftsbus vor ihrem Tor und lauerten auf Konter. In vielen Spielen ging es ziemlich unansehnlich zu. Das machte mir zu schaffen, ich stellte hohe Ansprüche an meine Spieler, noch höhere stellte ich nur an mich selbst. Meine Ungeduld führte dazu, dass ich die Mannschaft überfrachtete. Vor und nach den Spielen versuchte ich, die fesselndsten Motivationsreden zu halten, ich dachte mir für jedes Training neue Übungen aus. Außerdem lud ich sie regelmäßig zu Mannschaftsabenden ein, dann gingen wir essen oder unternahmen andere Dinge. Trotzdem standen wir nach dem zehnten Spieltag nur auf dem siebten Platz. Das führte dazu, dass ich noch mehr ausprobierte, der Gedanke an eine weitere Saison in der Zweiten Liga war für mich unerträglich, und mit meinem Aktionismus verunsicherte ich einige meiner Spieler. Dennoch fingen wir uns, am 20. Spieltag standen wir auf dem vierten Platz. Es deutete sich ein spannendes Aufstiegsrennen an.

Am 33. Spieltag mussten wir abliefern. Ein Sieg würde uns zum Aufstieg reichen. Wir waren Tabellenzweiter und empfingen den FSV Mainz 05, der als Vierter ebenfalls aussichtsreich im Aufstiegsrennen lag. Trainer der Mainzer war Jürgen Klopp, und es war klar, dass er den Verein verlassen würde, sollte es mit dem Aufstieg nicht klappen. Ich bereitete für das Spiel keine große Rede vor, ich entwarf auch keine besondere Taktik. Ich ließ die Mannschaft so gut es ging in Frieden. Die Kulisse dürfte sie genug motiviert haben. 50 000 Zuschauer auf den Tribünen sehnten bei strahlendem Sonnenschein den Anpfiff herbei, die große Mehrheit von ihnen erwartete die Erlösung. Was sie bekamen, war ein taktisches Geplänkel. Beide Teams wollten keinen Fehler machen, es war ein harmloses Abtasten, richtige Chancen gab es zunächst nicht. Nach rund zwanzig Minuten bekamen wir einen Eckball. Der Ball segelte scharf in den Strafraum, und ich sah, wie Roda Antar sich in Position brachte. Er war fast 1,90 Meter groß, ihm genügte ein leichter Sprung, gute Körperspannung, es war der perfekte Kopfball – er schlug hoch im rechten Eck ein. Nur vier Minuten später erzielte Milivoje Novakovic per Kopf das 2:0, um mich herum flippte das ganze Stadion vor Freude aus. Aber Nova hatte hauchdünn im Abseits gestanden. Der Schiedsrichter gab den Treffer nicht. Die Fans pfiffen. Solche Situationen können dein Spiel killen, der gegnerischen Mannschaft Auftrieb geben, eine Wende herbeiführen. Ich habe das etliche Male erlebt. In diesem Spiel blieb ich tiefenentspannt. Am 11. Mai 2008 fühlte ich, dass wir gewinnen, egal was passiert. Ich wusste es einfach. Da konnte Jürgen Klopp ein paar Meter neben mir so viel brüllen, wie er wollte.

Angetrieben von unseren tobenden Fans erdrückten wir die Mainzer, sie wirkten völlig überfordert. In der 66. Minute lauerte Antar erneut. Wieder segelte ein hoher Ball in seine Richtung, er hämmerte ihn aus wenigen Metern volley ins Netz. Damit war der Kuchen gegessen. Gewissermaßen hatte also Roda Antar, ein libanesischer Nationalspieler, maßgeblichen Anteil am Aufschwung von Borussia Dortmund in den Jahren danach. Denn mit der 0:2-Niederlage verpasste Mainz den Aufstieg, und Jürgen Klopp wechselte als Trainer zum BVB. Der Rest ist Geschichte.

Ich flüchtete direkt nach dem Abpfiff in die Trainerkabine. Während etliche Fans draußen Stücke aus dem Rasen schnitten und sich glücklich in den Armen lagen, fühlte ich mich leer und erleichtert. Dieser Aufstieg hatte mich mehr Kraft gekostet als der Gewinn mancher Meisterschaft. Ich wehrte mich nicht mal, als meine Spieler mich ins Ermüdungsbecken schmissen, ich ließ es einfach über mich ergehen. Ich war zu platt, um die überschäumende Stimmung zu genießen. Für mich fühlte es sich so an, als hätte der Christoph seine Schuldigkeit getan. Wie in Trance bewegte ich mich die Treppen hinauf in den großen VIP-Raum auf der Haupttribüne. Dort fand die Aufstiegsparty statt.

Einer der ersten Gratulanten war unser Vizepräsident Jürgen Glowacz, ein ehemaliger Spieler des FC. Glowacz ist ein geselliger Typ, der immer einen lustigen Spruch parat hat. Er grinste, als er den Arm um mich legte. Offenbar hatte er auch schon ein paar Kölsch getrunken. »Christoph, da staunste, wat?«, fragte er und blickte auf die feiernden Anzugträger hinter sich. Aus den Lautsprechern dröhnte Karnevalsmusik. Die Stimmung war bestens, ich fragte mich: Worauf will er hinaus? Glowacz merkte, wie verblüfft ich war. »Et es noch mal jot jejange mit dir!« Es war noch mal gut gegangen mit mir? Wollte er damit andeuten, dass man vorgehabt hatte, mich zu entlassen?

Es sollte wohl witzig sein, ein kleiner Scherz, jedenfalls lachte er hemmungslos. Ich fand es einfach nur unpassend. Wir feierten den Aufstieg, was wollte er also von mir? Seine Worte stimmten mich nachdenklich, ich erinnerte mich an die zähe Saison. Offenbar schien es ernsthafte Zweifel an mir im Vorstand zu geben. So was ist Gift. Wenn der Trainer nicht das hundertprozentige Vertrauen der Verantwortlichen genießt, ist das der Anfang vom Ende. Immerhin war Patrick bedingungslos happy. Er verabschiedete sich mit 17 Saisontoren und als Nationalspieler nach Leverkusen.

Ich zerbrach mir den Kopf darüber, wie es hier weitergehen würde. Die Vorbehalte belasteten mich, Glowacz hätte für seinen blöden Witz keinen unpassenderen Zeitpunkt wählen können. Der FC war endlich wieder erstklassig, aber es blieb mir ein Rätsel, wie wir die vor uns liegenden Herausforderungen ohne entsprechenden Zusammenhalt im Verein bewältigen sollten.

Nicht dass das falsch verstanden wird: Ich will mich nicht grundsätzlich darüber beklagen. Ich bin kein Träumer, ein Trainer kann sich nur in den allerseltensten Fällen seines Jobs hundertprozentig sicher sein. Ergebnisse bestimmen unser Geschäft, das sind die Spielregeln. Gewissermaßen hatte ich selbst einen Anteil daran, dass man mich beim FC in schwierigen Phasen ganz besonders kritisch sah. Obwohl es zunächst nur um den Klassenerhalt ging, hatte ich bereits größere Dinge im Hinterkopf. Ich wollte die Mannschaft langfristig zurück in den Spitzenbereich führen, so hatte ich das den Verantwortlichen gesagt. Daran wurde ich gemessen. Wenn wir nicht lieferten, konfrontierten Overath und Glowacz mich sozusagen mit meinen eigenen Ansprüchen. Das störte mich nicht besonders. Sie sorgten sich um ihren Verein, und es war ihr gutes Recht, mich kritisch zu hinterfragen. Was mich dagegen belastete, war das Misstrauen, das unterschwellig mitschwang. Ich vermisste die rückhaltlose Unterstützung der gesamten Führung. Es war ein Bauchgefühl, das selbst in Phasen blieb, in denen es erfolgreich lief.

Am 21. Februar 2009 traten wir beim FC Bayern an. Was gibt es über diesen Gegner schon zu sagen? Die Bayern spielten mit Lahm, Ribéry, Schweinsteiger und Klose, wir dagegen reisten mit erheblichen Verletzungssorgen nach München, wo ich als Trainer noch nie gewonnen hatte. Es wurde eines dieser besonderen Spiele.

Die Bayern bekamen nichts auf die Reihe, sie hatten schon länger Probleme unter ihrem Trainer Jürgen Klinsmann, und nach 22 Minuten schockten wir sie das erste Mal, als Fabrice Ehret zur Führung traf. Zwölf Minuten später machte Daniel Brosinski in seinem ersten Bundesligaspiel mit einer genialen Aktion das 2:0. Wir gewannen 2:1. Nach solchen Siegen klopften mir Overath und Glowacz auf die Schulter, dann herrschte Friede, Freude, Eierkuchen, zumindest oberflächlich. Als wir im April vier Spiele in Serie verloren, brach wieder Hysterie aus. Overath setzte sein ernstes Gesicht auf und berief die nächste Krisensitzung ein. Anschließend gewannen wir gegen Bremen, und alle waren wieder froh. Am Ende hielten wir relativ entspannt die Klasse. Trotzdem herrschte ein rauer Ton, es blieb turbulent.

Im Sommer 2009 trafen wir uns erneut in Overaths Büro. Ich hatte der Vereinsführung eine Liste mit drei, vier Spielern vorgelegt, die ich für die nächste Saison haben wollte. Einer von ihnen war Lukas Podolski, bei dem sich die Chance ergab, ihn von den Bayern zurück nach Köln zu holen. Mir war klar, dass Podolski für uns eine absolute Verstärkung sein würde. Ich rief ihn an und erzählte ihm von meinem Vorhaben, den Verein auf einen einstelligen Tabellenplatz zu führen. Podolski war begeistert, wir kamen schnell zusammen. Das Problem war nur, dass Podolski alleine mit Ablösesumme und Gehalt unser ganzes Transferbudget sprengte. Ich wollte die Mannschaft aber auch noch auf anderen Positionen verstärken. Overath überließ die Entscheidung mir. Wenn sich durch Podolski die anderen Transfers nicht realisieren ließen, dann müsste ich entscheiden, ob ich ihn tatsächlich zurück zum FC holen wollte. Natürlich wollte ich das! »Wer den Podolski nicht will, der springt auch vom Dom und glaubt, dass er lebend unten ankommt!«, antwortete ich.

Es entwickelte sich eine hitzige Diskussion. Overath war kein Fachmann für die Vereinsfinanzen, dafür schaltete sich Micha ein. Ich verstehe, dass man mich manchmal bremsen muss. Wenn ich von meinen Plänen überzeugt bin, kann ich hartnäckig sein. Micha dagegen wollte immer westfälisch stringent handeln. Stringent, das war sein Lieblingswort. Er war ein Zahlenmensch, während für mich der sportliche Erfolg absolute Priorität hatte. Ich akzeptierte selbstverständlich andere Argumente, konnte aber in solchen Auseinandersetzungen äußerst emotional auftreten. Ich wusste, was diese Mannschaft für den nächsten Schritt brauchte, und wurde deutlich, was meine Forderungen angeht. Micha dagegen argumentierte in seinem sachlichen Tonfall immer wieder mit dem begrenzten Budget. Am Ende setzte sich meine Emotionalität gegen seine Stringenz durch. Overath nickte meine Wünsche ab. Ich sollte Podolski bekommen. Und zwei, drei weitere hochkarätige Zugänge. Das könnte jetzt wirklich der Beginn von etwas Großem werden, dachte ich. Es fühlte sich wie ein erster Sieg an.

Heikle Angelegenheiten

Fenerbahçe Istanbul, Eintracht Frankfurt, 2009–11

Es gab in meinem Leben einige heikle Situationen. Auf manche hätte ich liebend gerne verzichtet. Nach dem Motto »Unverhofft kommt oft« schienen sie jedoch ein ständiger Wegbegleiter zu sein. Jedenfalls fing es früh damit an. Anfang 1987, als ich gerade ein paar Monate Bundesligatrainer war, reisten wir mit dem 1. FC Köln nach Israel – es war das Trainingslager, in dem Morten Olsen mich frühmorgens zum Straftraining aus dem Schlaf gehämmert hatte. In diesem Rahmen absolvierten wir ein Testspiel gegen Maccabi Haifa. Dort kickte ein Spieler namens Brailovsky, er war ein ziemlicher Hitzkopf. Kurz vor der Halbzeit holte er Stephan Engels brutal von den Beinen. Es folgte eine heftige Auseinandersetzung, und Brailovsky behauptete, Stephan habe ihn mit »Heil Hitler!« beleidigt. Nach dem Spiel herrschte helle Aufregung, und ich konnte die Lage nur beruhigen, indem ich den tobenden Israelis versprach, dass Stephan das Land verlassen würde. Dabei war alles nur ein Missverständnis. Stephan hatte zu Brailovsky »Halt's Maul!« gesagt, allerdings interessierte das in dem Durcheinander keinen mehr. Es fehlte nicht viel, und die ganze Sache hätte sich zu einem diplomatischen Skandal ausgeweitet. Ich musste früh lernen, mit solchen extremen Ereignissen angemessen umzugehen. Patentrezepte für das Krisenmanagement gibt es leider nicht.

Auch im Mai 2009 geriet ich in eine komplizierte Situation.

Micha besuchte mich auf Mallorca, um über den Stand der Transferplanungen zu sprechen. Ich traute meinen Augen kaum, als er mir seine Liste vorlegte. Von meinen Wunschspielern stand nur noch Podolski drauf. Von den anderen Profis hatte ich teilweise noch nie etwas gehört. Sie waren eher Ergänzungen als die dringend benötigten Verstärkungen. »Wir kriegen deine Transferwünsche finanziell nicht gestemmt«, sagte Micha. Ich war ziemlich enttäuscht, als er wieder abreiste. Ich fühlte mich nicht ernst genommen. Natürlich wusste ich, dass es nicht Michas Schuld war, er war gezwungen, in den finanziellen Grenzen des Vereins zu planen. Wobei: War meine Liste nicht nach zähen Auseinandersetzungen und viel harter Arbeit abgesegnet worden? Ich mag es nicht, wenn Absprachen gebrochen werden. Verlässlichkeit ist für mich ein hohes Gut. So habe ich es von meinen Eltern gelernt. Ich weiß, dass ich selbst schon gegen dieses Prinzip verstoßen habe, und es gibt nichts, was ich mehr bereue. Aber darum ging es jetzt nicht. Ich fühlte ich mich vom FC getäuscht. Das ständige Misstrauen in den Vorstandssitzungen stand ebenfalls im Raum. Einmal war es mir vor Wut sogar herausgeplatzt: »Der Feind sitzt nicht hier am Tisch, sondern in Leverkusen oder Gladbach!« Da schauten Overath und die anderen für einen kurzen Moment ziemlich verdattert. Machte es unter all diesen Voraussetzungen überhaupt noch Sinn?

In genau dieser Phase bekam ich einen Anruf von Ali Yildirim, dem Bruder von Fenerbahçe-Präsident Aziz Yildirim. »Wir wollen dich zurück«, sagte er. Fener hatte nicht gerade den schlechtesten Zeitpunkt für eine Anfrage erwischt. In Köln erwartete mich wieder der Überlebenskampf, in der Türkei die Europa League und die Aussicht auf Titel. Andererseits bin ich nicht der Typ, der sich still und heimlich vom Acker schleicht. Der FC plante mit mir, mein Abschied würde sie kalt erwischen. Auf der anderen Seite hatten sie ihre Zusagen nicht eingehalten. Ich war hin- und hergerissen. Mit Fener könnte ich Ziele erreichen, an die mit dem FC nicht zu denken war. Mit diesem Kader, den Micha mir skizziert hatte, stünde mir ein Drahtseilakt bevor, Podolski hin oder her. Der FC kam mir wie eine Langzeitbaustelle vor, hier würden Improvisationsgabe und Durchhalteparolen auf der Tagesordnung stehen. Ich grübelte stundenlang und geriet in eine Art Sog. Denn die Zeit wurde äußerst knapp.

Es war Ende Mai, und ich hatte eine Klausel im Vertrag, die mir eine Kündigung zum 30. Juni oder 31. Dezember gestattete. Eigentlich war es kurios: Vor einigen Monaten hatte der FC die Chance gehabt, diese Ausstiegsklausel zu streichen. Dazu kam es aber nicht, weil man im Winter den Vertrag mit mir nicht hatte verlängern wollen. Dabei wäre ich dazu bereit gewesen. Um aber von diesem Sonderkündigungsrecht nun fristgerecht Gebrauch zu machen, musste meine Kündigung am nächsten Tag beim FC vorliegen. Die Formulierung des Kündigungsschreibens bereitete mir Bauchschmerzen, doch die bessere sportliche Perspektive gab den Ausschlag für Fener. Ich schickte Marcel mit dem erstbesten Flieger von Palma nach Köln, da die Kündigung persönlich in Empfang genommen werden musste. Das Problem war nur, dass über Pfingsten die Geschäftsstelle des Vereins geschlossen war. Marcel fuhr weiter nach Dortmund, wo Micha wohnte, der jedoch nicht zu Hause war. Ich suchte fieberhaft nach einer Lösung, und mir fiel der Platzwart vom FC ein, Hansi Dentinger. Wohnte Hansi nicht in einer Bude direkt am Geißbockheim und war rund um die Uhr erreichbar? Marcel kehrte umgehend von Dortmund nach Köln zurück, und tatsächlich, Hansi war zu Hause. Er war nicht der Typ, der großartig nachfragte, er erledigte seine Arbeit ohne viel Gequatsche. Er quittierte den Empfang und legte die Kündigung auf Michas Schreibtisch. Anschließend rief ich Micha auf seinem Handy an. Er war außer sich, und natürlich konnte ich das gut verstehen. Ich nannte ihm kurz und knapp meine Beweggründe. Trotzdem fühlte ich mich nicht gut, als wir auflegten.

Mein Ruf in Deutschland war nun heftig angekratzt. Es gab

Medien, die meinen plötzlichen Abschied vom FC in einem Atemzug mit dem Wechselfehler damals in Stuttgart oder meinem Image als Sprücheklopfer nannten. Es passte all jenen ins Bild, die mich schon längst in eine Schublade gesteckt hatten: Große Schnauze, größenwahnsinnig, und jetzt inszenierte er seinen Abgang mit Pauken und Trompeten. Leise und Daum, das ging offensichtlich nicht zusammen. Die Zeitungen schrieben, ich hätte den FC wegen der besseren Bezahlung in Istanbul verlassen. Damit stand ich auch noch als geldgierig da. Natürlich hätte ich meine wahren Beweggründe in Interviews darlegen und mich damit in ein besseres Licht rücken können. Aber manchmal muss man die Schnauze halten und einstecken. Jeder Verweis auf die nicht eingehaltenen Zusagen hätte letztlich den FC beschädigt. Meine Loyalität galt Overath als Präsident und noch mehr dem Verein. Er war für mich immer größer als einzelne Interessen. Ich habe nach dem Abschied von einem Club niemals nachgetreten, ich hielt mich auch in Köln daran. Es half mir, dass Angelica zu mir hielt. Ich sehnte mich nach Istanbul. Nach Meisterschaftskampf und Europapokalabenden.

Als ich in Istanbul ankam, erklärte mir Aziz, dass er sich aus dem Tagesgeschäft zurückziehen wolle. Das stimmte mich nachdenklich. Aziz war Fener, jahrelang hatte er alles bestimmt, ich kannte ihn als Macher und Alleinentscheider. Doch er meinte es ernst. Er hatte Aykut Kocaman als neuen Sportdirektor verpflichtet. Aykut galt bei Fener als Vereinslegende, weil er dort während seiner Zeit als Stürmer dreimal die Torjägerkanone und einige Pokale gewonnen hat. Ich hatte keine Einwände, denn was Aziz anordnete, war Gesetz. Aykut begrüßte mich freundlich, und mein erster Eindruck war positiv.

Ich begriff jedoch bald, dass sich hinter dieser Fassade noch etwas anderes verbarg. Spielte Aykut etwa nicht mit offenen Karten? Es ging schon vor der Saison los.

Ich hatte mich gefreut, einige meiner früheren Spieler wiederzusehen. So wie Alex de Souza, den ich 2004 aus Brasilien zu Fener geholt hatte. Er war ohne Zweifel einer der besten Spieler, die ich je trainieren durfte. Was Alex für ein Gefühl im kleinen Zeh hatte, dieses Gefühl hatten andere nicht in beiden Füßen! Außerdem strahlte er eine unglaubliche Souveränität auf dem Platz aus. Selbst wenn die Fans auf den Rängen durchdrehten und Mitspieler sich aus Angst vor Fehlern versteckten, blieb Alex eiskalt. Ich verglich ihn mit Buster Keaton, dem amerikanischen Schauspieler, der immer so stoisch schaute. Das gefiel Alex zwar nicht so gut, dennoch entstand zwischen uns ein vertrauensvolles Verhältnis. Jetzt, im Sommer 2009, setzte ich große Hoffnungen in ihn. Er sollte etwas später ins Training einsteigen, weil mein Vorgänger Luis Aragonés ihm vier Tage Sonderurlaub wegen eines unaufschiebbaren Notartermins in Brasilien versprochen hatte. Aykut jedoch fühlte sich nicht an diese Zusage gebunden und forderte, dass Alex pünktlich zu erscheinen habe. Aziz war begeistert, wie entschieden sein neuer Sportdirektor zu Werke ging. Ich versuchte, die Sache diplomatisch zu lösen, und vereinbarte mit Alex, dass er seinen Sonderurlaub auf zwei Tage verkürzte. Aykut gab nicht nach, er forderte eine Geldstrafe, sollte Alex nicht zum Auftakttraining erscheinen. Das konnte ich nicht zulassen. Ich verwies nochmals auf die gegebene Zusage und stellte mich hinter meinen Spieler. Nach einigem Hin und Her sagte ich: »Wenn ihr die Kohle wollt, dann zahle ich die Strafe, aber nicht Alex!«

Da verschwand das freundliche Lächeln zum ersten Mal aus Aykuts Gesicht. Wenn Blicke töten könnten, wäre es in diesem Moment um mich geschehen gewesen. Eigentlich hätte ich da schon merken müssen, dass es niemals gut gehen würde mit uns beiden. Andererseits wollte ich kein überhastetes Urteil fällen. Hatte ich nicht am eigenen Leib erfahren, wie es sich anfühlt, wenn vorschnell über dich gerichtet wird? So wollte und will ich nicht sein.

Es blieb jedoch schwierig. Aykut haftete an mir wie eine Klette. Er beobachtete und kommentierte alles, was ich tat. Es machte die Sache nicht besser, dass unser einflussreichster Spieler sein bester Freund war. Emre Belözoglu ist in der Türkei ein sogenannter Yildiz, was frei übersetzt in etwa Superstar bedeutet. Ich kam gut mit ihm zurecht, weil er sich meistens korrekt verhielt und nur selten Ärger machte. Im Spätherbst hatte ich erstmals den Eindruck, dass er und Aykut ein falsches Spiel trieben. Wir verloren das Derby bei Beşiktaş mit 0:3, was einer Hinrichtung gleichkam. Emre tobte nach dem Spiel in unserer Kabine. Ich schrieb es zunächst dem üblichen Frust zu. Er hörte nicht auf zu brüllen, und sein Blick wanderte immer wieder zu Aykut. Mein Dolmetscher übersetzte es schließlich für mich: »Aykut, du musst die Mannschaft übernehmen, mit dir hätten wir hier nicht verloren!« Aykut widersprach nicht. Einen Tag später stellte ich ihn zur Rede. Er schüttelte nur den Kopf. Ein Gespräch über den Vorfall lehnte er ab.

Es war praktisch unmöglich, in dieser von Misstrauen geprägten Atmosphäre vernünftig zu arbeiten. Es braute sich ein hochexplosives Gemisch zusammen. Konflikten bin ich nie aus dem Weg gegangen, da im Idealfall aus ihnen die besten Ideen entstehen. Mit Aykut war es anders. Aber der Präsident hielt seine schützende Hand über ihn. Ich wollte im Winter beinahe hinschmeißen, aber Angelica hielt mich zurück. Wie hätte das ausgesehen? Also hielt ich durch, auch wenn es enorm belastend war, weil ich mich laufend hintergangen fühlte. Es herrschten unerträgliche Zustände, nur die Ergebnisse schützten mich. Trotz der vergifteten Atmosphäre steuerten wir auf die Meisterschaft zu. Wir führten die Tabelle an – bis zum letzten Spieltag gegen Trabzonspor.

Es begann eigentlich nach Plan. Daniel Güiza hatte uns früh in Führung gebracht, zehn Minuten später glich Burak Yilmaz jedoch aus. Wir brauchten unbedingt ein Tor, weil Bursaspor parallel gegen Beşiktaş führte und damit an uns vorbeigezogen war. Doch es gibt diese Spiele, in denen das gegnerische Tor wie vernagelt ist: Der Keeper wächst über sich hinaus, und Latte und Pfosten unterstützen ihn. Wir drückten Trabzonspor an die Wand und erspielten uns etliche Großchancen, aber der Ball wollte nicht ins Tor. Als der Schiedsrichter abpfiff, wusste ich: Das war's für mich. Die Fans rasteten völlig aus und zündeten in ihrem Frust das Stadiondach an, die Feuerwehr musste anrücken, um den Brand zu löschen. Die Arena sah aus, als hätte eine Bombe eingeschlagen. Aziz tobte. Wir waren knapp am Meistertitel vorbeigeschrammt, aber in der Türkei bist du als Zweiter immer der erste Verlierer und kannst deine Koffer packen. Aziz war außer sich und sagte mir ins Gesicht, dass ich dafür verantwortlich sei. Es fehlte nur noch, dass ihm die Hand ausrutschte.

Es gibt in einer Trainerkarriere nichts Schlimmeres, als zum Verlierer abgestempelt zu werden. In der Türkei kann es brutal sein, ich wusste das längst. Ich kann mich natürlich nicht mehr an jedes Detail erinnern, wie ich mich nach jeder Niederlage fühlte oder was ich empfand. Aber ich habe es aufgeschrieben.

2005 waren wir mit Fener im Pokalfinale von Galatasaray auseinandergenommen worden, auch weil ihr Superstar Franck Ribéry eine Glanzleistung abgeliefert hatte. Danach folgte noch in meiner Trainerkabine der übliche Aufstand: Der gesamte Vorstand tauchte auf, sie löcherten mich mit Fragen und Vorwürfen, sie schrien wie wild durcheinander, es fielen Wörter wie »Schande« oder »Ehre«, und ich stand die meiste Zeit nur schweigend herum und ließ es über mich ergehen, es brachte in solchen Momenten nichts, zu protestieren. Etwas später setzte ich mich an meinen Schreibtisch und fing an, über diese Niederlage zu schreiben. Ich habe den Text noch heute, ich gab ihm die Überschrift »Der Verlierer«:

»Dir tun alle Knochen weh, obwohl du überhaupt nicht selbst gespielt hast. Du spürst Schmerzen im Bauch, Kopf, in der Brust, und bewegst dich wie in Trance … Du möchtest dich verkriechen, möchtest, dass der Boden sich unter dir teilt und du in der Versenkung verschwinden kannst … Der Verlierer hat keine Argumente. Das Ergebnis ist die unumstößliche Wahrheit.«

So können sich Niederlagen anfühlen, zumindest habe ich es genau so erlebt.

Ich fühlte mich ausgebrannt. Der überstürzte, unrühmliche Abgang aus Köln und das Chaos in der Türkei hinterließen deutliche Spuren bei mir. Klar, wenn du dich immer am Limit bewegst, bleibt es nicht aus, dass du den einen oder anderen Rückschlag erleidest. Damit musste ich nun umgehen. Fener versuchte zunächst alles, mich zu einem Rücktritt zu drängen. Es war das übliche Spielchen. Hätte ich gekündigt, hätte der Verein keine Abfindung zahlen müssen. Natürlich lehnte ich ab. Wegen angeblich dringender Angelegenheiten forderten sie mich während meines Urlaubs auf, nach Istanbul zurückzukehren. Meine Anwälte rieten mir, dem Folge zu leisten, weil ich ihnen sonst einen Kündigungsgrund geliefert hätte. Zehn Tage lang saß ich mutterseelenallein in meinem Büro auf dem Trainingsgelände. Ein wenig Abwechslung ergab sich nur, als ein Malertrupp begann, um mich herum die Wände zu streichen.

Dann musste ich mich für die Erteilung der Trainerlizenz einem Gesundheitscheck unterziehen. Wäre dabei etwas herausgekommen, hätte Fener einen Grund für eine fristlose Kündigung gehabt. Zur Sicherheit ließ ich den Check an einem unabhängigen Institut durchführen. Die Ergebnisse zeigten, dass ich kerngesund war, es ergab sich kein Grund für eine fristlose Kündigung. Danach klopfte immer wieder ein anderes Vorstandsmitglied an meine Tür, um mir ein inakzeptables Angebot nach dem nächsten für die Vertragsauflösung zu unterbreiten. Sie wollten mich mürbemachen. Je länger es dauerte, desto nervenaufreibender war das Ganze. Ich schlief schlecht in dieser Zeit und war heilfroh, als ich mich mit dem Verein endlich einigen konnte. Ich verzichtete auf mehr als die Hälfte der mir vertraglich zustehenden Bezüge. Lieber finanzielle Verluste in Kauf nehmen, dachte ich, als diesen Nervenkrieg fortzuführen. Manche sahen es so, dass ich mit den ganzen Querelen die Quittung für meinen Abschied vom FC bekommen hatte. Ich sah es so, dass ich mich dringend erholen musste.

Ich war bald 57 und sah mich noch lange nicht am Karriereende. Aber nach diesem Rausschmiss fiel es mir schwer, in die Normalität zurückzufinden. Ich hatte bis dahin immer relativ lange bei meinen Vereinen gearbeitet. Nur bei der Austria war ich kurz geblieben, hatte bei meinem freiwilligen Abschied aber zwei Titel im Gepäck. Mein zweites Gastspiel bei Fenerbahçe war dagegen von kurzer Dauer und ging ohne jeden Pokal zu Ende. Ich brauchte eine Weile, um mein Koordinatensystem neu zu justieren.

Ich absolvierte mein übliches Programm: Etwas Erholung auf Mallorca, und als mir die Siesta zu viel wurde, ging es mal wieder auf Fortbildung. Zunächst flog ich mit Marcel für ein paar Wochen nach England, wo wir uns das Training von Manchester United anschauten oder beim FC Arsenal lange mit Arsène Wenger sprachen. Solche Gespräche und Beobachtungen sind mir unheimlich wichtig. Als Trainer muss man sich kontinuierlich fortbilden. Das Spiel ist dynamisch, Fußball bedeutet ständige Veränderung. Wenn man im operativen Geschäft ist, bleibt einem kaum Zeit für solche Sachen. Also tat ich es in der Freizeit. Von England aus ging es erneut nach Südamerika, wo ich in Argentinien einen sympathischen, leidenschaftlichen Trainer kennenlernte. Es war eine Bereicherung, sich mit ihm über Fußball zu unterhalten. »Vielen Dank, dass ich hier sein durfte«, sagte ich Diego Simeone zum Abschied. »Es war mir eine Ehre, dass Christoph Daum mich besucht hat!«, antwortete er. Solche Worte halfen mir in einer Zeit, die alles andere als leicht für mich war. Es war nicht viel Gutes über mich berichtet worden nach meinem

Ende in der Türkei, einige wähnten mich auf dem absteigenden Ast. Dass ein ehemaliger argentinischer Nationalspieler meinen Besuch als Ehre empfand, bestärkte mich, schnellstmöglich wieder das zu tun, was ich am besten konnte.

Ich flog mit einem guten Gefühl zurück nach Deutschland. Es kamen wöchentlich Anfragen rein, doch eine Anfrage ist noch lange kein Angebot. Manchmal melden sich die fragwürdigsten Berater und stellen dir einen Job bei einem großen Verein in Aussicht. Danach hört und sieht man nie wieder etwas von ihnen. Es ist erstaunlich, was für undurchsichtige Typen im Fußball unterwegs sind.

Als an einem Montagnachmittag im März 2011 mein Telefon klingelte, meldete sich jedoch die Seriosität persönlich am anderen Ende. Ich erkannte Heribert Bruchhagen gleich an seiner Stimme. Heribert war Vorstandschef von Eintracht Frankfurt, und ich ahnte natürlich, was er wollte. Die Eintracht spielte eine desolate Rückrunde und steckte mitten im Abstiegskampf. Es war ein Himmelfahrtskommando, das Heribert mir da anbot. Ich äußerte meine Bedenken, was ihn jedoch nicht sonderlich beeindruckte, er blieb hartnäckig und ließ keinen Zweifel daran, dass er mich wollte. Für eine Entscheidung bekam ich Zeit bis zum Abend. Ich nutzte diese Stunden, um mit Micha über das Angebot zu sprechen. Wir hatten uns nach meinem überstürzten Abgang aus Köln längst wieder versöhnt, seine Meinung war mir wichtig. Micha meinte, das sei die Chance für mich, wieder einen Fuß in die Bundesligatür zu bekommen. Mein Ruf hätte nach meinem Abschied vom FC gelitten, so schnell würde wohl nichts mehr kommen. Es fiel mir schwer, das zu akzeptieren. Wer hört schon gerne, dass sein Marktwert sinkt? Ich hatte meine Situation ein wenig rosiger eingeschätzt, doch vermutlich hatte er recht. Angelica hielt es ebenfalls für eine gute Idee. Ich wischte meine Bedenken beiseite, die Aussicht auf die Bundesliga überlagerte alles. Am Abend sagte ich Heribert zu. Mir blieben noch sieben Spiele, um die Eintracht vor dem Abstieg zu retten.

Bei meiner Vorstellung gab es den üblichen Auflauf. Als Heribert und ich den Presseraum des Frankfurter Stadions betraten, konnte er es kaum fassen. Vor uns hatten sich zehn Kamerateams, fünfzig Fotografen und fast hundert Journalisten aufgebaut. Es war eine Kulisse, als wäre ich vom Mond zurück auf die Erde gekommen. Mein erstes Training mit der Eintracht wurde sogar live im Fernsehen übertragen. Die Medien legten jedes meiner Worte auf die Goldwaage. Ich strahlte Optimismus aus und vermied es, über die Schwierigkeit der Aufgabe zu philosophieren. Hätte ich etwa herumjammern sollen? Die Eintracht steckte in Schwierigkeiten, jetzt musste es vorwärtsgehen. Mit der Wiederbelebung begann ich noch vor dem ersten Training. Ich verkündete, dass das Wort Abstieg bei mir nicht existiert. Weitere Worte flutschten mir einfach raus: »Ich bin 25 Stunden am Tag für den Club da«, sagte ich, oder: »Im Fußball spielt der Kopf immer eine wichtige Rolle. Wenn der Kopf mitspielt, dann ist er das dritte Bein.« Diese Sätze liefen in allen Medien rauf und runter, und es gab wie immer Leute, die das kritisch sahen. Ich stand nie für Zurückhaltung und Demut, sondern für Offensive und Mut. Wo man arm an Mut ist, herrscht Armut!

Ich führte mit jedem einzelnen Spieler Gespräche, um mir einen Eindruck vom Zustand der Mannschaft zu verschaffen. Da waren gute Jungs dabei wie Alex Meier, Patrick Ochs, Ralf Fährmann, Maik Franz oder Marco Russ, alles super Typen, die offen und ehrlich aussprachen, dass es erhebliche Probleme gab. Die Spieler bemängelten fehlende Fitness und mangelnde Disziplin. Fährmann sagte mir sogar, die Mannschaft sei scheintot. Die Rückmeldungen, die ich bekam, ergaben ein ernüchterndes Bild. Am Fitnesszustand der Mannschaft ließ sich kurz vor Saisonende nicht mehr gezielt arbeiten, trotzdem erhöhte ich Intensität und Umfang der Einheiten. Die Spieler sollten ihr Limit wieder spüren. Sie zogen voller Elan mit. Es gab keine Stinkstiefel oder sonstigen Ärger in der Mannschaft. Der Zusammenhalt war intakt. Es musste einiges schiefgelaufen sein, dass sie derart abgestürzt war.

Unser erstes Spiel bestritten wir in Wolfsburg, und in den ersten sechzig, siebzig Minuten lief es ordentlich, Alex Meier brachte uns in Führung. Dann offenbarte sich unser Problem. Die Kraft meiner Spieler ließ nach, und die Partie wurde immer umkämpfter. Kurz vor Schluss kam Wolfsburg noch zum Ausgleich. Im Spiel danach gegen Bremen steigerten wir uns, spielten aber wieder nur 1:1. Gegen Hoffenheim präsentierten wir uns noch besser, dennoch verloren wir 0:1, Maik Franz brach sich den Mittelfuß, kurz darauf riss bei Sonny Kittel das Kreuzband, es war ernüchternd. Als Trainer ist man machtlos, wenn die besten Chancen nicht reingehen oder sich Spieler verletzen. Trotzdem verlor ich nach diesen Rückschlägen nicht den Glauben, sondern zitierte den ehemaligen englischen Premierminister Winston Churchill: »Never ever give up!« Offenbar hatte ich ihn nicht richtig wiedergegeben, wie eine besonders schlaue Zeitung herausfand, weil Churchill wohl »Never give in, never, never, never«, gesagt hatte. Wie auch immer, meine Botschaft war rübergekommen.

Ich setzte auf einen Stürmer, auf den es jetzt ganz besonders ankommen würde. Mit 14 Toren hatte Theofanis Gekas die Eintracht in der Hinrunde praktisch im Alleingang am Leben gehalten. Er war ein klassischer Knipser, doch in der Rückrunde stotterte sein Motor gewaltig. Trotzdem wirkte er entspannt, als ich mich zum ersten Mal mit ihm unterhielt. In seinem holprigen Englisch sagte er: »For me no problems. Fitness no problem. But teamplay no good, head down« – alles gut also, nur lasse die Mannschaft den Kopf hängen. Mir war er bislang hauptsächlich im Auslassen von Großchancen aufgefallen, jetzt brauchte ich ihn dringend in Topform. Ein überraschender Sieg würde neue Kräfte im Abstiegskampf freisetzen. Wir empfingen den FC Bayern München.

Natürlich hatte sich Uli Hoeneß schon zu Wort gemeldet. Nachdem mein Wechsel zur Eintracht feststand, meinte er, Heribert müsse wohl »Pulver im Kaffee« gehabt haben. Es wunderte mich nicht. Mir hätte eher etwas gefehlt, wenn Uli nichts gesagt hätte. Sein Kommentar war für mich so wenig überraschend wie die Tatsache, dass man beim Duschen nass wird. Ich reagierte nicht darauf, auch wenn ich es als Belastung empfand, dass Dinge, die fast elf Jahre zurücklagen, immer mal wieder thematisiert wurden. In solchen Situationen kannst du nur die Faust in der Tasche ballen. Jede Reaktion von mir hätte nur unnötig Öl ins Feuer gegossen.

Die Bayern besaßen noch Chancen auf die Meisterschaft, sie boten gegen uns ihre Crème de la Crème auf. Mario Gomez, Thomas Müller, Franck Ribéry, Miroslav Klose, Bastian Schweinsteiger, Philipp Lahm. Toni Kroos wurde später eingewechselt. Sie übernahmen schnell die Regie, doch wir hielten dagegen. Gomez und Ribéry scheiterten knapp an Fährmann, und je länger das Spiel dauerte, desto mehr witterten wir unsere Chance. Es gibt in solchen Spielen kleine Anzeichen, die dir zeigen, dass etwas Außergewöhnliches gelingen kann. Zuerst wird das Publikum lauter, dann steigt das Selbstbewusstsein der Spieler, und plötzlich kann so ein Spiel kippen. Dann hält dich nichts mehr auf der Bank.

Kurz nach der Halbzeit bekamen wir einen Freistoß. Benni Köhler schlug ihn scharf in den Strafraum zu Gekas, der mit dem Rücken zum Tor stand und den Ball in Richtung Mittellinie abprallen ließ. Ich wollte schon meinen Frust herausschreien, als ich plötzlich sah, dass im Hintergrund Sebastian Rode lauerte. Sebastian nahm den Abpraller mit dem rechten Fuß und donnerte ihn zur Führung ins Netz. Es war sein erstes Bundesligator, und da jubelte nicht nur ich, das ganze Stadion tobte. Die Bayern lagen am Boden. Sie rannten blind nach vorne und fanden keine Lösungen. Wir hatten sie im Griff und mussten ihnen nur noch den finalen Stoß versetzen. Nach einer Flanke kam Gekas frei zum Kopfball, das musste es sein – aber er köpfte aus fünf Metern haarscharf über die Latte. Es war zum Haareraufen! Bleib ruhig, Christoph, das Spiel dauert nicht mehr lange! Wenige Minuten später überrumpelten wir sie erneut. Sebastian Jung passte den Ball flach in den Strafraum, wo Gekas völlig frei vor dem Tor stand. Das musste es jetzt aber wirklich sein ... doch er traf aus zwei Metern das leere Tor nicht! Ich hätte in diesem Moment am liebsten in eine Tonne getreten.

Ich mag das Wort Bayern-Dusel nicht, ich will es darum nicht strapazieren, sondern mache es kurz: In der 89. Minute bekam der FC Bayern einen Elfmeter, der ein Witz war, absolut lächerlich, aber das interessiert heute niemanden mehr. Was blieb, war das Ergebnis, und das lautete 1:1, weil Gomez den Strafstoß verwandelte. Es ist nicht einfach, die Bedeutung von einzelnen Spielen richtig einzuschätzen. Aber ich bin mir sicher: Hätten wir die Bayern geschlagen, wären wir so gut wie gerettet gewesen. Stattdessen verloren wir die letzten drei Spiele der Saison und mussten den bitteren Gang in die Zweite Liga antreten.

Zwei Tage nach Saisonende saß ich in meinem Büro im Stadion, als es an der Tür klopfte. Heribert Bruchhagen steckte seinen Kopf durch die Tür. »Haste mal 'ne Zigarette?«, fragte er. Eigentlich herrschte Rauchverbot auf dem Gelände, aber Heribert winkte ab. So viel habe er hier noch zu sagen, meinte er. Wir steckten uns beide eine Zigarette an, und er begann, mich und meine Arbeit bei der Eintracht in den höchsten Tönen zu preisen. Bis sich seine Stimme auf einmal senkte und er nachdenklich wurde. »Ich habe eine Bitte an dich: Geh gleich zur Mannschaft und erkläre deinen Rücktritt. Danach machen wir eine Pressekonferenz.« Er sprach in Rätseln. Ich hatte angenommen, dass wir über die Planungen für die Zweite Liga sprechen würden. Heribert wusste, dass ich bleiben wollte. Dieser Club hatte Potenzial. Ich wollte die Sache mit dem Abstieg geradebiegen. Und das verdeutlichte ich Heribert nochmals eindringlich. »Nein, Christoph«, meinte er. »Ich habe keine Wahl. Bitte, akzeptiere es einfach, stell keine weiteren Fragen.« Hatte es möglicherweise mit dem mächtigen Aufsichtsrat der Eintracht zu tun, fragte ich mich insgeheim. Doch ich hakte nicht weiter nach, denn ich wollte es Heribert nicht unnötig schwer machen. Ich mochte ihn, wir hatten uns während der kurzen Zeit kennen- und schätzen gelernt. Außerdem sah er ziemlich fertig aus. Ich nahm es hin und kämpfte nicht.

Die Fragen stellte ich mir erst viel später. Es war mein erster Abstieg, und er bedeutete eine Zäsur. Obwohl ich nur ein paar Spiele bestritten hatte, wurde mein Name mit ihm in Verbindung gebracht. In den Zeitungen wurde geschrieben, dass es das für mich gewesen sei mit der Bundesliga. Ich bilanzierte die viel zu kurze Zeit bei der Eintracht, und anfangs kam ich immer zum gleichen Schluss: Das hättest du niemals machen dürfen. Ich redete mir ein, dass ich alles gegeben hatte, dass ich nichts hätte besser machen können, dass sich der Club schon in einem Negativstrudel befunden hatte, der sich nicht mehr stoppen ließ. Aber so einfach war es nicht. Manchmal sind es Kleinigkeiten, die entscheiden. Ich lernte etwas über mein eigenes Limit. Ich war zur Eintracht gekommen, weil es meine vielleicht letzte Chance in der Bundesliga war. Ich war überzeugt gewesen, dass ich die Mannschaft vor dem Abstieg retten würde. Ich machte Fehler, sicher, wer ist schon fehlerfrei? Mir wurden meine Grenzen aufgezeigt. Es war von Anfang an ein hohes Risiko, so kurz vor Saisonende bei einem Krisenclub einzusteigen. Die Eintracht war der einzige Verein, bei dem ich das gemacht habe. Nun war es schiefgegangen, damit musste ich leben. Ich war enttäuscht, aber Probleme sind dazu da, dass man an ihnen wächst und sie löst. Nicht dafür, dass man sich bemitleidet und bedauert.

Heribert organisierte eine Abschlusspressekonferenz, was relativ ungewöhnlich ist, wenn ein Trainer bei einem Club aufhört. Es war klar, dass einige mir die alleinige Verantwortung zuschrieben und ein entsprechendes Bekenntnis erwarteten. Ein demütiges Mea culpa wäre vermutlich der leichteste Weg gewesen. Ich gab eine Erklärung ab, in der ich den Blick nach vorne richtete und die Zukunft der Eintracht in den Mittelpunkt stellte. Mein Ziel war es, mich anständig zu verabschieden und aufrecht durch die Tür zu gehen, so wie es meinem Naturell entspricht. In der anschließenden Fragerunde wurde trotzdem der Versuch unternommen, mich als Schuldigen zu überführen. Ich solle doch endlich mal zugeben, dass ich gescheitert sei, forderte ein Journalist. Ich lächelte, wenn auch nur nach innen: »Ich bin nicht gescheitert«, sagte ich. »Nur gescheiter geworden.«

Niemals am Limit

Was es bedeutet, Trainer zu sein

Ich geriet in ein Dilemma. Jean-Paul und Cara waren schulpflichtig, und Angelica hielt es für besser, sie nicht immer wieder aus ihrem Umfeld zu reißen. Ich konnte das nachvollziehen, dennoch war es für mich schwierig, es zu akzeptieren. Neunzig Prozent meines Lebens hatten zwar immer dem Fußball gehört, aber ohne die restlichen zehn Prozent mit der Familie hätte ich dieses Pensum nicht durchgehalten. Das gemeinsame Abendessen mit den Kindern, wenn wir lachten und sie über die Schule oder den Kindergarten erzählten, das alles gab mir Kraft und bedeutete enorm viel. Doch die Tür zur Bundesliga war nun erst mal zu, ich war ja kein Fantast. Es blieb nur das Ausland. Ich musste mir ernsthaft die Frage stellen: Soll ich einen Schlussstrich ziehen? Oder ist es die Karriere wert, dass du ohne deine Familie irgendwo hingehst?

Ich schob die Antworten auf, denn ich musste zum Arzt. Jean-Paul hatte sich einen Zeckenbiss eingefangen, und wenn ich jetzt schon mal zu Hause wäre, meinte Angelica, könnte ich das ja übernehmen. Ich fuhr mit ihm zum Hautarzt und erinnerte mich an die zahlreichen Muttermale auf meinem Rücken. Die konnte ich bei der Gelegenheit direkt mal kontrollieren lassen. »Könnten Sie sich gleich noch die Landkarte auf meinem Rücken anschauen?«, fragte ich den Arzt. Nachdem Jean-Paul durchgecheckt war, suchte er mit einer Lupe meinen Rücken ab. »Oh«, sagte er plötzlich. Und ich dachte: Wie, oh? Er schaute sich eine Stelle genauer an. »Das ist eine Bombe, die Sie da drinhaben! Die müssen wir sofort rausschneiden und zur Untersuchung einschicken!« Es schien ernst zu sein.

Zwei Tage später gab es die Diagnose: Malignes Melanom, was auf Deutsch bösartiger Tumor bedeutet, Hautkrebs, und da bekam ich richtig Panik. Ich versuchte, sie zu verbergen. Sollte ich mit meinen Sorgen etwa auch noch mein Umfeld verrückt machen? Da schalte ich erst recht auf Lockerheit. Ich wollte meine Familie auf keinen Fall belasten. Vermutlich habe ich das von meinen Eltern und Großeltern mitbekommen. Von denen hatte nie jemand gejammert, wenn er krank war.

Ich sollte in einer Spezialklinik in Münster operiert werden, aber die Spezialisten waren im Urlaub, ich musste vier Wochen auf meinen Termin warten. Dieser Monat war eine schlimme Zeit, ich hatte das Gefühl, mit einer tickenden Zeitbombe herumzulaufen. Ich versuchte es mit aufbauenden Selbstgesprächen und redete mir ein: Da wird schon nichts sein, das geht alles gut aus. Nach außen gab ich mich cool und gelassen, doch in mir sah es ganz anders aus. Als es dann endlich so weit war, schnitten sie mir große Hautstücke heraus. Unterhalb der Rippe fühlte es sich an, als wäre dort ein halbes Kotelett abmontiert worden. Es ging zum Glück alles gut. Der Krebs hatte nicht gestreut. Von nun an musste ich jedes Jahr zur Kontrolluntersuchung. »Man kann bei dieser Krankheit nie wissen«, sagte der Chefarzt Dr. Schulze.

Angelica wollte nicht, dass ich aufhöre. Oder sie merkte einfach, dass ich es selbst nicht wollte. Nach der Operation hatte ich reichlich Zeit zum Nachdenken. Ich sprach mit ihr über meine Bedenken, dass ich die Kinder bei einem Auslandsengagement kaum noch sehen würde. Dieser Gedanke stimmte mich traurig. Andererseits loderte immer noch dieses Feuer in mir, der Fußballzirkus fehlte mir. Selbst wenn es dafür nur minimale Anzeichen in meinem Verhalten gab, Angelica registrierte sie mit feinen Antennen und erleichterte mir die Entscheidung. »Du kannst die Kinder doch in jeder Länderspielpause, Ostern oder Weihnachten sehen«, sagte sie. Sie gab mir ein gutes Gefühl. Dafür liebe ich sie. Zwischen uns braucht es nicht viele Worte, um den anderen zu verstehen, oft reicht nur ein Blick.

Anfragen kamen immer wieder. Häufig waren es Seifenblasen, die zerplatzten. Ich bezeichne die Fußballwelt gerne als »World of promises«, eine Welt der Versprechungen. Meine Lebenszeit wäre bei Weitem nicht ausreichend gewesen, hätte ich alles gemacht, was mir angekündigt und versprochen wurde. Das sind die Spielregeln in diesem Geschäft, von daher blieb ich entspannt. Ich musste nicht mehr müssen.

Interessant wurde es, als sich im November 2011 der FC Brügge meldete, einer der größten und erfolgreichsten Clubs in Belgien. Sie luden mich zu einem Treffen nach Brüssel ein, und ihr Geschäftsführer Vincent Mannaert und Teammanager Sven Vermant stellten mir das Konzept eines Proficlubs vor, das genau meinen Vorstellungen entsprach. Ihre Visionen begeisterten mich, sie wollten sich komplett neu aufstellen, und ich sollte der Baumeister sein. Dieses Projekt reizte mich. Angelica gab ihren Segen, zumal Brügge von Köln nicht weit entfernt liegt. Es deutete nichts darauf hin, dass es Probleme geben könnte.

Ich verschreibe mich einer Aufgabe ganz oder gar nicht. Mit meiner Unterschrift war klar, dass mein Lebensmittelpunkt in Brügge liegen würde. Alle Bedenken bezüglich der räumlichen Trennung von der Familie verschwanden, als ich meinen neuen Trainingsanzug überstreifte. Die Arbeit wirkte wie ein Zaubertrank auf mich. Es gab jetzt nichts anderes mehr.

Als Trainer bedeutet Stillstand Rückschritt. Der Fußball unterliegt einem permanenten Wandel, der dich als Trainer stets zu Anpassungen zwingt. Auch deshalb war ich ja immer wieder in Südamerika oder anderen Ländern gewesen, um Spiele zu schauen oder mich mit Kollegen zu unterhalten. Nur mit einem ständigen »Neudenken« und »Besserdenken« kannst du über einen längeren Zeitraum überleben. Zugleich musst du dich auf verschiedenen Spielfeldern gleichzeitig bewähren. Was nützt es, wenn in der Mannschaft alles stimmt, es aber im gesamten Umfeld nicht rundläuft? Ich hatte das bei Fener schmerzhaft erfahren. Und was bringt es, wenn du 247 Spielsysteme runterbeten kannst, aber keinen persönlichen Zugang zu deinen Spielern findest?

Sich mit dem Einzelnen zu beschäftigen, war für mich von zentraler Bedeutung. Man hat mit den unterschiedlichsten Menschen zu tun und muss herausfinden, wie sie ticken. Wenn ich zum Beispiel Guido Buchwald erzählt hätte, dass er klar besser ist als sein Gegenspieler, wäre er nachlässig ins Spiel gegangen. Stattdessen musste ich ihn kitzeln: »Hör zu, Guido, dein Gegenspieler ist eine Granate, der will dich gleich im Spiel vorführen!« Solche Ansprachen packten ihn viel mehr, dann ging er ans Limit und wollte beweisen, dass er der Bessere ist. Ich musste lernen, zwischen Erfolgssuchern und Misserfolgsvermeidern zu unterscheiden. Mit beiden Typen kann man außergewöhnliche Erfolge erzielen, wenn man die richtige Ansprache findet. Später in Leverkusen trainierte ich den Stürmer Erik Meijer, dem ich gar nichts sagen musste, weil er immer bereit war, über seine Grenzen zu gehen. Ulf Kirsten dagegen war ein äußerst selbstkritischer Spieler. Wahrscheinlich wäre er nie mehr Torschützenkönig geworden, wenn ich ihn nicht mit der Staubsaugervertreter-Nummer überzeugt hätte. Die eigentliche Herausforderung bei der Motivation besteht darin, dem einzelnen Spieler den Sinn seiner Aufgabe zu vermitteln. Im Fußball musst du diese unterschiedlichen Charaktere dann zu einer Einheit formen. Natürlich hat die Auswertung von Daten, Spielszenen und Statistiken einen hohen Stellenwert. Die Nähe zum Spieler und der Aufbau eines Vertrauensverhältnisses bleiben in meinen Augen aber immer die wichtigeren Bausteine des Erfolges. Für ein Spiel gilt: Stimmung schlägt Qualität!

Auch in Brügge legte ich großen Wert auf mentales Training und Teambuilding-Maßnahmen. Ich plante mit den Jungs Fallschirmsprünge, was sich leider kurzfristig zerschlug, stattdessen lud ich sie zum Kickboxen ein. Am Anfang hielten sie sich etwas zurück, dann traten sie immer ungehemmter zu. Das war eine super Erfahrung. Wir lernten, dass nur das, was du nicht vorhersiehst und worauf du nicht vorbereitet bist, dir schaden kann. Es brauchte eine totale Fokussierung. Einige von ihnen steigerten sich so sehr hinein, dass ich zwischenzeitlich Sorge hatte, es würde sich jemand verletzen, aber Gott sei Dank ging alles gut. Am Ende waren alle platt und zufrieden. Jeder Einzelne hatte begriffen, was das Wort Fokussierung bedeutet.

Es gab nur wenige Problemfälle in der Mannschaft. Maxime Lestienne, ein gottbegnadeter Linksfuß, genoss lieber die süßen Seiten des Lebens, um es vorsichtig auszudrücken. Eines Tages kam er mal wieder zu spät zum Training, und so etwas kannst du natürlich nicht durchgehen lassen. Bei intensiven Kleinfeldspielen ließ ich ihn das vierfache Pensum der anderen Spieler absolvieren. Ich nannte das Charakterschulung. Maxime jammerte nicht und gab nicht auf. Er zog es durch. Damit wurde er zu meinem Spieler. Als weiterer Problemfall wurde mir der Mittelfeldspieler Nabil Dirar angekündigt, mit dem angeblich keiner meiner Vorgänger klargekommen war. Er galt als hitzköpfiger Marokkaner. Ich konnte mich auf seine Mentalität einstellen und baute eine gute Beziehung zu ihm auf. Schon in meinem ersten Spiel erzielte er den Siegtreffer. Nabil hatte maßgeblichen Anteil an unserem Aufschwung und entwickelte sich zu einem unserer Schlüsselspieler. Kurz vor der Winterpause kam der Club-Präsident Bart Verhaeghe zu mir und sagte: »Wir müssen Nabil verkaufen. Monaco zahlt acht Millionen für ihn.« Ich widersprach sofort. »Präsident«, sagte ich. »Das geht nicht! Nabil ist unser bestes Pferd im Stall! Wenn wir Meister werden wollen, muss er bleiben!«

Sie verkauften ihn trotzdem, und das machte mich stinksauer. Als ich ein paar Tage später in die Kabine kam, traute ich meinen Augen nicht. Auf Nabils Platz saß ein Junge, den ich noch nie gesehen hatte. Ein ganz junger Bursche, wahrscheinlich nicht mal zwanzig Jahre alt, er blickte schüchtern zu Boden. »Ich bin Mushaga Bakenga«, meinte er mit leiser Stimme. »Ich bin gestern transferiert worden.« Es war so skurril, dass ich lachen musste. Der Club hatte den Jungen einfach in einer Nacht- und Nebelaktion als Ersatz für Nabil aus Trondheim verpflichtet. Wie gesagt, als Trainer lernst du nie aus, und so etwas hatte ich nun wirklich noch nie erlebt. Der arme Kerl konnte nichts dafür. Im Training machte er einen ordentlichen Eindruck, er war zwar kein Nabil Dirar, aber ich gab ihm eine Chance. Gleich im nächsten Spiel gegen Beerschot brachte ich ihn von Beginn an. Musha war aufgeregt und wirkte übermotiviert, ihm fehlte noch ein wenig die Orientierung. Wir führten früh mit 1:0, kurz darauf nahm ich ihn mir zur Seite. »Komm, Musha! Gib Gas, Junge, zeig, was du kannst!«, sagte ich zu ihm, und manchmal wirken Worte Wunder. Wenige Minuten später köpfte er den Ball zum 2:0 ins Tor, es war unglaublich, er schien es selbst kaum zu begreifen. Anstatt mit den anderen Jungs zu jubeln, sprintete er in meine Richtung. Es ging so schnell, dass ich es kaum begriff: Er spurtete einfach an mir vorbei in die Kabine. Was war denn da los? Ich schaute mich fragend um, keiner wusste, was abging, meine Co-Trainer zuckten nur mit den Schultern. Der Schiedsrichter pfiff die Partie wieder an, wir waren nur noch zu zehnt. Ich schickte unseren Konditionstrainer zu Musha in die Kabine. Als sie nach zwei Minuten immer noch nicht aufgetaucht waren, bereitete ich seine Auswechslung vor. Mir blieb keine Wahl. Ich wies meine Spieler an, zur Sicherheit den Ball in den eigenen Reihen zu halten. Da tippte mir auf einmal jemand von hinten auf die Schulter. Es war Musha. In diesem Moment sah ich ihn das erste Mal lächeln. »Um Himmels willen, was ist denn los?«, fragte ich ihn. Da wurde sein Lachen noch breiter. Er zuckte mit den Schultern. »Trainer, ich hatte Durchfall. Aber ich bin wieder bereit!«

Es entwickelte sich etwas, und obwohl der Wechsel von Nabil wehtat, blieben wir auf Meisterschaftskurs. Ich hatte nicht nur meine Spieler, sondern auch die Mitarbeiter unter Strom gesetzt, ich forderte andauernd etwas von ihnen ein, diese Analyse oder jenen Bericht, und sie näherten sich meinem Arbeitstempo an. Mein Co-Trainer Rudi Verkempinck entwickelte sich zu meiner wichtigsten Bezugsperson. Roland ging eigene Wege, und außerdem hatte Brügge es nicht gewollt, dass ich eigene Mitarbeiter mitbrachte. Obwohl Rudi parallel noch als Lehrer unterrichtete, unterstützte er mich nach Leibeskräften, teilweise über seine Belastungsgrenze hinaus. Er drängte sich nie in den Vordergrund. Seine zurückhaltende Art gefiel mir. Es lief wirklich gut in Brügge. Meistens schuftete ich so lange, dass ich erst spätabends zurück in meine Wohnung im Stadtzentrum kam.

Zu Hause kam meine Arbeitswut nicht so gut an. Die ersten zwei, drei Monate war Angelica mit den Kindern noch regelmäßig nach Brügge gekommen. Sie hatte für mich eine Wohnung gemietet und komplett eingerichtet. Danach kam es immer öfter vor, dass ich Angelegenheiten im Club als vermeintlich wichtiger ansah, als kurz nach Hause zu fahren. Irgendwann stellte sie mir die immer gleichen Fragen: Warum hat es diesmal nicht geklappt? Wieso, Christoph? Die Spannungen zwischen uns nahmen zu, je länger ich in Brügge war. Wir kämpften mit dem RSC Anderlecht um den Titel, während bei mir der Haussegen schief hing. Vielleicht sah ich es zu eng, aber wenn ich abends in meiner Wohnung saß, führte ich Selbstgespräche: Kümmerst du dich ausreichend um deine Familie, bist du oft genug zu Hause, ist der Fußball das alles wert? Meine Beziehung zu Angelica und meiner Familie stand auf dem Spiel.

Wir beendeten die Saison als Zweiter. Kurze Zeit später schrieb ich Bart Verhaeghe einen Brief, in dem ich ihm meinen

Abschied begründete. Immer wieder setzte ich den Stift ab. Es fühlte sich nicht richtig an. Aber ich wollte jetzt für die Familie da sein. Wollte ich? Ich konnte den Club doch auf ein höheres Level führen! Aber was wäre dann mit Angelica und den Kindern? Die Gedanken fraßen mich auf, schließlich schickte ich den Brief ab. Hätte Verhaeghe versucht, mich zum Bleiben zu überreden, hätte er mich vermutlich umstimmen können. Er meldete sich nicht.

Im Sommer 2012 zog ich zurück nach Köln, und das Ergebnis war: Statt das Familienleben zu bereichern, brachte ich die gewohnten Abläufe durcheinander. Ich hatte Brügge mit der Absicht verlassen, wieder mehr für die Familie da zu sein. Ich wollte Angelica zur Seite stehen und mehr mit den Kindern unternehmen. Stattdessen empfand ich mich schon nach wenigen Wochen eher als störendes oder zumindest überflüssiges Element. Das hatte ich mir ganz anders vorgestellt.

Ich fing schon bald wieder an, mich mit Fußball zu beschäftigen, und schaute mir jedes Wochenende Spiele der Bundesliga im Stadion an. Zwischenzeitlich keimte in mir sogar die Hoffnung auf eine Rückkehr auf. Ich traf die Entscheidungsträger verschiedener Vereine regelmäßig im Stadion oder auf Veranstaltungen. Der Tenor war fast immer derselbe: »Du gehörst in die Bundesliga!« In den Medien war dagegen eher zu lesen: Daum ist auf dem Abstellgleis, seine Karriere neigt sich dem Ende entgegen.

Ungefähr ein Jahr nach dem Abschied aus Brügge landete ich dann zum insgesamt fünften Mal in der Türkei, zum ersten Mal nicht in Istanbul. Ich unterschrieb wenige Tage vor dem Saisonstart einen Vertrag bei Bursaspor, dem Club, der Fener und mir 2010 am letzten Spieltag noch die Meisterschaft weggeschnappt hatte. Ich kannte den türkischen Fußball, und Bursa schien mir einer der solideren Vereine zu sein. Aber damit lag ich daneben.

Sportlich lief es nicht mal schlecht, wir spielten eine akzeptable Hinserie, auch der Start in die Rückrunde verlief vielversprechend. Das Problem war jedoch eine einflussreiche Fangruppierung aus der Ultra-Szene, die sogenannte Teksas Grubu. Sie übten einen enormen Druck auf Vorstand, Trainerteam und einige meiner Spieler aus. Zu Beginn der Rückrunde rief ihr Sprecher, ein gewisser Sinan, meinen Übersetzer an. Nach den üblichen Floskeln sagte er, dass seine Gruppierung in Zukunft eine stattliche Summe pro Monat von mir wollte. Ich hielt es für einen schlechten Scherz und lehnte ab. Stattdessen bot ich an, dass ich ihnen als Dank für die Unterstützung gerne ein Fanfest mit allem Drumherum ausrichten würde. Das kam für sie nicht infrage. Entweder Bares oder nichts, so lautete die Ansage. Einen derart gewaltigen Einfluss der Fans zu spüren, war für mich neu, so etwas hatte ich nie für möglich gehalten. Ich schaltete den Vorstand ein, der die Problematik zwar kannte, aber keine Lösung fand. Die Vereinsführung machte einen hilflosen Eindruck. Sinan drohte mir mit Konsequenzen.

Nachdem wir im nächsten Heimspiel in Führung gegangen waren, geschah etwas Eigenartiges. Anstatt zu jubeln, fing das halbe Stadion an, meinen Rücktritt zu fordern: »Christoph Daum, Istifa!« Ein paar Tage später stürmten einige Krawallbrüder mit Baseballschlägern unser Trainingsgelände und bedrohten mich und meine Spieler. Ich hatte Rudi als Co-Trainer mitgenommen, und er stand nach dieser Aktion unter Schock. Auch mir rutschte das Herz in die Hose, glücklicherweise zogen sie nach ein paar Minuten wieder ab. Trotzdem blieb es brisant, weil niemand im Verein die Teksas Grubu in die Schranken weisen konnte. Im März 2014 wurde es mir zu viel, und ich trat zurück, obwohl wir im Halbfinale des türkischen Pokals standen und uns in der Liga noch im Rennen um die internationalen Startplätze befanden.

Ein paar Tage später machte ich mich auf den Weg zum Flughafen, um nach Köln zurückzukehren. Ich legte gerade mein Gepäck aufs Band, sechshundert Kilogramm Übergewicht, als mein Handy klingelte. Es war der Manager von Spartak Moskau. »Wir wollen Sie unbedingt als Trainer haben! Können Sie schnellstmöglich nach Moskau kommen?« Ich antwortete, dass das unmöglich sei, er aber gerne nach Köln kommen könne. Er beharrte jedoch auf einem Treffen in Moskau, er erzählte mir von den Vorzügen des Clubs, von denen er mich vor Ort ja viel besser überzeugen könne. Ich wollte mich aber nicht sofort ins nächste Abenteuer stürzen, ich benötigte etwas Abstand. Also lud ich ihn erneut nach Köln ein, kurz darauf beendeten wir das Gespräch. Ich hörte nie wieder etwas von Spartak.

Profifußball ist Himmel und Hölle auf Erden. Du kannst ein taktisches Genie sein oder der größte Motivator der Welt, was nützt es dir, wenn du die Teksas Grubu gegen dich hast? Oder wenn dir die rückhaltlose Unterstützung des Vorstands fehlt? Es müssen so viele Dinge zusammenkommen, damit du zu dem wirst, der du gerne wärst. Auf viele davon hat ein Trainer keinen Einfluss.

Wenn zu Beginn meiner Trainerkarriere in der Führung des 1. FC Köln nicht dieses Durcheinander geherrscht hätte, hätte ich mir manche Eigenschaften und Tricks, die mir später helfen sollten, vielleicht nie aneignen müssen. Nach Udos Abschied zur *Sportbild* arbeitete ich in jungen Jahren als Trainer und Manager in Personalunion. Der Vorstand ließ mich machen, weil ich der einzige Fußballexperte im Führungsbereich war. Es wurde nicht groß nachgefragt, wenn ich wieder mit neuen Einfällen ankam – wer hätte es auch fachlich beurteilen können? Das gab mir den notwendigen Raum, um mich auszuprobieren und zu entwickeln.

Deutlich wird das, wenn ich an das Frühjahr 1989 zurückdenke. Nach vierzehn Spielen ohne Niederlage kämpfte der FC mit den Bayern um die Meisterschaft. Anfang Mai spielten wir bei Titelverteidiger Werder Bremen, und als ich mich am Freitagabend auf mein Zimmer im Bremer Ringhotel Munte zurückzog, fragte ich mich, ob meine Spieler überhaupt begriffen, worum es ging. »Begreifen«, schoss es mir durch den Kopf. »Begreifen, das ist es!« Mir kam eine Idee. Ich rief FC-Geschäftsführer Wolfgang Schänzler an, der noch in Köln war. »Herr Schänzler, wenn Sie wollen, dass wir das Spiel gewinnen, dann bringen Sie bis morgen früh, zehn Uhr, vierzig Tausenderscheine nach Bremen!« Ich meinte durch das Telefon zu hören, wie ihm die Kinnlade runterfiel. Was ich noch hörte, war sein schwerer Atem. Es kam mir vor, als hätte er gerade einen Marathon absolviert. Er japste und versuchte, seine Fassung wiederzufinden. »Daum, Daum, hörens op, hörens op!« Er war völlig perplex. »Wat soll dat denn jetz schon wieder?« Ich erklärte es ihm mit ruhiger Stimme. Obwohl es fast unmöglich war, die Kohle zu dieser Zeit noch zu organisieren, machte Schänzler es möglich. Er war ein Meister im Erledigen unmöglich scheinender Angelegenheiten. Am nächsten Morgen beim Frühstück stand Herr Kaulhausen, der Fahrer des FC, neben mir im Frühstückssaal des Hotels. Er hielt einen dicken Umschlag in der Hand und sah ziemlich fertig aus, weil er die halbe Nacht durchgefahren war.

Beim FC sollte für den Gewinn der Meisterschaft jeder Spieler 40 000 Mark bekommen, und damit sie es verstanden, zeigte ich es ihnen. In Bremen klebten Roland und ich die Tausender mit Tesafilm auf ein Stück Faltpappe. Vor der Abfahrt ins Stadion holte ich die Pappe aus der Ecke und klappte sie vor den Augen meiner Spieler auf. Eigentlich sah es ziemlich billig aus, die Scheine waren zum Teil krumm und schief aufgeklebt, aber das interessierte nicht. Außerdem: Können vierzig Tausender überhaupt billig aussehen? Alle Blicke richteten sich auf die Pappe, manche lachten laut auf, nicht dieses lange, herzhafte Lachen, sondern nur ein kurzes, plötzliches, wie bei einem Kind, das einen Lolli vorgehalten bekommt. Ich ließ die Pappe rumgehen, damit jeder es von Nahem sehen konnte. Einige versuchten, das Geld anzufassen. Kaulhausen schwitzte Blut und Wasser, er hatte Schänzler schriftlich versichert, dass er jeden einzelnen

Tausender wieder mitbringen würde. Auf dem Weg zum Weserstadion leuchteten die Augen meiner Spieler. Prämienzahlungen sind keine Erfindung von mir, die gab es schon in der Antike. Ich hatte sie auch nicht zusätzlich motivieren wollen. Ihre Gedanken an den Angstgegner Werder Bremen sollten von einem anderen Anreiz überlagert werden. Und so wie sie im Bus auf dem Weg ins Stadion von den Geldscheinen schwärmten, schien die gewünschte Wirkung einzutreten. Ich glaube nicht, dass es alleine daran lag, aber wir gewannen das Spiel in Bremen mit 2:1. Nach dem Sieg kam Schänzler freudestrahlend zu mir in die Kabine des Weserstadions. »Daum, wat hasse wieder jemacht?! Wahnsinn! Wenn dat immer so ist besorg ich ab jetzt immer die Kohle!«

Seit der Nummer mit den Geldscheinen war ich der Motivator. Spätestens nachdem ich meine Spieler in Leverkusen dann auch noch über Scherben laufen ließ, nannte man mich Guru. Mich hat es immer ein wenig gestört, darauf reduziert zu werden, denn ich wäre sicher nicht in der Bundesliga gelandet, wenn ich eine Viererkette nicht von einer Fahrradkette hätte unterscheiden können. Da hätten mir letztendlich keine magischen Zirkel geholfen. Aber so sind die Mechanismen eben. Mein Trainerkollege Ralf Rangnick wird von vielen Fans bis heute Professor genannt, nur weil er vor vielen Jahren einmal im *Aktuellen Sportstudio* über Taktik philosophiert hat.

Nach dem vorzeitigen Abgang bei Bursaspor bekam ich einen weiteren Stempel verpasst. Ich galt nun endgültig als Trainer auf der Zielgeraden, als Fast-Rentner. Tatsächlich kam ich im Sommer 2014 an einen Punkt, an dem ich mich ernsthaft fragte: Was soll jetzt eigentlich noch kommen? Am Ende wähnte ich mich noch nicht. Ich verbrachte über zwei Jahre zu Hause in Köln, aber es machte in dieser Zeit nicht klick. Es muss bei mir klick machen, ich muss die finale Überzeugung haben, aufzuhören. Ich spürte sie noch nicht. Es wurde nie langweilig, weil immer wieder Anfragen reinflatterten. Ich hatte nie das Gefühl: Ey, Christoph, kein Schwein ruft dich an! Im Gegenteil, mein Telefon stand nie still. Ich war nicht mehr die heißeste Aktie auf dem Trainermarkt, trotzdem packte mich noch mal diese Leidenschaft, als sich im Sommer 2016 der Präsident des rumänischen Fußballverbandes meldete. Eine Nationalmannschaft, das wäre dann doch noch mal was Neues. Und als Nationaltrainer zu arbeiten, war einer meiner bisher unerfüllten Träume. Dabei hätte es im Spätsommer 2011 fast schon mal geklappt.

Damals rief mich Franz Beckenbauer an. »Servus Christoph, ich hätte da einen Vorschlag.« Im ersten Moment erinnerte ich mich an seinen Anruf Mitte der Neunziger, als er mich bei einem japanischen Club hatte unterbringen wollen. »Franz«, sagte ich. »Komm mir bitte nicht wieder mit einem Angebot von Mitsubishi Rollschuh!« Doch diesmal klang es tatsächlich interessant. Der Präsident des österreichischen Fußballverbandes hatte sich bei ihm nach mir erkundigt. Leo Windtner wolle sich mit mir treffen, erzählte Franz. Nationaltrainer Österreichs, das hörte sich gut an. Die Österreicher hatten klasse Spieler wie David Alaba, Martin Harnik oder Julian Baumgartlinger. Mit dieser Mannschaft wäre die Qualifikation für die WM in Brasilien drin. Das wäre doch mal ein echtes Highlight! Ich stimmte einem Gespräch mit Windtner zu. Franz bot an, seinen Bauernhof in der Nähe von Kitzbühel als Treffpunkt zu nutzen.

Ende September machte ich mit Angelica einen Kurzurlaub im Hotel Stanglwirt, das nicht weit von Kitzbühel entfernt lag. An einem Nachmittag holte Franz uns mit seinem Geländewagen vom Parkplatz des Hotels ab. Windtner folgte uns in seinem eigenen Auto. Wir fuhren auf einen kleinen Hügel, auf dem das Bauernhaus von Franz lag. Franz führte uns in ein rustikales, mit Zirbelholz vertäfeltes Zimmer. Fast alles bestand aus Holz. Wir tranken Kaffee und plauderten über belanglose Dinge, Windtner machte einen zurückhaltenden, aber angenehmen Eindruck. »So«, meinte Franz nach ein paar Minuten und schaute zu Angelica. »Wir gehen jetzt mal raus und lassen die beiden alleine.« Ich packte meinen Laptop aus und präsentierte Windtner mein Konzept für den österreichischen Verband. Besonders spannend fand er meine Trainerleitlinien. »Das ist ja hochinteressant! Können Sie mir das zuschicken?«, fragte er. »Klar«, antwortete ich. »Sobald ich unterschrieben habe, schicke ich Ihnen alles zu.« Wir unterhielten uns fast drei Stunden. Ich hatte ein gutes Gefühl, als wir uns zum Abschied die Hand schüttelten. Ich sei in der engeren Wahl, versicherte mir Windtner. Er werde sich in den nächsten Tagen bei mir melden.

Das tat er auch. Das Telefonat dauerte keine zwei Minuten. Er lieferte mir nicht mal eine Begründung. Nicht, dass ich falsch verstanden werde: Ich habe kein Problem damit, eine Absage zu erhalten. Aber mir gefiel nicht, dass in der Öffentlichkeit erzählt wurde, ich hätte zu viel Geld gefordert. Das stimmte nicht. Finanzielle Forderungen hatte ich in diesem Gespräch überhaupt nicht gestellt. Es war schade, weil mich der Job als Nationaltrainer Österreichs gereizt hätte.

Fünf Jahre später hatte der Präsident des rumänischen Fußballverbandes, Razvan Burleanu, klare Vorstellungen, was er vom zukünftigen Nationaltrainer erwartete. Er beschrieb detailliert das Anforderungsprofil und war bestens vorbereitet. Burleanu lieferte eine ausführliche Begründung, warum ich genau der Richtige für den Posten sei. Wir erzielten schnell eine Einigung. Ich stürzte mich mit Begeisterung in die neue Aufgabe.

Ich zog nach Bukarest in ein Hotel und blieb durchgehend dort. Nur an besonderen Feiertagen oder Geburtstagen kehrte ich nach Köln zurück, ansonsten gehörte mein Leben dem rumänischen Fußballverband. Ich lebte meinen Job, so wie ich es immer getan hatte. Es ging in erster Linie um die Qualifikation für die Weltmeisterschaft in Russland, und wir spielten in einer starken Gruppe mit Dänemark und Polen. Gegen die Polen waren wir chancenlos, weil ihr Stürmer Robert Lewandowski eine Show sondergleichen ablieferte, er schoss uns fast im Alleingang ab. Die Partie geriet aus einem anderen Grund in die Schlagzeilen. Ein Böller aus dem rumänischen Fanblock war neben Lewandowski explodiert. Er musste sich sogar kurz behandeln lassen.

Nach dem 0:3 gegen Polen war klar, dass wir das nächste Spiel gegen die Dänen unbedingt gewinnen mussten, um noch eine Chance auf die WM zu haben. Ich fuhr mit der Mannschaft in ein Trainingslager, und zwei Tage vor dem Anpfiff stiegen wir in einen Bus. Keiner von den Spielern wusste, was ich vorhatte. Wir fuhren zu einer kleinen Anhöhe, die ich vorher ausgekundschaftet hatte. »Wer sind die drei Stärksten?«, fragte ich. Zuerst schauten sie sich verdutzt an, aber es dauerte nicht lange, bis sich drei kräftige Spieler meldeten. Ich stieg mit ihnen aus, meine Co-Trainer hatten unterhalb der Stoßstange Seile befestigt. Damit sollten die Jungs den Bus zum Rollen bringen. Da der Koloss über dreißig Tonnen wog, bekamen sie ihn nicht von der Stelle. Jetzt holte ich die restlichen zwanzig Spieler aus dem Bus. Wahrscheinlich hielten sie mich für völlig durchgedreht, als ich ein großes Schild mit dem Wort DÄNEMARK auf die Windschutzscheibe klebte. Ich fragte sie: »Glaubt ihr, dass ihr es gemeinsam schaffen könnt?« Sie schauten skeptisch auf die Windschutzscheibe. Ich forderte das Team auf: »Zeigt mir, dass ihr es schaffen könnt!« Drei von ihnen hatten es nicht hinbekommen. Dass sie es gemeinsam schaffen würden, hatte ich vorher natürlich ausprobiert. Tatsächlich fingen sie an, wie verrückt an den Seilen zu ziehen. Ich stand neben ihnen und feuerte sie an. »Zieht die Dänen weg! Zeigt mir, dass ihr stärker seid!« Alle 23 Spieler zogen an einem Strang, und schon nach wenigen Sekunden bewegte sich der Bus ein paar Zentimeter die Anhöhe hinauf. Sie zerrten nun immer energischer, einige fletschten vor Anstrengung die Zähne, die Ersten schrien vor Freude, als sie den Bus ins Rollen brachten. Gemeinsam konnten sie Berge versetzen, sie konnten einen Bus versetzen, also würden sie auch Dänemark versetzen können! Das Strahlen in ihren Augen und ihr Jubel zeigten mir, dass die Botschaft angekommen war.

Nur einer scherte aus. Ein Spieler, der an allem und jedem etwas auszusetzen hatte, erzählte Monate später den Medien, dass sie den Bus hätten schieben müssen. Er sagte tatsächlich schieben statt ziehen. Er hatte den Sinn dieser Aktion nicht verstanden und auch noch falsch wiedergegeben. Jedenfalls erzielte dieser Schwachsinn seine Wirkung, denn die Medien schrieben nun von Daums veralteten Trainingsmethoden.

Die Situation in Rumänien war von Beginn an schwierig. Einige Freunde hatten mich vorher gewarnt, dass Rumänien ein unsicheres Land mit hoher Kriminalität sei. Das war ein unzutreffendes Vorurteil, in Bukarest fühlte ich mich sicherer als in manch anderer europäischer Großstadt. Ich lernte Rumänien als wunderschönes Land kennen, allein das Donaudelta ist eine Perle der Natur, und auf dem Land dort schmecken die Tomaten noch wie Tomaten. Die Menschen begegneten mir unglaublich offen und freundlich. Die größte Herausforderung war der Umgang mit Teilen der Presse.

Schon bei meiner Vorstellung war mir eine unheimliche Ablehnung entgegengeschlagen. Einige Journalisten hatten an den Nationalstolz von Verbandspräsident Razvan Burleanu appelliert. Ein ausländischer Nationaltrainer war für sie ein Tabu, und so lauerten sie von Anfang an auf meine Fehler. Es war zum Teil schlimmer als in der Türkei. Manchmal schrieben sie hanebüchene Sachen. Einmal genehmigte ich den Spielern zum Abendessen ein Glas Rotwein. Am nächsten Tag stand in der Zeitung, dass ich eine Sauforgie organisiert hätte. Ein anderes Mal kam ein selbst ernannter Journalist mitten in einer Pressekonferenz zu mir, um mir eine Angel zu überreichen. Das war seine Retourkutsche, weil ich seine Berichterstattung mit den Worten kommentiert hatte: »Mit Ihrer Zeitung kann man nicht mal Fisch einpacken. Sogar der wird davon schlecht.« Die Angel war seine Art, meinen Rücktritt zu fordern, er wünschte mir viel Glück als Angler, im Ruhestand hätte ich ja Zeit dafür. Nur der Erfolg hätte mich retten können. Doch meine Spieler hießen nicht mehr Gheorghe Hagi, Gheorghe Popescu oder Dorinel Munteanu, die Zeiten der Goldenen Generation waren vorbei. Wir verpassten die Qualifikation für die WM, und damit war das Thema erledigt.

Was soll jetzt eigentlich noch kommen? Ich stellte mir diese Frage bereits im Sommer 2014, und ich stelle sie mir noch heute. Ich durfte als Trainer und Mensch so viel erleben und sehen, was will ich also noch? Was den Trainer Christoph Daum angeht, ist diese Frage leicht zu beantworten. Es gibt etwas, was ich unglaublich gerne noch erleben würde: eine Welt- oder Europameisterschaft. Klar, mit den Rumänen hatte ich die Möglichkeit gehabt, mich für die WM 2018 in Russland zu qualifizieren. Doch mal ehrlich: Es wäre schon eine Sensation gewesen, wenn wir es in dieser schweren Gruppe gepackt hätten.

Wenn ich die vielen Trainerstationen Revue passieren lasse, ärgere ich mich manchmal über das eine oder andere. Doch ich trauere keinen negativen Erlebnissen nach. Shit happens sometimes – so what? Zurück bleibt eine tiefe Dankbarkeit und Zufriedenheit. Und wer weiß, was noch kommt. Fast jeden Monat melden sich ein, zwei Agenten, die mir einen Trainerjob andrehen wollen. Das meiste davon ist heiße Luft. Einmal stand ich kurz davor, Nationaltrainer der Malediven zu werden. Neben einem ordentlichen Gehalt boten sie mir sogar eine eigene Insel an. Es zerschlug sich im letzten Moment.

Einige Türen gehen zu, andere gehen auf. Meine Mannschaften sind jetzt oft die Mitarbeiter oder Führungsteams von Unternehmen. Auch sie müssen sich im knallharten Wettbewerb behaupten. Du bekommst weder im Profifußball einen Punkt geschenkt, noch überlässt dir in der Wirtschaft der Gegner freiwillig einen Auftrag oder Kunden. Fast immer stelle ich ihnen bei meinen

Vorträgen die Frage: Wie lautet der Name eures wichtigsten Mitarbeiters? Meistens schauen sie mich dann mit großen Augen an und wissen keine Antwort. Sie ist stets dieselbe: Teamgeist! Ich erkläre, wie es gelingt, Potenziale zu erkennen und diese gemeinsam zu aktivieren. Im Fußball bereiten zehn das Tor vor, das der Elfte erzielt. Zu verstehen, wann man als Leader und wann man als Follower zum Erfolg beiträgt, heißt, seine Eigenverantwortlichkeit zu erkennen. Im Fußball gilt: Du spielst, wie du denkst. In der Wirtschaft gilt: Du verkaufst, wie du denkst. Ich will Impulse senden, so wie es als Trainer immer mein Ziel war. Für die Erzielung von dauerhaften Höchstleistungen. Für die Schaffung eines optimalen Betriebsklimas. Für die Konfliktlösung. Das ist mir wichtiger, als über Unternehmensstrategien zu referieren. Ich werde bei diesen Vorträgen oft gefragt, was die Erfolgsgeheimnisse eines Trainers sind. Ich sage ihnen immer das Gleiche: Es gibt keine Patentrezepte für den Erfolg. Es reicht nicht, auf den Tisch zu springen und zu schreien: Wir sind die Besten! Es gibt nicht diesen einen Weg.

Der Fußball entwickelt sich rasend schnell. Aber egal, wie ausgeklügelt oder wichtig das neueste Analyseprogramm oder das modernste Spielsystem auch ist: Die persönliche Nähe zum Spieler kann dadurch nie ersetzt werden. Kein Computer, keine Taktik ersetzt die emotionale Bindung zu deinen Jungs. Das war früher das Wichtigste und ist es noch heute. Auch wenn sich die Dinge in vielerlei Hinsicht stark verändert haben.

Ich bin seit einigen Jahren regelmäßig bei den angehenden Fußballlehrern in Hennef zu Gast. Ich weiß noch, wie ich aktuellen Bundesliga-Trainern wie Achim Beierlorzer oder Julian Nagelsmann über meine Anfänge beim FC berichtete. Sie kamen aus dem Staunen nicht heraus. Ich hatte noch nicht mal einen Co-Trainer, während heute die Trainerteams so groß sind, dass dafür ein zweiter Bus gechartert werden muss. Um an Videomaterial für den nächsten Gegner zu kommen, musste ich sehr gute Beziehungen zur ARD aufbauen. Nur mit persönlichen Beziehungen bekam ich die gewünschten VHS-Kassetten. Bei den jungen Trainern brach meistens Gelächter aus, wenn ich ihnen dann auch noch berichtete, wie ich mir vor lauter Verzweiflung wegen des Bandsalats beim Zusammenschneiden wichtiger Spielszenen die Haare raufte. Heute sitzt auf jeder Trainerbank ein Analyse-Assistent mit Kopfhörer und Tablet, um dem Cheftrainer jede gewünschte Information innerhalb von Sekunden zu liefern. Ja, das war eine andere, eine primitivere Welt, die uns gefordert und geformt hat. Dass aber auch heute die Beziehung zwischen Menschen immer im Mittelpunkt steht, war und ist meine feste Überzeugung.

Es bereitet mir große Freude, wenn ich spüre und sehe, dass ich Menschen bewegen kann. Seit 2014 trainiere ich den FC Diabetologie unter anderem bei seinen Spielen gegen den FC Bundestag. Obwohl Fußball ein einfaches Spiel ist, beweisen meine hochmotivierten Diabetes-Ärztinnen und -Ärzte mir immer wieder aufs Neue, wie schwierig genau das ist: einfach zu spielen. Sie alle sind mir ans Herz gewachsen. Mit ihnen zur Diabetes-Aufklärung beizutragen, ist mir eine gesellschaftliche Verpflichtung. Dass ich 2019 zum Ehrenmitglied der Deutschen Diabetes-Hilfe gekürt wurde, hat mich tief bewegt. Genauso bewegend sind für mich meine regelmäßigen Indienbesuche und die damit verbundenen Vorträge und Trainingsdemonstrationen für die Art of Living Foundation, eine wohltätige Nichtregierungsorganisation. Ihr Gründer Sri Sri Ravi Shankar setzt sich für die Ernährung und Bildung benachteiligter Menschen ein. Ich unterstütze viele seiner Aktivitäten als Vertreter des Sports. Dabei weigert er sich als überzeugter Pazifist, gegen einen Ball zu treten. Aber natürlich gebe ich meine Hoffnung nicht auf, ihn doch noch vom schönsten Spiel der Welt zu überzeugen. In seinem Ashram habe ich durch Meditationsübungen und Atemtechniken gelernt, das innere Gleichgewicht zu finden.

Also: Was soll jetzt eigentlich noch kommen? Ich könnte natürlich einfach meine Karriere beenden und mich voll und ganz diesen Dingen widmen. Oder?

Nein! Ich fühle mich noch nicht bereit, einen Schlussstrich zu ziehen. Wie gesagt, es kommen nach wie vor Anfragen. Es geht immer weiter und hört nicht auf. Vielleicht ist ja noch mal das Richtige dabei, vielleicht macht es noch mal klick. Warum nicht? Ein Trainer zu sein, das ist mein Leben. Das ist meine Leidenschaft. Und ich bin noch nicht am Limit.

Epilog

Ein unerwarteter Anruf

Köln, Anfang 2015

Wo ist das verdammte L? Ich bin ganz sicher kein Experte, was Computer angeht, und ich sehe vermutlich aus wie ein Blindfisch, als meine zusammengekniffenen Augen konzentriert die Tastatur absuchen. Es ist Anfang 2015, ich arbeite an einem Vortrag über Werte im Sport. Meine Kinder lachen immer, wenn ich am PC mit beiden Zeigefingern wie ein Ahnungsloser auf die Tasten hämmere. Da ist das L ja endlich, denke ich, als mich plötzlich das Klingeln meines Handys unterbricht. Auf dem Display erscheint der Name von Michael Reschke. Was will der Micha denn jetzt?

Wir kennen uns seit den Achtzigern, damals lieferten wir uns heiße Duelle als Jugendtrainer. Micha trainierte die A-Jugend von Bayer Leverkusen, und wenn ich mit dem FC auf ihn traf, flogen die Fetzen. Wir waren beide nicht auf den Mund gefallen, doch selbst wenn wir uns während der Spiele verbale Duelle lieferten, gaben wir uns nach dem Abpfiff die Hand. Später arbeiteten wir in Leverkusen zusammen, Micha war zuerst die rechte Hand von Reiner Calmund, danach legte er eine Karriere als Scout hin. Er lotste zahlreiche Topspieler wie Dani Carvajal, Lúcio oder Dimitar Berbatow zu Bayer, die Zeitungen nannten ihn Perlentaucher. Er erwarb sich einen exzellenten Ruf, und im Sommer 2014 verpflichteten ihn die Bayern als Technischen Direktor, damit er ihren Kader veredelte.

»Micha, wie komme ich zu der Ehre, dass der bayerische Baumeister mich anruft?«, frage ich ihn gut gelaunt. Ich freue mich über seinen Anruf, weil wir lange nichts voneinander gehört haben. Außerdem hat er immer einen flotten Spruch auf den Lippen. Mit seinem rheinischen Slang hört sich Micha fast genauso an wie Calli. Aber er erwidert meine gute Laune nicht. Er ist nicht mal am Apparat.

»Hallo Christoph, hier ist Uli Hoeneß.«

Mir fällt fast der Hörer aus der Hand. Meine Augen suchen instinktiv die Wände in meinem Büro ab, rechts und links ist nichts, selbst an der Decke finde ich keine versteckte Kamera. Alles sauber. Trotzdem frage ich mich: Ist das etwa einer dieser Scherzanrufe, so wie man sie aus dem Radio kennt? Und was zum Teufel hat Micha damit zu tun? Ich lege mein Handy auf den Schreibtisch und stelle auf Lautsprecher.

»Ich würde gerne mal mit dir über ein paar Dinge reden«, sagt Uli. Er ist es wirklich.

Wie lange hatte ich auf dieses Gespräch gewartet? Natürlich verspürte ich in all den Jahren immer mal wieder den Reiz, Uli einfach anzurufen. Ich fragte mich, wie er reagieren würde. Unsere früheren Auseinandersetzungen spielten für mich längst keine Rolle mehr. Dennoch verwarf ich den Gedanken jedes Mal wieder, weil ich befürchtete, dass er gleich wieder auflegen würde. Auch die ganzen Anfragen der Medien lehnte ich ab. Sogar der *Playboy* wollte mal eine Art Versöhnungstreffen zwischen Uli und mir arrangieren, aber das wäre eine reine Inszenierung gewesen. Ich wollte keine PR-Nummer. Wenn überhaupt, war es eine persönliche Angelegenheit zwischen Uli und mir.

Trotz unserer nicht gerade einfachen Vorgeschichte verspürte ich nullkommanull Genugtuung, als die Steuersache aufflog. Ich kann mich noch genau daran erinnern, wie ich Anfang 2013 mit einem Kaffee in unserer Küche saß, als mich ein Münchner Journalist anrief. Er klang ganz hektisch. »Haben Sie das mitgekriegt?! Uli Hoeneß hat eine Selbstanzeige wegen Steuerhinterziehung eingereicht! Was sagen Sie dazu?!« Ich sagte gar nichts dazu. Ich konnte es nicht glauben. Um mich zu vergewissern, rief ich ein paar Leute aus dem Umfeld von Bayern München an. Ob das alles wahr sei, wollte ich wissen. Ich kam mir vor wie in einem Spielfilm, und je länger der Film dauerte, desto weniger begriff ich es. Es war unfassbar. Sogar Angela Merkel hatte sich mit Uli zum Essen getroffen, und jetzt sollte er vor Gericht? Es war wirklich kaum zu glauben. Uli steuerte auf das dunkelste Kapitel seines Lebens zu.

Wer hätte das besser nachempfinden können als ich? Ich ahnte, was auf ihn zukommen würde, wie er sich fühlen musste. Uli selbst konnte sich wehren, aber seine Familie, seine Kinder und Enkelkinder, die konnten das nicht. Uli hatte auf dem Fußballgipfel gestanden, er hatte fast alles erreicht, die Fallhöhe hätte für ihn kaum größer sein können. Reiner Calmund hat lange nach meiner Trennung von Bayer mal gesagt, dass ich vom Olymp in die Hölle abgestürzt sei. Genauso war es auch bei Uli.

Nachdem das Gerichtsurteil gefällt war, klingelte mein Telefon pausenlos. Alle möglichen Journalisten wollten ein Statement von mir haben. Ich sagte nie etwas Schlechtes, ich empfand nicht die geringste Schadenfreude oder Häme. Ich drückte mein Mitgefühl mit ihm aus, und ich fühlte das wirklich so. Es spielte überhaupt keine Rolle, ob ich ihn für meinen besten Freund hielt oder nicht und was zwischen uns gewesen ist. Weil es nichts war im Vergleich zu dem, was er nun aushalten musste.

Ich überlegte sogar, ihn im Gefängnis zu besuchen oder ihn zumindest anzurufen. Aber auch darauf verzichtete ich. Ich wäre vermutlich der Letzte gewesen, dessen Stimme er hätte hören wollen. Und versuchen Sie mal, Uli Hoeneß anzurufen, den erreicht man nicht einfach so, also ich zumindest nicht.

»Christoph, ich weiß, dass du vermutlich nicht mit meinem Anruf gerechnet hast«, sagt Uli.

»Kann man so sagen.«

»Aber es ist mir wichtig, mich persönlich zu bedanken.«

»Bedanken? Wofür willst du dich denn bedanken?«

»Ich habe alles gelesen, was über mich gesagt wurde.«

»Kann ich mir gut vorstellen.«

»Du hättest über mich herziehen oder nachtreten können, hast das aber nie gemacht. Ich weiß das wirklich sehr zu schätzen.«

Seine Stimme klingt ungewöhnlich ruhig. Uli hört sich nachdenklich und in sich gekehrt an. So kenne ich ihn gar nicht.

Auch wenn es nicht so scheint, Uli und ich sind uns in manchen Dingen recht ähnlich. Wir sind impulsiv und oft getrieben von Emotionen. Wir sind beide nicht auf den Mund gefallen. Und wir können ziemlich hartnäckig sein, wenn wir von einer Sache hundertprozentig überzeugt sind. Vielleicht ist auch genau das der Grund dafür, warum wir uns jahrelang so leidenschaftlich gestritten haben. Wer weiß das schon.

Uli ist seit ein paar Wochen Freigänger, er arbeitet tagsüber in der Jugendabteilung des FC Bayern. Der Club, der ihm fast alles zu verdanken hat, gibt ihm etwas zurück. Lange nach diesem Telefonat erzählte Michael Reschke mir mal, dass er in dieser Zeit fast jeden Tag mit Uli auf dem Gelände des FC Bayern gefrühstückt habe. Irgendwann habe Uli ihn dann auf seine gemeinsame Zeit mit mir angesprochen, damals bei Bayer Leverkusen. »Uli, wenn du den Christoph anrufst, würde ihm das sicher viel bedeuten«, meinte Micha eines Tages.

Uli erzählt mir jetzt, dass er sich alles aufgeschrieben habe, was die Leute über ihn erzählten. Es gab nicht viele Menschen, die noch gut über ihn sprachen, nachdem die Sache aufgeflogen war. Einige hochrangige Politiker kritisierten ihn zum Teil scharf, man jagte ihn durchs Fegefeuer. Ich weiß genau, wie heiß die Flammen werden können.

»Uli, egal, was zwischen uns war: Mir ist klar, was du mit deiner Familie durchgemacht hast«, sage ich.

»Trotzdem hätte ich verstanden, wenn du mich kritisiert hättest. Ich war auch nie zimperlich mit dir.«

Wir telefonieren mehr als eine halbe Stunde. Wir reden über uns und unsere Leben, wir beide, die Lieblingsfeinde. Ich glaube, dass es ihm tatsächlich ein Anliegen ist, mit mir zu reden. Er ist einfühlsam und zurückhaltend, gleichzeitig bringt er zum Ausdruck, dass er mir dankbar ist. Und das ist wahrscheinlich das, was mich am meisten überrascht: dass er sich einfach nicht wie der Uli Hoeneß anhört, den ich kenne. Ich vergesse sogar, mir Gesprächsnotizen zu machen. Eigentlich passiert mir das nie.

Als ich auflege, bin ich immer noch irritiert. An der kleinen Kaffeemaschine in meinem Büro ziehe ich mir einen Espresso, den ich nicht trinke. Meinte er es wirklich ehrlich? Ich glaube schon. Ich freue mich darüber, dass er mich angerufen hat. Wir haben uns mit allen Mitteln bekämpft, weil wir immer das Beste wollten. Wir sind teilweise über das Ziel hinausgeschossen, weil vor allem eine Sache zählte: unser Verein. Nichts anderes hat uns stärker angetrieben. Das Streben nach Erfolg war der Ursprung, der Beginn von allem, was zwischen uns war. Jetzt ist unser Spiel abgepfiffen. Wir haben miteinander geredet, und es fühlt sich richtig an. Trotz aller Unterschiedlichkeiten und gegensätzlichen Meinungen lohnt es sich immer, miteinander statt übereinanden zu sprechen. Wir haben eine erste Brücke über den Graben gebaut, der uns trennt. Das nächste Mal werde ich ihn anrufen …

Wir hatten unsere Zeit, und ich bin froh, dass sie ein versöhnliches Ende findet. Irgendwie passt es ja auch: Alles geht vorbei. Und es kann alles gut werden. Man muss nur einmal mehr aufstehen als hinfallen. Wer wüsste das besser als ich?

Danksagung

Mein erster und größter Dank gebührt all jenen Menschen, die zur Bereicherung meines Lebens beigetragen haben. Ohne Wegbegleiter, Freunde, Gegner, Kritiker und Familie kann kein Leben geführt werden, das es wert ist, zwischen zwei Buchdeckeln in Auszügen festgehalten zu werden. Auch beim Schreiben des Buches in den letzten zwei Jahren waren neben der Sichtung unzähliger Unterlagen die Rückmeldungen in vielen Gesprächen mit ehemaligen Weggefährten außerordentlich wichtig. Meine Wahrnehmung und Erinnerung wurde dabei oft auf die Probe gestellt, da die Irrtumswahrscheinlichkeit viel größer ist, als es uns lieb sein kann. Da man schnell dazu neigt, Erinnerungen im Rückblick zu verklären, habe ich durch zahlreiche Gespräche mit Weggefährten versucht, dem entgegenzuwirken. Die Wahrheit ist oft das, was man verbirgt. Ich wollte in dieser Biografie nichts verbergen. Die Schilderung einiger Wahrheiten war unbequem und schmerzlich für mich. Und die Erfahrung zeigt, dass die Wahrheit oft eine Geschichte ist, auf die man sich geeinigt hat. Das Eingehen von Risiken und die hieraus resultierenden Zweifel waren meine ständigen Wegbegleiter. In manchen Situationen wäre es ratsamer gewesen, eher rational als emotional zu agieren. Das ist mir in vielen Gesprächen deutlich vor Augen geführt worden, und auch dafür gebührt allen Mitstreitern bei der Arbeit an diesem Buch mein Dank. Um jedoch sein inneres Gleichgewicht zu finden, muss man bereit sein, zu vergeben und zu verzeihen, vor allem sich selbst.

Diese Biografie verfolgt keineswegs das Ziel, ein völlig neues Bild von mir zu zeichnen. Das ist nach mehr als dreißig Jahren im Fokus der Öffentlichkeit einerseits unmöglich und andererseits auch nicht erforderlich, da ich in meiner Außendarstellung authentisch war. Allerdings spielt ein Trainer immer auch eine Rolle in der Öffentlichkeit. Nach meiner Überzeugung muss er diese spielen, wenn er sich im Fußball behaupten möchte, und in der medialen Darstellung wird diese dann irgendwann in einer Endlosschleife reproduziert. In meinem Inneren sah es oft ganz anders aus. Auch wenn ich authentisch war, habe ich einige meiner sensiblen, nachdenklichen, zweifelnden Charakterzüge selten gezeigt, wenn ich im Rampenlicht stand.

Warum ich überhaupt eine Biografie geschrieben habe? Weil ich das Gefühl hatte, dass der Zeitpunkt gekommen war, das Erlebte *aus meiner Sicht* zu schildern, *über mich* ist ja wahrlich genug geschrieben worden. Vor allem meine Kinder haben einen wichtigen Impuls gesetzt. Es scheint zwar nie den richtigen Zeitpunkt für eine Biografie zu geben, und es kann auch nie alles gesagt werden. Doch eines habe ich gelernt: Aus später wird meistens nie!

Mein Dank gebührt allen Leserinnen und Lesern, für die es gilt, Neues kennenzulernen oder Vergangenes zu verstehen. Dies war auch in meinem Leben immer ein zentraler Antrieb.

Zum Abschluss möchte ich meinen Dank gegenüber meinem Co-Autor Nils Bastek, ohne den diese Biografie nicht entstanden wäre, meinem Freund Thomas Jenner, der mir viele neue Perspektiven eröffnet hat, meiner geliebten Frau Geli, die mich immer rückhaltlos unterstützt hat, und dem Ullstein Verlag ausdrücken. Sie alle haben beim Entstehen dieses Werkes unterschiedliche, aber jeweils wichtige Rollen gespielt.

Bildnachweis

Bild 1: imago images / Sven Simon
Bilder 2, 3, 4, 5, 6, 7, 8, 9, 24, 25, 32, 36, 37: Privatarchiv Christoph Daum
Bilder 10, 12: Wilfried Hartmann
Bilder 11, 16, 39: Andreas Pohl
Bild 13: imago images / WEREK
Bild 14: imago images / Kicker / Eissner, Liedel
Bild 15: imago images / Pfeil
Bild 17: Sport-Presse-Fotos Wilfried Witters / Herbert Spies
Bild 18, 19, 21: imago images / Pressefoto Baumann
Bild 20: Bernd Kollmann (www.bernd-kollmann.de)
Bild 22: Nils Müller / Mallorca-Magazin
Bild 23, 26: imago images / Ulmer
Bild 27: Deckbar / diabetesDE
Bild 28: imago images / Martin Hoffmann
Bild 29: imago images / bonn-sequenz
Bild 30: imago images / Camera 4
Bild 31: imago images / KAY
Bild 33a, b, 34: imago images / MIS
Bild 35: imago images / GEPA Pictures
Bild 38: imago images / Eduard Bopp
Bild 40: imago images / Team 2

»Christoph Daum vor einem Spiel zu treffen war immer eine Bereicherung: fachlich und emotional. Spätestens nach dem Gespräch war ich jedes Mal genauso Feuer und Flamme für das, was kommen sollte, wie er.«
Marcel Reif

»Dieses Buch beschreibt klug, kompetent und konsequent das faszinierende Leben von Christoph Daum. Um es ausnahmsweise kurz zu machen: Es ist alles drin.« *Reiner Calmund*

»Man würde ihn als überzogen selbstbewussten Menschen wahrnehmen. Wenn man ihn nicht kennt.« *Michael Meier*

»Er war sicher der wichtigste Trainer für mich.« *Michael Ballack*

»Christoph Daum ernährt sich fast ausschließlich von Makkaroni – weil er so beim Essen durch die Löcher weiterreden kann.« *Max Merkel*

»Es stört mich, dass im Zusammenhang mit Daum immer nur vom großen Motivator gesprochen wird. Wenn er nicht über außergewöhnliche Fähigkeiten auf anderen Gebieten verfügen würde, hätte er keine Chance gehabt.« *Matthias Sammer*

»Bei Christoph war schon früh klar: In ihm lodert ein Vulkan, der ausbrechen musste.« *Michael Reschke*

»Wenn du nur 1,50 Meter groß bist, sagt er dir, dass du in Wahrheit 1,80 Meter groß bist. Und du gehst raus und legst dich mit jedem an, weil du es einfach glaubst.« *Ulf Kirsten*

»Trotz aller Stars, die nach Leverkusen kamen, ob Bernd Schuster, Ulf Kirsten, Michael Ballack, Emerson oder Lucio – für den größten Wandel sorgte ein Trainer. Christoph Daum war ohne Frage die wichtigste Personalentscheidung.« Rudi Völler

»Christoph Daum ist ein Trainer, der seiner Mannschaft und seinen Spielern unheimlich viel Energie geben kann.« Joachim Löw

»Er hat eine herausragende Fachkompetenz und hohe Führungskompetenz.« Ottmar Hitzfeld

»Er arbeitet wie ein Brummkreisel.« Udo Lattek

»Christoph Daum will den absoluten Erfolg und kann dies auf seine Mannschaften übertragen.« Paul Breitner

»Christoph Daum ist Motivation pur. Er baut geniale Brücken vom Profisport zum Business. Die Teilnehmer hingen an seinen Lippen – 120 Minuten Power-Vortrag.« Markus Kemmann, Microsoft

»Du bist Kreisklasse, aber Daum redet so lange auf dich ein, bis du Weltklasse spielst.« Hans-Peter Lehnhoff

»Christoph Daum ist ein Typ. Geradeaus, nicht immer diplomatisch, aber immer korrekt und fair. Und menschlich ein ganz feiner Kerl.« Wolfgang Bosbach

»Gib ihm einen Ackergaul – und er macht ein Rennpferd daraus.« Gunnar Gerisch